本书为河北省高等教育教学改革研究与实践项目“法学类本科教学质量国标下‘知识产权文献检索与应用’课程构建探索”（编号：2018GJJG538）研究成果之一

知识产权信息检索与应用

◎赵　娜　陈兰杰　汪冬平　主编

知识产权出版社
全国百佳图书出版单位
—北京—

图书在版编目（CIP）数据

知识产权信息检索与应用/赵娜，陈兰杰，汪冬平主编．—北京：知识产权出版社，2023.6

ISBN 978－7－5130－8782－7

Ⅰ.①知…　Ⅱ.①赵…　②陈…　③汪…　Ⅲ.①知识产权—信息检索—高等学校—教材　Ⅳ.①D913.4②G254.9

中国国家版本馆 CIP 数据核字（2023）第 101472 号

责任编辑：刘　江　　**责任校对**：谷　洋
封面设计：乾达文化　　**责任印制**：刘译文

知识产权信息检索与应用

赵　娜　陈兰杰　汪冬平　主编

出版发行：知识产权出版社有限责任公司	**网　　址**：http：//www.ipph.cn
社　　址：北京市海淀区气象路 50 号院	**邮　　编**：100081
责编电话：010－82000860 转 8344	**责编邮箱**：liujiang@cnipr.com
发行电话：010－82000860 转 8101/8102	**发行传真**：010－82000893/82005070/82000270
印　　刷：三河市国英印务有限公司	**经　　销**：新华书店、各大网上书店及相关专业书店
开　　本：720mm×1000mm　1/16	**印　　张**：16.75
版　　次：2023 年 6 月第 1 版	**印　　次**：2023 年 6 月第 1 次印刷
字　　数：272 千字	**定　　价**：88.00 元

ISBN 978－7－5130－8782－7

编　委　会

前　　言

教育部2018年年初发布的《普通高等学校本科专业类教学质量国家标准》（以下简称“《国标》”），是我国高等教育领域首个国家标准。《国标》一方面将《知识产权文献检索与应用》定位为知识产权本科专业核心课程（过去一般将其前身课程《专利信息检索》《专利文献检索》等课程定位为专业选修课）；另一方面扩大了课程范围，将包括专利在内的与知识产权相关的内容予以涵盖，对课程设置和课程内容提出了更高的要求，相关课程只有进行较大调整，才能符合《国标》的要求。为了更好地满足《国标》要求与知识产权专业培养需求，我们结合笔者讲授的《专利文献检索与应用》课程，于2019年年初立项河北省高等教育教学改革研究项目“法学类本科教学质量国标下‘知识产权文献检索与应用’课程构建探索”，并邀请知识产权领域、图书情报领域专家撰写《知识产权信息检索与应用》，同步设计教学改革的方向与内容。周红老师作为河北省高等教育教学改革研究项目组的主研成员，全程参与了课题立项、发起、组织撰写本书的工作，参与了本书主要框架结构的撰写、对本书各章节内容也提出了可行性建议并落实到实践中。

本人深知自身学识不足，能力有限，在写作过程中多方请教，邀请各位知识产权、图书情报领域的专家学者共同完成本书的编写工作。他们有着多年的商标审查、检索经验，专利审查、检索经验，律师实务、类案检索经验，在图书情报领域有专深研究、较高声望或多年从事图书情报实务工作与研究。

本书由赵娜编写大纲，设计各章节主体框架，与各位老师共同撰写完成。具体分工如下：

第一章、第二章由陈兰杰、赵娜撰写，第三章由杨雅平撰写，第四章由汪冬平、许建明、曹成成、赵娜撰写。第五章、第六章由赵娜撰写，其中第五章第五节由刘伟、赵娜共同撰写，第六章第一节由赵娜与孙英伟共同撰写。保定学院 2019 级知识产权专业张代涛同学全程参与了本书撰写工作，编校、修改等文字处理工作。

随着信息技术不断发展，信息检索理论与方法不断发展完善，各类信息源尤其是网络信息也会有所变化、更新。本书仅是知识产权信息检索课程教学理论与实践的一个阶段性成果，由于编写匆忙，加之编者水平所限，难免有疏漏、不妥之处，恳请同行专家与读者批评指正。本书在撰写过程中参考了诸多学者的研究成果，在此对各位作者表示诚挚的敬意与由衷的感谢。

赵　娜

2022 年 12 月 18 日

目　　录

第一章　信息检索基础理论

本章介绍信息检索的基本知识，包括信息检索的含义、原理，信息检索的种类划分，分类语言、主题语言，信息检索工具法，布尔逻辑检索等计算机检索技术的运用以及信息检索的基本步骤。

第一节　信息检索的含义及其类型

一、信息检索的含义

“信息检索”一词来源于英文 information retrieval，表示将存储在检索工具或数据库中的信息抽取出来。信息检索从广义上讲，是指将信息按照一定的方式组织和存储起来，并根据用户的需求将所需信息提供出来的过程，包括存储和查找两个阶段。狭义上的信息检索特指信息查找的阶段，即根据用户的需求，从已有的检索工具或数据库中查找出所需信息的过程。

信息检索作为人类社会活动的必要组成部分，有着很长的历史。20 世纪中叶以前，纸是人类存储和传递信息的主要载体，信息检索活动主要是纸质文献的存储和查找，因此当时“文献检索”一词被广泛应用。50 年代以后，信息存储和查找的载体形式呈现出多样化的趋势，“情报检索”开始被使用（该词由美国最先提出并使用）。由于 information 一词包括“情报”和“信息”的含义，加上中文中“信息”的含义比“情报”广泛，因此目前“信息检索”这一具有兼容性的概念逐渐被理论界和实践领域认可。

信息社会中，随着计算机和网络技术的发展，信息检索这一领域的理论和实践有了进一步的突破，使信息检索从传统的手工作业向自动化、个性化、智能化的方向发展，并向知识检索迈进。

二、信息检索的类型

信息检索的类型是根据信息检索的属性特征，同其所同、异其所异的结果。谈到类型自然要选择标准，标准不同，结果也会有所不同。

（一）按照信息检索方式划分

1. 手工检索（Manual Retrieval）

在我国，手工检索自古至今都是一种重要的信息检索方式，即以手工操作的方式，利用书目、文摘、索引、百科全书、字典、词典等检索工具进行信息检索。由于受到检索工具的制约，其检索结果可能是文献线索，也可能是文献原文。该种检索方式优点是直观、灵活，方便调整检索策略，有利于查准信息，但查找速度慢，对检索人员要求较高。

2. 计算机检索（Computer - based Information Retrieval）

计算机检索是指利用计算机系统对已经数字化的信息，按照设计好的程序进行信息的查找和输出。这种检索方式是在人机协同作用下完成的，不仅提高了检索效率，还大大拓宽了信息检索的领域。按照计算机检索系统的工作方式，计算机检索可以分成以下几种。

（1）脱机检索（Off - line Retrieval）。这是最早的一种计算机检索，检索系统没有终端设备，是一种批处理的脱机检索。即用户只须将检索提问提交给专门的检索人员，而不必直接使用计算机，检索人员将一定量的检索提问按要求一次性输入计算机，再将检索结果整理出来分发给用户。这种检索方式适用于检索量大但不要求立即回复的检索需求。随着计算机检索系统的不断优化和检索技术的不断发展，这种检索方式已经逐渐被其他方式所取代。

（2）联机检索（On - line Retrieval）。联机检索是计算机技术、网络技术、通信技术不断发展并广泛应用于信息检索领域的结果，是指用户利用计算机，通过网络与信息检索系统直接进行人机对话，从检索系统的数据库中查找用户所需信息的过程。数据库是联机检索的重要组成部分。由于具有较强的交互性等优势，自 20 世纪 70 年代以来，联机检索已发展成为较成熟、被广泛应用的检索方式。国外著名的联机检索系统有 Dialog 系统、联机计算机图书馆中心（OCLC）的 FirstSearch 系统等。与国外相比，我国的联机检索系统还不成熟，但有一些检索数据库及其检索平台已具一定的规模，如万方数据资源系统。

（3）光盘检索（CD－ROM Retrieval）。光盘检索是指用户直接使用带有光盘驱动器的计算机检索光盘上存储的信息的过程。随着20世纪80年代光盘技术的出现，因其操作方便、不受网络的影响、存储量大、费用低等特点得到充分发展，成为一种广泛使用的计算机检索系统。国内外光盘数据库产品各式各样，用户可根据自己的信息需求选择合适的光盘数据库。国外的数据库产品如美国《工程索引》光盘数据库（EI Compendex * Plus）、《英国科学文摘》（INSPEC OnDisk）等，国内的光盘数据库如《复印报刊资料全文数据光盘》《全国报刊索引数据库》等。

（4）网络检索（Internet Retrieval）。网络技术的广泛应用和发展使世界范围内的信息交流和共享成为可能，网络检索成为信息检索领域的新宠。网络检索主要是指利用计算机对网络中广泛存在的信息资源进行检索的过程。网络检索在检索对象、作业方式、友好性、方便性上占有极大的优势，成为当前信息检索的主流。

手工检索是计算机检索的基础，计算机检索是当前信息检索的主要方式，但手工检索目前仍有一定的使用空间。可以说，在今后很长一段时期内，计算机检索与手工检索将互相补充、共同存在。

（二）按照检索对象的内容划分

1. 文献检索

文献检索就是以文献为检索对象的信息检索，按照用户的信息需求，查找检索工具或数据库中存储的与用户需求相匹配的文献信息的过程。文献检索是一种相关性检索，而不是确定性检索，因为一般情况下通过这种检索并不能直接解决用户的问题，而是提供相关的文献或文献线索，由用户参考或取舍。文献检索一般通过书目、索引、文摘等检索工具来完成。

2. 数据检索

数据检索是以数值或图表形式等表示的数据为检索对象的信息检索，可以用来查询各类物质与材料的特性、参数、常数、价格、统计数据等数值。这里的“数据”不仅包括科学研究、工程计算和各类统计中的具体数值，也包括有关物理参数、化学分子式等数据，因此“数据”是一个较宽泛的概念。数据检索可以直接回答“长江长度是多少”“我国 2020 年国际 PCT 专利申请量是多少”等问题，所以数据检索是一种确定性检索。

3. 事实检索

事实检索是以关于某些客体（如政府、企业、组织、人物）信息为检索对象的信息检索。这里的“事实”范围也比较广泛，不仅可以指事件、事实、机构、人物，还可以指名词术语、概念、定义等。检索结果是关于某一客体的具体答案，因此，事实检索也是一种确定性检索。该种检索可直接回答“五四运动”发生的时间、地点和经过等。

（三）按照检索对象的组织方式划分

1. 全文检索

全文检索是将信息以机器可读的字符代码形式或扫描图像形式存储到全文数据库中，以便用户以任意字、词、句、段为检索点查找全文信息的检索方式。用这种方式可以解决如“在《著作权法》中，‘侵权’一词在哪里出现过，共出现了多少次”这样的问题。与传统的信息检索方式相比，全文检索不是对文献特征的格式化描述，而是用自然语言深入揭示其知识单元，用户可直接用自然语言来检索未经标引的文献。

2. 超文本检索

超文本检索是依据超文本数据库系统查找信息及信息联系的过程。超文本数据库是由诸多文本信息通过超链接联系并组织起来的，从本质上来看，它由节点和链构成，并将信息按层次和关系组成树状结构。与传统检索方式的不同在于该检索方式强调节点与节点之间的语义联系，用户检索时，不必进行关键词组配，不必按顺序查找信息，而是通过访问节点，根据层次或关系灵活进行。

3. 超媒体检索

超媒体检索是对超文本检索的补充，即依据超媒体数据库系统查找多媒体信息及信息联系的过程。超媒体数据库也是按照树状结构来存储、组织信息的，既可以处理静态的文本信息，也可以处理动态的多媒体信息。用户利用超媒体检索系统可以查找文本、图像、声音、动画等信息，信息检索的范围得以拓宽。

第二节 信息检索的基本原理

从广义上来讲，信息检索包括信息存储和信息查找两个阶段。信息存储是按照一定要求收集、选择、标引、组织信息，并使其有序化的过程。信息查找是从用户需求出发，利用一定的检索工具或系统从信息集合中查找用户所需信息的过程。其中存储是前提与基础，查找是目的，两个阶段构成完整的信息检索过程。具体检索原理如图 1－1 所示。

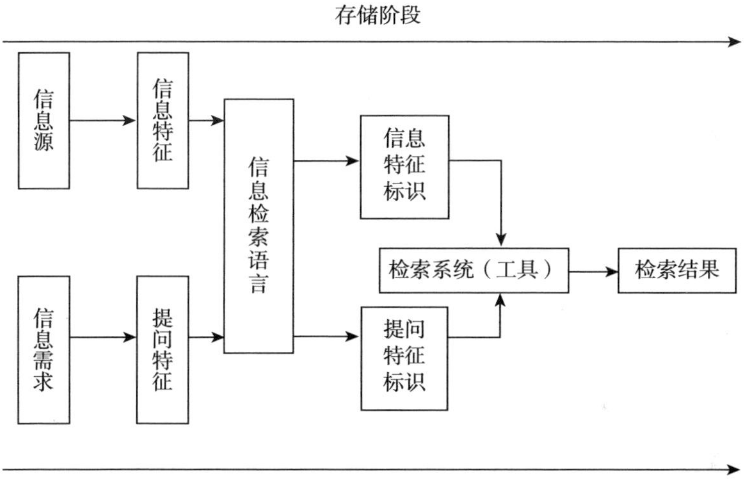

图 1－1 信息检索原理

为了使信息充分交流和有效利用，首先，要从广泛、大量、分散、无序的信息源中采集信息。信息采集时要根据实际情况有针对、有选择、有重点地采集那些价值较大并且符合用户需要的信息，采集信息的质量是信息检索有效的基础。其次，要对采集来的信息进行再认识，也就是信息特征分析，主要是分析其形式特征和内容特征。形式特征如题名、责任者、出版社等，内容特征主要指信息所属的学科属性及其主题。再次，要将所分析出来的内容特征用既定的检索语言（当前主要是分类语言和主题语言）来表达，形成规范的信息特征标识，也就是进行标引。最后，将规范化的内容特征和形式特征按照一定的要求存储到检索工具（系统）中，信息存储的任务完成。

查找是存储的逆过程。当用户提出信息需求时，信息工作人员要利用各种方法识别其需求（包括潜在的信息需求），并进行分析，提出检索提问特征，凝练地表达用户的信息需求，再将分析得到的提问特征用同样的检索语言进行规范，形成提问特征标识，将该标识与已经组织好的检索工具进行匹配运算，如有命中信息，则形成检索结果并输出。

从整个检索原理上来看，信息检索的过程是将提问特征标识与检索系统（工具）进行循环匹配的过程。其中检索语言起到沟通信息形成者、信息工作人员、信息用户思想的作用，是良好信息检索效果的桥梁。另外，信息检索并不是一次就能满足用户的需要，在整个检索过程中，还需要不断地利用用户的反馈信息调整检索策略，逐渐取得令用户满意的检索结果。

第三节　信息检索语言

一、信息检索语言的概念

信息检索语言是用来描述信息特征和表达用户提问特征的一种人工语言，是信息检索系统的重要组成部分。从图 1－1 可以看出，信息检索语言是联结存储和查找两个阶段、沟通用户和信息人员的桥梁，其作用具体表现在三个方面：（1）规范信息内容的表达；（2）规范信息内容和检索需求；（3）规范信息组织和整序。

二、信息检索语言的构成

各种分类法、主题词表、叙词表都属于信息检索语言的范畴。信息检索语言由词汇和语法构成，其中词汇是检索语言的主体，包括分类表、词表中的全部标识，一个标识（如分类号、类名、主题词）就是一个词汇。语法则是检索语言的规则，它规定了词汇的使用方法以及利用该检索语言进行信息标引时必须遵循的规范。

三、信息检索语言的分类

信息检索语言种类多样，可以按照不同的标准对其进行分类，如：按照表述文献特征划分，有表述信息形式特征和表述信息内容特征的语言；按照组配方式划分，有先组式和后组式语言；按照构成原理划分，有分类语言、主题语言、分类主题一体化语言、代码语言等。本部分主要介绍以下两种分类。

（一）按照构成原理划分

1. 分类语言

（1）分类语言的含义。

分类语言是以学科体系为基础，用分类号和类名来表达信息内容主题概念的一种检索语言。它的主要特点是按学科、专业集中相关信息，从知识分类的角度揭示信息之间的区别和联系，从而能够实现从学科专业角度检索信息。分类语言主要有等级体系型分类语言和分面组配型分类语言。

（2）分类语言的类型。

①等级体系型分类语言。

等级体系型分类语言是一种最传统、使用最普遍的分类语言，它将所有类目组织成一个等级系统，并且采用列举的方式编制，构成一个由总到分、由一般到特殊、由全部到局部的分类标识体系。这种分类法通常将类目体系组织成树状结构，按照划分的层次，逐级列出详尽的专指类目。显示时，以缩格表示类目的等级关系。

等级体系型分类语言的主要优点在于结构显示直观，类目体系完整系统，标记简明，适用于实体的分类排架，已广泛应用于图书馆等文献机构的馆藏排架，并且是网络检索工具普遍使用的检索语言。但是，该检索语言存在揭示专门主题能力差、不能充分揭示细小专深的主题、类表结构较固定、无法及时容纳新类、难以与科学发展保持同步、类表篇幅较大、管理难度较高等不足。

②分面组配型分类语言。

分面组配型分类语言是一种依据分析兼综合的原则编制的分类语言。这种分类语言不是详尽列举类目体系，而是以简单概念组成复合类目的方式来表示各类。原因在于任何复合概念都可以分解成相应的基本概念，也就是可以通过基本概念的组合来表达。因此，该分类语言只在列表中按照范畴列出基本概念，并分别配上相应号码；使用时，通过相应概念的组配表达主题内容，并以这些类目标识的组合来表示该主题在分类体系中的次序。例如，在美术类中，根据美术作品涉及的特征，将其分解成以下分面，设类如表 1 – 1 所示。

表 1 – 1　美术类文献特征分面

地区分面	体裁分面	时代分面	题材分面
E1 中国	D1 中国画	C1 古代	B1 人物
E2 朝鲜	D2 油画	C2 近代	B2 山水
E3 韩国	D3 水彩画	C3 现代	B3 花鸟
E4 日本	D4 素描	C4 当代	B4 静物
……	……	……	……

依照此分面组配类表样例，假设美术类的标记为 M，“中国现代花鸟水彩画作品集”这一复合概念的标记为“ME1D3C3B3”。

由以上示例可以看出，分面组配型分类语言可以进行灵活的组配，弥补了等级体系型分类语言的不足，提高了分类语言的标引和检索能力。具有代表性的分面组配型分类语言有印度图书馆学家阮冈纳赞创制的《冒号分类法》(Colon Classification，CC)。

(3)《中国图书馆分类法》。

《中国图书馆分类法》简称《中图法》，是我国当代具有代表性的等级体系型分类语言，并被推荐为标准的图书分类法，广泛应用在图书馆等文献机构的信息组织活动中。

①《中国图书馆分类法》的体系结构。

《中图法》按照学科之间的内在联系，从总到分，从一般到具体逐级展开，构成一个纲目分明的体系，该体系主要包括以下几个构成部分。

基本部类：这是分类法类目表中最先确定、最概括、最本质的类目。《中图法》共有五大部类：马克思主义、列宁主义、毛泽东思想、邓小平理论，哲学，社会科学，自然科学，综合性图书。

基本大类：这是在基本部类的基础上展开形成的，《中图法》共分成22个大类，每个大类都被赋予一个英文字母作为其标记，这是分类表中的第一级类目。

简表：这是分类法的基本类目表，由一级大类划分出的二级、三级类目构成。

详表：这是整个分类法的正文，即主表，由各基本类目按该学科的实际情况划分成的类目构成。

②《中国图书馆分类法》的标记符号。

《中图法》采用混合号码制，即由英文字母和阿拉伯数字结合成类号来标记类目。其中一级类目用英文字母表示，其他类目用阿拉伯数字表示。

③《中国图书馆分类法》的编号制度。

《中图法》采用的编号制度基本为层累制。编号位数就等于分类层次，同位类再按照顺序配以号码。但个别同位类数量较多，为避免号码过长，采用八分法、双位制解决。

2. 主题语言

(1) 主题语言的含义。

主题语言是用主题词来表达文献所论述的主题概念的一种检索语言。主题语言借助自然语言中的语词作为文献内容的标识和检索依据，该语言按照特定的事物集中文献信息，具有较强的直接性。

该语言将自然语言中的名词术语经过一定规范化处理后，形成主题词用来表达文献和提问的内容；利用参照系统显示相关主题词的关系，并将众多主题词联系起来，形成主题词体系；按照主题词的字顺序列将主题词排列起来形成一个完整的整体。

(2) 主题语言的类型。

①标题语言。

标题语言是最早出现并广泛使用的一种主题语言，以标题词作为文献内容标识和检索依据。标题词是从文献正文或标题中抽选出来，经过规范化处理，可直接表达文献主题内容的词和词组。该语言的特点是采用列举词表，形式直观、含义明确、结构稳定，符合手工信息检索时代的要求，但灵活性不足，标引和检索时工作量大，已经不适应当今时代的发展。

②元词语言。

元词就是最小的、字面上不能再分解的词。元词语言是以元词为主题标识，通过字面组配来表达主题概念的一种语言。这是为了克服标题语言的灵活性不足而发展起来的一种主题语言。该语言的特点是可以通过元词组配来表达任意专指概念和新概念。但由于只是字面组配，常常出现错误组配的情况，已经被淘汰。

③叙词语言。

叙词语言是以表达文献主题内容的概念单元为基础，经过规范化处理，以便进行逻辑组配的一种主题语言。该语言是主题语言的高级形式，它吸收了标题语言、元词语言、分类语言的优势，既适用于手工检索，又适用于计算机检索，已成为检索语言的主流。

④关键词语言。

关键词就是从文献的标题、摘要、正文中抽取出来的，对表达文献主题内容具有实质意义的词语。关键词语言是以关键词为文献内容标识和检索入口的一种主题语言。关键词语言同其他主题语言不同，这是一种自然语言，关键词不是事先选定的，不受词表控制，除少数禁用词（如冠词、介词、连词、代词等不具有检索意义的词）外，其他词都可以作为关键词。

关键词表达主题较直观、专指，标引和检索速度快，能够保证较高的查准率，在计算机检索领域有广泛的应用价值。但为了计算机自动抽词时能排除无检索意义的词，一般须建立禁用词表。

（3）《汉语主题词表》。

《汉语主题词表》是我国第一部大型综合性汉语叙词表。1975 年由原中国科技情报研究所和原北京图书馆编制，1980 年出版。为了使《汉语主题词表》跟上时代的发展，后又经过多次修订。

《汉语主题词表》由主表、附表、词族索引、范畴索引和英汉对照索引构成。

主表是《汉语主题词表》的主体部分，由全部叙词款目和相关语义关系按其字顺顺序构成。词表按社会科学和自然科学两大范畴分别组织。附表是为了控制主表的词量，节省主表的篇幅，而将一些专有名词独立出来，按字顺编排而成，包括世界各国行政区划名称表、自然地理区划名称表、组织机构表、人物表。

词族索引是将主表中具有属种关系的主题词加以集中显示的一种索引，其作用在于揭示主题词之间的族系关系，便于在标引和检索时从词族的角度查词和选词。

范畴索引是将主表中全部款目主题词按学科范畴划类编排的词汇分类体系。整个范畴索引设大类、二级类、三级类。其中大类用两位阿拉伯数字表示，二级、三级类目分别用一位英文字母表示。

3. 分类主题一体化语言

（1）分类主题一体化语言含义。

分类语言和主题语言是两种基本的信息检索语言。这两种检索语言各有特点：分类语言以学科聚类为主，系统性强，能满足族性检索的需要；主题语言以事物聚类为主，直观性强，能满足特性检索的需要。自20世纪80年代开始，我国开始研究分类语言和主题语言相结合的可能性，提出分类主题一体化语言。

所谓分类主题一体化就是将分类语言与主题语言整合，使其有机地融合为一个整体，实现分类系统和主题系统的完全兼容，克服了分类语言单纯以学科聚类、主题语言单纯以事物聚类的局限性，使其发挥最佳的整体优势。该优势主要体现在标引人员可以同时完成分类标引和主题标引，用户在一个系统中可以同时进行分类和主题两种方式的检索，提高检索效率。《中国分类主题词表》就是适应这种一体化需要产生的。

（2）《中国分类主题词表》简介。

《中国分类主题词表》是在《中图法》类目与《汉语主题词表》主题词对应的基础上，将分类法与主题词融为一体的文献标引和检索工具。《中国分类主题词表》包括《分类号—主题词对应表》和《主题词—分类号对应表》两部分。《分类号—主题词对应表》以《中图法》为主体，依据一定的原则和方法，把《汉语主题词表》全部主题词纳入并对应《中图法》的各级类目之下，从而形成一个新的体系。通过该表，可以概览某一学科的概貌，便于从学科分类的途径选择类目，查找主题词（见表1-2）。

表 1-2　《分类号—主题词对应表》片段

F41　世界工业经济	工业经济—世界
F410　工业政策	工业政策—世界
	工业政策
F414　工业建设与发展	工业经济—经济建设—世界；工业经济—经济发展—世界
	工业危机—世界
	工业经济—国际经济关系
F415　国际工业经济关系	……
……	

《主题词—分类号对应表》以《汉语主题词表》的主题词的字顺序列为主体，在主题词、主题词串下直接显示《中图法》的分类号，按主题词汉语拼音音序排列。该表便于从主题词的检索角度来查找分类号。举例如图 1-2 所示。

草地
　S812.3
　草地—病虫害
　S812.6

图 1-2　《主题词—分类号对应表》片段

4. 代码语言

代码语言是用某种符号代码系统来标引、组织信息的语言。常见的符号代码有专利号、元素符号、化合物分子式、标准号、报告号、合同号、化合物登记号等。这些符号在相应的专业领域有较大的检索价值，人们往往以它们为标识，编制出不同的专用索引，为特定领域的用户提供检索。

（二）按照规范化程度划分

1. 受控语言

受控语言是一种人工语言，是人为地对标引词和检索词的词义进行控制和管理的语言。也就是说，它是一种由主题词表或分类表控制的检索语言，通过对词语的规范化处理，词和事物概念能够一一对应。因此，受控语言能够排除一词多义、多词一义、词义含糊的现象，方便人们扩检和缩检。但该语言标引负担重，易用性差，不能反映最新的学科发展动态。

2. 自然语言

自然语言如关键词语言，是直接以从文献本身抽取出来的、未经规范化处理的词或语句为标引和检索用词的语言。这种检索语言具有词汇更新及时、选词灵活方便、专指性强、标引和检索速度快、用户友好性强等优点，广泛应用于计算机标引和检索。但由于自然语言的灵活多样，并且存在大量的同义词、近义词、多义词现象，如果不加以规范化处理，会影响查全率和查准率。

由以上分析可以看出，受控语言和自然语言各有优劣，可以互补。当今时代网络信息资源大量涌现，检索系统中单靠任何一种语言都已无法令人满意，因此，自然语言和受控语言相结合是信息检索语言的发展趋势。

第四节　信息检索的途径与方法

一、信息检索的途径

信息检索的途径就是利用信息的某种特征作为检索标识来查找相关信息的途径。一般要根据已知信息需求、已掌握的文献线索以及检索工具的实际情况，有针对性地选择合适的检索途径。根据文献的特征，将检索途径分成内容特征检索途径和形式特征检索途径。

（一）内容特征检索途径

1. 分类途径

分类途径是从学科分类体系的角度，利用分类目录和分类索引查找信息的途径。检索时首先分析主题概念，选择合适的分类类目，然后按照分类类目的类号或字顺顺序，从分类目录或分类索引中查找所需信息。

分类途径尤其适用于族性检索，能够保证较高的查全率，如果需要查找的是某一学科领域或某一专题的文献，宜选用分类途径，要求信息检索人员熟悉学科分类体系，正确判断所属类目。

2. 主题词（关键词）途径

这是按照表达主题内容的主题词或关键词为标识查找信息的途径。几乎所有的检索工具和检索系统都提供主题词（关键词）途径。主题目录、主题索引、关键词索引、叙词索引等是其检索依据。检索时首先分析主题概念，选择相应的主题词或关键词，得到所需信息。对于一些检索主题新颖、复杂、专深、具体的检索课题宜选用这种检索途径。

（二）形式特征检索途径

1. 题名途径

题名包括书名、刊名、篇名等。利用题名途径检索是指按照已知的文献题名来获取所需信息。利用题名途径既可以检索出一篇特定的文献，还可以集中一种著作的全部版本、译本等，因此被广泛应用于图书、期刊、论文的检索。

2. 责任者途径

责任者包括专利权人、个人责任者、团体责任者等。利用责任者途径检索是指按照已知责任者的名称来查找其所需信息。检索时要以著者目录、著者索引等为依据。一般来讲，每一位研究人员的研究方向相对较稳定，同一责任者名下往往会集中内容相近或相关的文献，可以在一定程度上实现族性检索，并且利用责任者途径，可以及时跟踪研究人员的研究方向，获得最新研发成果，因此责任者途径也是一种常用的检索途径。

3. 代码途径

有些文献具有独特的代码，如专利有专利号、图书有国际标准书号（ISBN）、报告有报告号、标准有标准号等。利用代码途径检索信息就是通过已知文献的这些专用代码来查找信息。检索时要以各种代码索引为依据，如专利号索引、报告号索引等。在已知信息特定代码的前提下，利用代码途径检索信息非常简便、快捷。

4. 引文途径

引文途径就是根据引文即文章末尾所附参考文献来查找所需信息的途径。引文途径较特殊，使用引文途径检索信息时可以通过成套的检索工具（如美国的《科学引文索引》，中国的《中文社会科学引文索引》等），或者直接利用文献结尾所附的参考文献，查找被引用文献。利用引文途径可追溯查找相关信息，并依据课题情况循环检索，也可作为评价信息价值的参考依据。

5. 其他检索途径

这里的其他检索途径包括出处途径、时间途径、任意词途径。随着检索技术和实践的不断发展，必然还会出现其他的检索途径。

综上所述，分类途径和主题途径是信息检索的主要途径，但任何检索途径都有优缺点和适用范围，单靠一种检索途径难免会有疏漏。检索时要根据实际情况灵活运用，并尽量将多种检索途径结合起来使用，以达到最佳的检索效果。

二、信息检索的方法

信息检索的方法一般要根据检索课题的需要和检索系统（工具）的情况灵活选择。一般的检索方法主要有以下几种。

（一）直接法

直接法就是直接通过原文或文献指引来获取相关信息的方法，包括浏览法和追溯法。

1. 浏览法

浏览法是指直接通过浏览、查阅文献原文来获取所需信息的方法。该方法的优点是能够直接获取原文，并能够直接判断文献所包含的信息是否需要。其缺点是由于受检索人员主观因素的影响，有一定的盲目性和偶然性，难以保证查全率，且费时费力，对检索人员的要求较高。

2. 追溯法

追溯法又叫扩展法、追踪法，是利用已知文献的某种指引（如文献所附的参考文献、注释、辅助索引、附录等）来获取所需信息的方法，这是一种最简捷的扩大信息来源的方法。根据已知文献指引，查找到一批相关文献，再根据相关文献的有关指引扩大并发现新的线索，进一步去查找。在检索工具不全的情况下，可选用此种方法，但由于这种方法存在一定的偶然性，因此最好选用质量较高的述评和专著来进行文献追溯。

（二）工具法

工具法是一种最常用的方法，即利用各种检索系统（工具）来检索信息，根据具体的检索情况，又可分为以下三种。

1. 顺查法

顺查法是根据已确定的检索课题所涉及的起止年代，按照时间顺序由远及近地查找信息的方法。这种方法查全率高，但费时费力，适用于普查性课题，利于掌握课题的来龙去脉、了解其历史、现状并有助于预测其发展趋势。

2. 倒查法

倒查法是按照时间顺序，由近及远地逐年查找，直到找到所需信息。利用该方法，能够获取较新信息，把握最新发展动态，因此较适用于检索新课题或有新内容的课题。

3. 抽查法

一般来说，任何一个学科的发展都具有波浪式的特点，在学科处于兴旺、发展期时，成果和文献较多。抽查法就是根据检索需求的特点和学科发展的实际情况，抽取这一段时间进行查找，能够获得较多的信息，但要求检索人员必须熟悉该学科的发展。

（三）综合法

综合法是指综合利用上述各种检索方法来查找信息的方法。利用各种检索方法，使其互相配合，取长补短，进而得到理想的检索效果。

第五节　计算机信息检索技术

计算机检索的过程就是将检索提问标识与检索系统中的信息特征标识相匹配的过程，但在该过程中必须使用一些控制技术，才能让计算机完成更复杂的检索。本节主要介绍以下几种计算机检索技术。

一、布尔逻辑检索

布尔逻辑检索是利用布尔逻辑算符进行不同检索词或其他条件的逻辑组配的技术，是常用的计算机检索技术。基本的布尔逻辑算符有三种，分别是逻辑或（or）、逻辑与（and）、逻辑非（not）。

（一）逻辑或

逻辑或是一种用来组配具有并列关系概念的技术，可将具有并列关系的概念如同义词、近义词、相关词进行组配。其组配符号为“or”或“+”。如要查找数据库中包含检索词 A 或检索词 B 或者同时包含检索词 A 和 B 的文献，输入表达式“A + B”或“A or B”，即可获得所需文献。利用逻辑或可放宽提问范围，增加检索结果，提高查全率。

（二）逻辑与

逻辑与是一种用来组配具有交叉关系概念的技术，其组配符号为“and”或“*”。如要查找数据库中既包含检索词 A 又包含检索词 B 的文献，输入表达式“A * B”或“A and B”，即可获得所需文献。利用逻辑与可缩小提问范围，提高查准率。

（三）逻辑非

逻辑非是一种用来组配具有排除关系概念的技术，其组配符号为“not”或“-”。如要查找数据库中包含检索词 A 但不包含检索词 B 的文献，输入表达式“A - B”或“A not B”，即可获得所需文献。利用逻辑非与可缩小提问范围，排除无关文献，提高查准率。

二、截词检索

截词检索在西文检索系统中较常用，即检索者将检索词在其认为较合适的地方加上截词符断开，利用词的一个局部进行检索，截词符可用来屏蔽未输入字符，解决由于派生词列举不全而造成的漏检。根据截词的位置，截词检索可分为前截断、中截断、后截断三种。

（一）前截断

前截断即后方一致，就是将截词符放在检索词需截词的前边，表示前边截断了一些字符，只要检索和截词符后面一致的信息。如“？ware”，就可以查找到 software、hardware 等词根为“ware”的信息。

（二）中截断

中截断即前后一致，也就是将截词符放在检索词的中间，表示中间截断了一些字符，要求检索和截词符前后一致的信息。如“colo？r”，就可以查找到 colour、color 等信息。

（三）后截断

后截断即前方一致，就是将截词符放在检索词需截词的后边，表示后边截断了一些字符，只要检索和截词符前面一致的信息。如“com?”，就可以查找到 computer、computers、computerized 等词开头为“com”的信息。

不同的检索系统对于截词符有不同的规定，有的用“?”，也有的用“*”“!”“#”“$”等。

三、位置检索

位置检索即通过位置运算符指明检索词在记录中的位置关系，限定检索词之间的间隔距离或前后关系，可以使检索结果更准确。常见的用位置运算符来进行限制检索的情况主要有以下几种。

（一）（W）与（nW）

（W）算符表示在此算符两侧的检索词必须按输入时的前后顺序排列，且两词之间除了可以有一个空格、一个标点符号、一个连词符之外，不得有任何其他的单词或字母。（nW）由（W）引申而来，表示在两个检索词之间可以插入 n 个单元词，但两个检索词的位置关系不可颠倒。如输入 computer（1W）retrieval 可检索到含有“computer information retrieval”“computer document retrieval”的信息。

（二）（N）与（nN）

（N）算符表示在此算符两侧的检索词必须紧密相连，但词序可颠倒。（nN）由（N）引申而来，区别在于两个检索词之间可以插入 n 个单元词。如输入 information（N）Retrieval 可检索到含有“Retrieval information”“information Retrieval”的信息。

（三）（X）与（nX）

（X）算符表示在此算符两侧的检索词必须完全一致，且两词之间不得有任何其他的单词或字母。（nX）由（X）引申而来，表示在运算符两侧的检索词必须一致，但中间可以插入 n 个单元词，常用来限定两个相同且必须相邻的词。如输入 computer（1X）computer 可检索到含有“computer for computer”的信息。

四、字段限制检索

字段限制检索是指定检索词在记录中出现的字段，检索时计算机只在限定字段内进行匹配运算，可以提高检索速度。不同的检索系统设定的字段会有不同，常见的字段及代码如表 1－3 所示。

表1-3 计算机检索系统中常见的字段和代码

字段类别	字段名称	英文全称	代码
基本字段	题目	Title	TI
	文摘	Abstract	AB
	叙词	Descriptor	DE
	标题词	Identifier	ID
辅助字段	记录号	Document Number	DN
	作者	Author	AU
	作者单位	Corporate source	CS
	期刊名称	Journal	JN
	出版年份	Publication Yearly	PY
	出版国	Country	CO
	文献类型	Document Type	DT
	文献性质	Treatment Code	TR
	语种	Language	LA

表1-3将常见字段分成基本字段和辅助字段，其中基本字段用来表达信息的内容特征，检索字段符用后缀方式，即/TI、/AB、/DE、/ID。如pattern/AB表示要检索的是文摘中有pattern的所有信息。辅助字段用来表达信息的形式特征，检索字段符用前缀方式，即：AU=、CS=、JN=、LA=等。如AU=Levis，表示要检索的是作者是Levis的所有信息。

五、词频检索

词频检索是系统中采用词频检索技术，限定检索词在数据库中相应字段或全文中出现的频次而采用的一种检索技术。该技术能够有效提高查准率和检索的相关度。

第六节 信息检索的基本步骤

要想高效地完成信息检索，必须要遵照一定的检索程序，图1-3是完成某一检索课题的基本步骤。图中只是表现了信息检索的基本步骤，当然，具体到实践中并非都要经过这些步骤，有时甚至会跨过某些步骤。

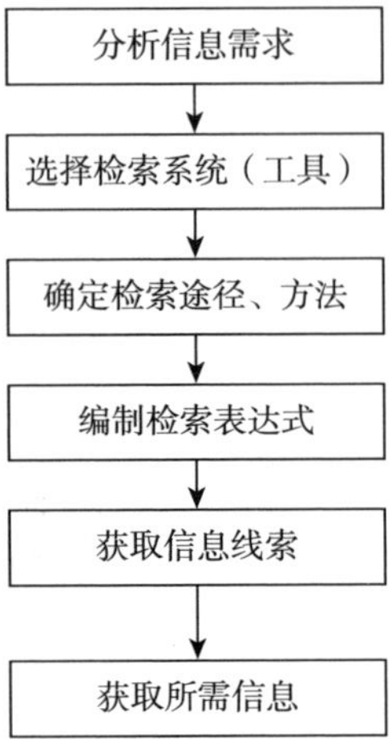

图 1-3　信息检索的基本步骤

一、分析信息需求

分析信息需求是信息检索的前提，信息需求分析得越准确，效果越好。分析信息需求，主要是根据用户的表达，明确该次信息检索的目的、主要内容、所涉及的学科范围以及所需信息的文献类型、语种、地区、时间等方面的要求。

二、选择检索系统（工具）

任何一种检索系统（工具）都有其特定的特点、功用和适用范围。因此，检索系统（工具）的选择要根据信息需求分析的结果，以及现有检索系统（工具）的质量、性质、检索人员的经验等方面，来选择合适的检索系统（工具）。一般来说，查找比较专深的信息最好选用专业性检索系统。另外，在有多种可选择的检索系统的情况下，要选择最权威、最全面、最方便的检索系统。

三、确定检索途径、方法

要根据信息需求分析的结果和已选定的检索系统（工具）的情况，确定适当的检索途径。检索途径的确定在很大程度上受到检索系统（工具）的制约，但如果有多种检索途径可选择的话，一般来讲，如果信息需求的范围较广，最好使用分类途径；如果要求的信息较专深，最好使用主题途径；如果事先已经掌握信息的责任者、题名等信息，可选用相应的途径。为了提高信息检索效果，还要根据以上分析结果，确定适当的检索方法。

四、编制检索表达式

在计算机检索系统中，有时需要编制检索表达式，即用布尔逻辑算符、位置算符等计算机运算算符将两个或以上的检索词进行组配，以式子的形式来确定检索词之间的关系，以准确将信息需求提交给计算机。

五、获取信息线索

一些检索工具（如目录、文摘等）在完成上述步骤后并不能直接提供所需信息，而是提供信息线索。

六、获取所需信息

所需信息的获取有时是按照信息线索的指引获得，有时直接从检索系统（工具）中获得（如全文数据库、网络搜索引擎等）。

上述是信息检索的基本步骤，但在实际的检索实践中，如图 1－3 所示，在任何步骤都有可能要返回之前的某一步骤，调整检索策略，以达到更好的检索效果。

思考题

1. 描述信息检索的原理。
2. 比较分类语言和主题语言。
3. 常用的信息检索方法有哪些？
4. 信息检索的基本步骤包括哪些？

第二章　网络信息资源检索

本章主要介绍网络信息资源的类型和特点、网络信息检索方法。重点介绍网络信息检索常用检索工具搜索引擎的工作原理和常用搜索引擎的使用方法。

第一节　网络信息资源概述

21 世纪，人类将全面进入信息时代。随着信息技术的不断进步和互联网的迅猛发展，网络从根本上改变了人类信息的生产、流通、分配和利用模式，创造了人类最先进的信息传播交流方式，它连通了全世界，服务全人类，给人类的政治、文化和社会生活带来了不可估量的影响，推动着人类文明由工业文明向信息文明迈进。

网络信息资源的出现，使人类信息资源的开发利用进入新的时代。网络上的信息资源涉及自然科学、人文社会科学的各个学科与专业，包括教育科研和医疗卫生等各种组织和机构，覆盖政治经济、文化教育、新闻出版和娱乐等各个领域，是一个取之不尽、用之不竭的信息宝库。虽然互联网信息资源呈几何级数增长，但是人们利用互联网信息资源越来越困难，这需要我们对互联网信息资源进行深入系统的研究，以便快速有效地利用它。

一、网络信息资源的含义

网络信息资源是指以电子资源数据的形式将文字、图像、声音、动画等多种形式的信息存放在光、磁等非印刷的介质中，并通过网络通信、计算机终端等方式再现出来的信息资源的总和。

利用网络是当今获取信息的最主要途径。从时间和空间上讲，网络对用户没有任何限制，覆盖面遍及全球，24 小时从不间断；就信息符号而言，网络采用宽频传输文字、图像、影视、声音等多种媒体；就服务类型而言，网络提供的信息服务包括数据库、全文文本、电子函件、文件传输、电子布告、电子论坛等。就检索技术面言，网络采用人工智能、专家系统、超文本、友好界面等让用户访问网上的各种信息资源。因此，无论在服务内容、方式、深度、广度、效果和效益等方面，网络信息资源几乎胜过了以往所有传统的信息资源，成为人们查找信息的首选目标。

二、网络信息资源的特点

作为一种信息的信息资源形式，网络信息资源具有以下一些主要特点。

（1）信息量大，增长迅速。互联网是个开放的信息传播平台，任何机构、任何个人都可以将自己拥有的且愿意让他人共享的信息上传至互联网。在这个庞大的信息供应源中，起主导作用的主要有：公共图书馆、互联网信息资源服务商、传统媒体、传统联机服务商、高等院校、科研机构、各类商业公司等。

（2）时效性强，传播速度快。网络信息每时每刻都在进行更新，并且是一种即时传播方式，只要将信息公布到网络上，在全球联网的任何计算机上都可以同时查看到。

（3）内容丰富，形式多样。互联网是信息的海洋，信息内容几乎无所不包：有科学技术领域的各种专业信息，也有与大众日常生活息息相关的信息；有严肃主题信息，也有体育、娱乐、旅游、消遣和奇闻趣事；有历史档案信息，也有显示现实世界的信息；有知识性和教育性的信息，也有消息和新闻的传媒信息；有学术、教育、产业和文化方面的信息，也有经济、金融和商业信息。

（4）交互功能强。互联网是交互性的，不仅可以从中获取信息，也可以在网上发布信息。互联网提供讨论、交流的渠道。在互联网上可以找到提供各种信息的人：科学家、工程技术专家、医生、律师、教育家、明星以及具备各种专长和爱好的人；也可以找到一些专题讨论小组，通过交流、咨询获得专家和其他用户的帮助，同时也可发表个人的见解。

（5）信息检索方便。网络上有各种各样的检索工具，检索途径众多，检索效率高。

(6) 稳定性差，质量不一。互联网上的信息地址、信息连接、信息内容均具有动态性，信息资源的更迭、消亡无法预测。

(7) 信息组织的局部有序性与整体无序性。各搜索引擎和站点目录都收集大量互联网的站点，并按照专业和文献信息类型分类，实现信息组织的局部有序化。但是，由于互联网急剧膨胀，仍有大量信息被淹没在信息的海洋里，这种无序性必将影响信息检索的系统性、完整性和准确性。

三、网络信息资源的种类

1. 按照网络信息资源的来源分

发布网络信息资源的主体有政府部门、公司企业、研究机构、教育机构、社会团体及个人，客体可以分为网站与网页，因而形成站点式信息资源和网页式信息资源两大类。不同类型的网站，提供的服务重点也不一样，如政府网站主要提供政府公告、法律法规、政府新闻、行业信息等；商业网站主要提供电子商务、新闻等；而企业网站的信息资源则主要提供企业介绍、市场信息和产品信息等。

因此，网络信息资源按信息来源可划分为政府、公众、商用、个人等信息资源。政府信息资源主要包括各种新闻、统计信息、政策法规文件、政府档案、政府部门介绍、政府取得成就等；公众信息资源主要包括公共图书资源、科技信息资源、新闻出版资源、广播电视信息资源等；商用信息资源，即商情咨询机构或商业性公司为生产经营者或消费者提供的有偿或无偿的商用信息，包括产品、商情、咨询等类型的信息。

2. 按照所采用的信息传输协议划分

(1) 万维网（WWW）信息资源。WWW 是 World Wide Web 的缩写，也可以简称为 Web，中文名称为“万维网”，是指建立在超文本、超媒体技术的基础之上，以直观的图形用户接口（GUI）展现和提供信息的网络资源形式。它使用简单，功能强大，能方便迅速地浏览和传递分布于网络各处的文字、图像、声音和多媒体超文本信息，问世以来发展迅速。互联网上的 Web 服务器以每年翻几倍的速度增长，从而成为互联网信息资源的主流。万维网是建立在客户机/服务器模式之上，以 HTML 语言和 HTTP

协议为基础，通过互联网把遍布世界各地的服务器连接起来，构成的一个环球信息网络空间。

（2）Telnet 信息资源。Telnet 信息资源是指借助远程登录（Remote Login），在远程登录协议（Telnet，Telecommunication network protocol）的支持下，在远程计算机上登录，使自己的计算机暂时成为远程计算机的终端，进而可以实时访问、使用远程计算机中对外开放的相应资源。简言之，Telnet 信息资源就是通过远程登录后，可以访问、共享的远程登录系统中的资源。这些资源既包括硬件资源，如超级计算机、精密绘图仪、高速打印机、高档多媒体输入/输出设备等；也包括软件资源，如大型的计算机程序、图形处理程序，以及大型数据库等信息资源。目前，互联网上最具知名度、用户最多的一种 Telnet 类型的信息资源是电子布告栏系统（BBS，Bulletin Board System）。

（3）FTP 信息资源。互联网使用的文件传输协议（FTP，File Transfer Protocol）的主要功能是完成从一个系统到另一个系统完整的文件拷贝，即在互联网的联网计算机之间传输文件。通过 FTP 可能获得的信息资源类型很广泛。广义地说，任何以计算机方式存储的信息均可保存在 FTP 服务器中。

（4）用户组信息资源。网络上各种各样的用户通信或服务组是互联网上最受欢迎的信息交流形式，其中包括新闻组（Usenet Newsgroup）、邮件列表（Mailing List）、电子邮件群（Listserv）、专题讨论组（Discussion Group）、兴趣组（Interest Group）、辩论会（Conference）等。这些电子通信组形式所传递和交流的信息就构成互联网上最流行的一种信息资源，它是一种最丰富、最自由、最具开放性的资源。它们都是由一组对某一特定主题有共同兴趣的网络用户组成的电子论坛，是互联网上进行交流和论坛的主要工具。

（5）Gopher 信息资源。Gopher 是一种基于菜单的网络服务，类似万维网的分布，是客户机/服务器模式的信息资源体系。它是互联网上的一种分布式信息查询工具，各个 Gopher 服务器之间彼此连接，全部操作是在一级菜单的指引下，用户只须在菜单中选择项目和浏览相关内容，就完成了对互联网远程联机信息系统的访问，而无须知道信息的存放位置和掌握有关的操作命令。

3. 按照信息交流的方式划分

（1）正式出版的信息。正式出版的信息，是指受到一定的知识产权保护，信息质量可靠、利用率较高的知识性、分析性的信息，如各种网络数据库、电子期刊、电子图书、电子报纸和图书馆目录等。

（2）半正式出版的信息。半正式出版的信息，又称“灰色信息”，是指受到一定的知识产权保护但没有纳入正式出版信息系统的信息，如各种学术团体和教育机构、企业和商业部门、国际组织和政府机构、行业协会的介绍、宣传自己或其产品的描述性的信息，其中以政府信息、人文科学领域的信息为最重要的互联网信息资源之一。

（3）非正式出版的信息。非正式出版的信息，是指流动性、随意性较强的，信息量大、信息质量难以保证的动态性信息，如电子邮件、专题讨论小组和论坛、电子学术会议、电子布告板新闻等工具上的信息。

4. 按照是否收费

（1）收费信息资源。用户需要先注册登记，并通过一定的付费方式缴纳所需费用后方可使用。一般来说，商业机构开发的大型的、历史悠久的、成本费用高的系统采用收费方式的较多。

（2）免费信息资源。多为非营利性公司开发，或小型的、实验性、新上网的数据库。

第二节　网络信息资源检索方法

网络信息资源的检索方法，主要包括两种方式：一种是基于浏览的方式，即按超链接点击浏览；另一种是基于关键词的方式，比如站内搜索、利用搜索引擎等。

一、基于浏览的检索方式

基于浏览的检索方式又分为不依靠任何检索工具的浏览和借助检索工具的浏览。

1. 不依靠任何检索工具的浏览

在互联网上发现和检索信息最原始的方法就是顺链而行的浏览方式，

即在日常的网上漫游过程中，随机地发现一些有用的信息，这种方式没有太强的目的性，和在书市上“淘书”有几分相似，有时会有一些意想不到的收获，但也有可能一无所获。其特点是不依靠任何检索工具，用户在浏览网页的时候，利用超文档中的链接从一个网页转向另一相关网页，有些类似传统文献检索中的“追溯检索”，即根据文献后所附的参考文献目录去追溯相关文献，一轮一轮地不断扩大检索范围。这种方式可以在很短的时间内获得大量相关信息，但也有可能在顺链而行中偏离检索目标，或迷失于网络信息空间中，而且找到合适的检索起点也不容易。

个人用户在上网浏览的过程中常常将一些常用的站点地址记录下来，组织成目录以备今后之需，比如利用 IE 的“加入收藏夹”功能和 Netscape 的 bookmark 功能，同时用户通常也能记忆一些常用的网址，但这种方法只能满足个别一时之需，相对于整个网络资源的发展，其检索功能是微不足道的。

不依靠任何检索工具的浏览适合以下几类信息检索的目的。

（1）延伸已有信息范围：顺着原文提供的超链接查找一些与已获得信息相关的信息，如从某一文章直接转到该文章的某篇引用文献。

（2）跟踪新信息：比如定期浏览某些网站或栏目，以保证对某一领域的信息有及时的了解。

（3）网上信息调研：该类信息收集行为的目标性不强，但多有一定收集范围。

（4）好奇心驱使：因某一信息的刺激而引发对其进一步探究的浏览行为。

（5）消遣性浏览：随意的、漫游式的，以休闲、消磨时间为主要目的的浏览。

（6）享受浏览经验：这是一种以浏览这一过程本身作为目的的“过程性满足”行为。

2. 借助检索工具的浏览

不依靠任何检索工具，想从互联网上检索到自己需要的信息是非常困难的，有“漫无目的”之嫌，而信息检索通常带有比较明确的目的，为快速准确地实现这些目的，即使采用基于浏览的方式进行检索，也需要一定的检索工具来帮忙。

最常见的基于浏览的检索工具自然是以雅虎（Yahoo）为代表的网络资源目录，这种工具是由信息管理专业人员在广泛收集网络资源及有关加工整理的基础上，按照某种分类体系编制的一种可供检索的等级结构式目录。使用此类工具的浏览过程被称为“分类检索”。这是一种“自顶向下、进步细化”的检索方法。从根目录开始，每一层都分布有若干“类别”，选择其中一个，就可沿此分支看到该类之下的其他类别，直到所需的目标信息出现在某个类别。此外，各种类型的虚拟图书馆和学科导航等工具，从分类浏览这一相同检索方式而言也属于同一范畴。

目录式的检索工具使用起来非常简单，只要沿着从大类别、小类别一层一层的超链接向下浏览即可。检索中要学习的只是掌握它的目录分类原则，确定自己要找的网站应该在哪个类别，然后逐级点击寻找。这种方法在用户需要寻找某一方面、某一范围信息时效果较好。这里必须指出的是，各搜索引擎的目录分类原则不尽相同，还经常变化，并且随着网站数量呈几何级数增长，用户需要点击翻找的页数也会越来越多。

目录式检索工具的优点是检索质量较高，因为目录通常由各学科的专业人员编制，分类合理，同时入选各个类别的网站都经过了较严格的筛选和验证，信息资源的价值较高。缺点有两个：一是检索到的信息数量有限，因为人工编制的目录只能收集到整个网络资源中非常少的一部分，所以检索时可能遗漏不少有价值的信息；二是新颖性不够，因为依靠人工维护的目录其更新速度不会很快。

3. 基于浏览的检索方式的特点

基于浏览的方式检索互联网信息资源，其最大的特点在于超文本浏览方式的介入。在网络上，用户一方面可以采用传统的线性方式，对各个文件中的信息依次进行阅读：另一方面也可根据节点之间的超文本链接关系，循着链接进行相关节点的非线性浏览。

通过浏览来检索互联网信息资源，有如下优点：

（1）能够针对具体任务或问题找到相关信息。

（2）方便对检索到的结果信息进行筛选。

（3）在检索过程中，能够使不甚明确的信息需求得以清晰化。

（4）有时能获取一些意外信息。

（5）容易使用户突破本学科领域的界限，获取跨学科、跨行业信息。

（6）在基于图像、声音内容检索的难题尚未得到根本性突破前，浏览是检索多媒体信息比较实用的方法。

但这种检索方式的缺点也是明显的，表现为：

（1）用户获取信息的偶然性较大，容易造成时间和经费上的浪费，这一点在不使用检索工具时表现得尤为明显。

（2）检全率的问题，无论是否依靠目录式检索工具，都很难找全用户需要的所有信息。

（3）信息迷航问题，即信息链接的多样性与用户在浏览路径选择上的随意性会导致其在多次跳转后迷失方向。

二、基于关键词的检索方式

随着互联网的商业化，其发展日新月异，信息急剧膨胀，已有的网络资源目录数据量有限，更新不及时、相对成本较高等弊端逐渐显露。基于浏览的方式已经无法满足用户快速准确定位网上目标信息的需要，而基于关键词的检索方式在搜索引擎自动全文索引技术的支持下，逐渐受到人们的重视，现在已经成为检索互联网信息资源最主要的检索方法。

关键词又称“自由词”，它属于自然语言范畴。关键词是直接来自文献本身，能够反映文献主题概念，具有实际检索意义的词语，以搜索引擎为代表的基于关键词的检索工具能够利用全文索引技术，标引每一篇文档的每一个关键词，形成庞大的索引库，用户使用关键词进行检索，检索工具把用户输入的关键词与索引库中的词表进行匹配，所有出现该关键词的文档都将被检索到。这种检索方式大大克服了浏览方式中出现的检全率不高的问题。

1. 基于关键词的检索工具

基于关键词的检索工具中最有代表性的就是搜索引擎，如现在最流行的谷歌，关于它的技术细节将在下一节介绍；还有一类与搜索引擎很相似的工具，称为“元搜索引擎”。元搜索引擎本身并没有存放网页信息的数据库，当用户检索一个关键词时，它把用户的检索请求转换成其他搜索引擎能够接受的命令格式，并行地访问数个搜索引擎来检索这一关键词，并把这些搜索引擎返回的结果经过处理后再呈现给用户。

2. 基于关键词检索的特点

使用关键词检索网络信息资源的优点如下。

（1）检索简单易行，利于上手。基于关键词的检索工具建立了全文索引，用户可以使用任意关键词进行检索，由于关键词直接来自网页和文献资源本身，专指度高，用户可任意检索，不受词表的控制，也不必对用户进行培训，用户可较自由地表达主题概念和信息需求。同时基于关键词的检索工具其界面一般也相当简洁友好，如谷歌的界面就是一个关键词输入框，用户非常容易上手，检索方便、简单。

（2）检索到的信息较新，时效性好。基于关键词的检索工具其索引数据库更新速度都很快；由于采用自动跟踪和索引软件，可以跟踪网络信息的最新动向，及时增、删、改新词，时效性好，搜索引擎的索引一般 2 ~ 3 周就更新一次，某些站点几乎是每天更新，而站内检索工具对本网站的信息索引则达到了实时更新的地步。

（3）可以达到较高的检全率。关键词语言是完全专指的，它可以对网站、网页的题名、摘要、全文中出现的任何一个有实际意义的词进行检索，只要检索工具索引过的都不会漏掉，所以能够提高检全率。

（4）符合检索语言的文献保障原则和用户保障原则。在信息检索中，文献保障原则指索引用词选取应以文献作为依据，基于关键词的检索，其所有索引用词全部来自网络文档本身，都是文献中确实存在的词；用户保障原则指拟选择的词在检索中是否被人们经常使用，用户使用关键词检索的时候，本身就意味着该词是被经常使用的。

基于关键词的检索方式也并非无懈可击，尤其是在目前的技术水平下，基于关键词的检索系统还面临如分词、语言识别、语义联想等方面的问题，因此基于关键词的检索也有一些缺点。

（1）关键词语言难以反映词间的相关关系。在关键词之间存在大量的同义现象、近义现象、一词多义和同形异义现象，而基于关键词的检索工具很少对此进行规范化处理，致使文献和检索提问中隐含的概念或需求往往难以表达出来，漏检率较高。

（2）分散主题，影响查准率。由于关键词选词没有限制，造成词库词量偏大且杂乱，反而会分散主题，影响查准率。搜索引擎最受用户诟病的地方就是总能检索出一大堆无用的信息。基于关键词的检索工具对自动采集标引的网页不作筛选和处理，使得用户需要花费大量的时间和精力去判别，选择自己所需的信息，因而加大了用户的负担。

（3）自动标引无法完全解决标引不一致的问题。以前人们普遍认为采用自动标引可以排除人工标引时由于人与人之间认识上的差异和同一个人在不同时间认识上的差异而造成的标引不一致，只要保持同样的标引软件和抽词词典，标引结果就不会有差异。事实并非如此。如果不同的著者对同一内容或同一主题的文献采用了不同的表达方法，则标引结果就不会一致；这种情况是大量存在的，因而仅仅依靠自动标引本身是无法消除标引不一致的问题的。

由上述分析可见，互联网信息检索中，基于浏览和基于关键词的检索方法各有其独到的作用与特点。事实上，基于浏览的检索和基于关键词的检索不过是网上信息检索行为的两种表现，虽然可以按有无明确的信息需求目标来对二者加以区分，但这种区分从根本上讲只是一种程度之分。在实际的信息活动中，二者往往是同时进行，难以绝对分清的。如用搜索引擎检索返回结果列表后，仍需要用浏览的方式寻找最适合自己需求的结果。所以，互联网信息检索工具的一个趋势就是浏览与关键词检索相结合，像谷歌和雅虎这些著名的检索工具，都同时整合了两种检索方式，用户既可以通过输入关键词检索，也可以通过主题目录一层一层浏览。

第三节　网络信息资源检索工具

近年来，互联网的发展使信息采集、传播和利用无论是在规模上还是在速度上都达到了空前的水平。互联网上的信息呈几何级数增长，信息内容涉及面广泛，几乎包括工农业生产、科技、教育文化艺术、商业、信息资讯、娱乐休闲等诸多方面，成为人类技术和文明的巨大财富，是全球取之不尽、用之不竭的信息资源基地。但随之也出现了新的问题：人们在浩如烟海的信息面前无所适从，想迅速、准确获取自己最需要的信息，变得十分困难。正是为了解决这个问题，20 世纪 90 年代中期出现了检索互联网信息资源的搜索引擎技术。

搜索引擎的起源可以上溯到 1990 年由加拿大蒙特利尔大学学生艾伦·艾姆塔格（Alan Emtage）开发的 Archie。Archie 用于检索分散在各 FTP 服务器上的文件，但其工作原理与现在的搜索引擎很接近。1993 年年底，人们认识到既然所有网页都可能有连向其他网站的链接，那么从跟踪一个网站的链接开始，就有可能检索整个互联网，这一简单想法就是今天搜索引擎的基本原理。

一、搜索引擎的含义

引擎是英文“Engine”的音译词，代表发动机，搜索引擎即“Search Engine”，具有导航的含义。目前关于搜索引擎的说法很多，国内还没有一个明确的定义。一般而言，可以从广义和狭义去理解。

从狭义的角度来说，搜索引擎是指对万维网站点资源和其他网络资源进行标引和检索的一类检索系统机制，由信息搜索器、索引器、检索器和用户界面四部分组成。

信息收集软件从一个一致的文档集合中读取信息，并检查这些文档的链接指针，找出新的信息空间，然后取回这些新空间中的文档，并将它们加入索引数据库。查询接口通过索引数据库为用户的查询请求提供服务。

从广义上讲，搜索引擎是互联网上的一类网站，是在 Web 中主动搜索信息（搜索网页上有意义的单词和简短的对特定内容的描述的词）并将其自动标引的 Web 网站以及标引的内容存储在可检索的大型数据库中，并建立相应的索引和目录服务，从而对用户提出的各种检索作出响应，提供用户所需的信息或相关的指针。这类网站与一般网站不同的是，它是互联网上专门提供检索服务的一类网站，即互联网上具有检索功能的网页。

二、搜索引擎的组成

1. 搜索器（Robot）

20 世纪 90 年代，“机器人”（Robot）一词在计算机编程者中用于特指某种能以人类无法达到的速度不间断地执行某项任务的软件程序。由于专门用于检索Web信息的“机器人”程序像蜘蛛一样在网络间爬来爬去，因此，作为Web搜索器的“机器人”就被称为“网络蜘蛛”（Spider）。“网络蜘蛛”的功能就是在互联网中不断漫游，发现和搜集信息。作为一个计算机程序，搜索器日夜不停地运行，尽可能多、尽可能快地搜集各种类型的新信息，并定期更新已收集的旧信息，以避免出现死链接和无效链接。

机器人要在网络上爬行，就必须建立一URL列表来记录访问的轨迹。在超文本技术中，指向其他文档的URL隐藏在文档中，所以“机器人”需要对超文本进行分析，从中提取出URL，所有互联网上的“机器人”搜索程序都有如下工作步骤：

（1）机器人从起始的URL列表中取出URL并从网上读取其指向的内容。

（2）从每一个文档中提取某些信息，如关键字或整个网页，标引完这些检索点上的新文档后将其加入索引数据库并组成倒排文档。

（3）从文档中提取指向其他文档的URL，并加入URL列表中。

（4）重复上述3个步骤，直到再没有新的URL出现或超过了某些限制（时间或磁盘空间）。

（5）给索引数据库加上检索接口，向网上用户发布或提供给用户检索。

2. 索引器（Indexer）

索引器的功能是理解搜索器所搜索的信息，从中抽取出索引项，并生成文档库的索引表。索引项有客观索引项和内容索引项两种：客观索引项与文档的语意内容无关，如作者名、URL、更新时间等；内容索引项则是用来反映文档内容的，如关键词及其权重、短语、单字等。

3. 检索器（Searcher）

检索器的功能是处理用户查询要求。检索器根据用户输入的提问词，按照一定的算法，在索引数据库中进行提问词与索引词的模糊匹配，并对所有的查找出的文档进行集合运算，将结果集按照基于内容和基于链接分析的方法进行相关度评价并排序，将最终形成的有序查询结果输出到用户检索界面。

4. 用户检索界面（Interface）

用户检索界面是搜索引擎呈现在用户面前的形象，其作用是接收用户输入的查询、显示查询结果、提供用户相关性反馈。为使用户方便、高效地使用搜索引擎，从搜索引擎中检索到有效、及时的信息，用户检索界面的设计和实现采用人机交互的理论和方法，以充分适应人类的思维习惯。

用户检索界面包括简单界面和高级界面两类。简单界面只提供用户输入查询串的文本框；高级界面提供用户按照检索模型查询的机制。

典型的搜索引擎体系结构如图 2 – 1 所示。

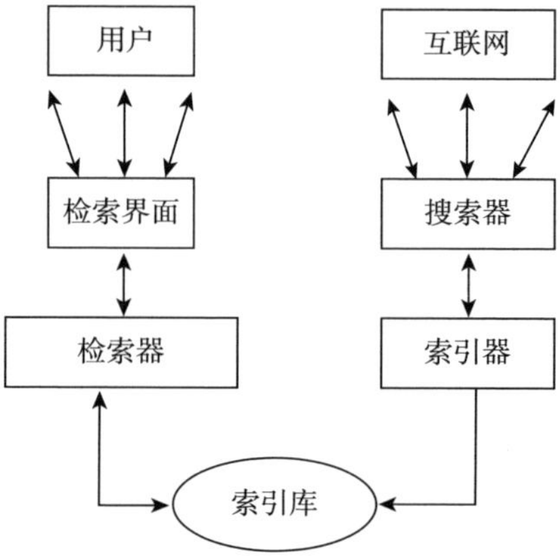

图 2 – 1　典型的搜索引擎体系结构

因此，搜索引擎的运作如下：

（1）发现并搜集网页信息。搜索引擎通过高性能的“网络蜘蛛”程序自动地在互联网中搜索信息。一个典型的“网络蜘蛛”工作的方式是通过查看一个页面，从中找到与检索内容相关的信息，然后再从该页面的所有链接中继续寻找相关的信息，以此类推，直至穷尽。“网络蜘蛛”为实现快速浏览整个互联网，通常在技术上采用抢先式多线程技术实现在网上聚集信息。

（2）对信息进行提取并建立索引库。索引库的建立关系到用户能否最迅速地找到最准确、最广泛的信息。索引器对“网络蜘蛛”抓来的网页信息极快地建立索引，以保证信息的及时性。建立索引时对网页采用基于网页内容分析和基于超链分析相结合的方法进行相关度评价，能够客观地对网页进行排序，从而最大限度地保证搜索出的结果与用户的检索提问一致。

（3）用户检索利用。搜索引擎根据用户输入的检索词，在索引库中快速检出文档，进行文档与检索的相关度评价，对将要输出的结果进行排序，并将检索结果返回给用户。当用户以关键词查找信息时，搜索引擎会在数据库中进行搜寻，如果找到与用户要求内容相符的网站，便采用特殊的算法——通常根据网页中关键词的匹配程度，出现的位置/频次，链接质量等——计算出各网页的相关度及排名等级，然后根据关联度高低，按顺序将这些网页链接返回给用户。这是对前两个过程的检验，检验该搜索引擎能否给出最准确、最广泛的信息，检验该搜索引擎能否迅速地给出用户最想得到的信息。

三、搜索引擎的类型

搜索引擎的种类很多，各种搜索引擎的概念界定尚不清晰，大多可互称、通用。事实上，各种搜索引擎既有共同特点，又有明显差异。

搜索引擎按其工作方式主要可分为三种，分别是全文搜索引擎（Full Text Search Engine）、目录索引类搜索引擎（Search Index/Directory）和元搜索引擎（Meta Search Engine）。

1. 全文（关键词型）搜索引擎

全文搜索引擎，也称“关键词搜索引擎”，是名副其实的搜索引擎，国内著名的有百度（Baidu）、中国搜索等。它们都是从互联网上提取的各个网站的信息（以网页文字为主）而建立的数据库中，检索与用户查询条件匹配的相关记录，然后按一定的排列顺序将结果返回给用户，用户可以通过分析选择所需的网页链接，直接访问要查找的网页。因此，它们是真正的搜索引擎。

全文搜索引擎的优点是所收录的信息量巨大，索引数据库规模大，耗费人力资源较小，信息更新速度快，搜索功能强大，适合特性检索。缺点是返回信息量过多，查准率较低；并且提供的检索结果重复链接较多，层次结构不清晰，给人一种繁多杂乱的感觉。对同一关键词的检索，不同全文搜索引擎反馈的结果相差很大，须从结果中进行筛选，费时费力。

2. 目录索引类（网站级）搜索引擎

目录索引虽然有搜索功能，但在严格意义上并不是真正的搜索引擎，仅仅是按目录分类的网站链接列表而已。用户完全可以不用进行关键词

（Keywords）查询，仅靠分类目录也可找到需要的信息。目录索引中最具代表性的莫过于雅虎，国内的搜狐、新浪、网易搜索也都属于这一类。

该类搜索引擎的数据库是依靠专职编辑人员建立。当用户提出检索要求时，搜索引擎只在网站的简介中搜索。这种获得信息的方法就像是“顺藤摸瓜”，只要用鼠标单击这些分类链接就可以一级一级地深入这个目录，最终搜索到所需的网页。所收录的网络资源经过专业人员的鉴别、选择和组织，保证了检索工具的质量，减少了检索中的噪音，提高了检索的准确率。它将信息系统地分门归类，也能方便用户查找到某一大类信息，比较适合于查找综合性、概括性的主题概念，或对检索准确度要求较高的课题。

目录索引类搜索引擎的优点是：层次、结构清晰，易于查找；多级类目，便于查询到具体明确的主题；内容摘要、分类目录下有简明扼要的内容，可以使用户一目了然；网络信息资源经过人工筛选，查准率较高。只要按搜索引擎的分类体系，层层深入即可。缺点是检索范围较小，查全率较低；没有统一的、科学的分类体系依据，类目之间交叉，内容重复；需要投入较多的人力，不易跟上网络资源的增长，更新速度慢。

目前，全文搜索引擎与分类目录式搜索引擎之间的界限越来越模糊，很多搜索引擎同时提供分类和关键词检索两种方式。

3. 元搜索引擎

元搜索引擎，是一种调用其他独立搜索引擎的引擎。元搜索引擎就是对多个独立搜索引擎的整合、调用、控制和优化利用，其技术称为“元搜索技术”，元搜索技术是元搜索引擎的核心。检索时，元搜索引擎根据用户提交的检索请求，调用元搜索引擎进行搜索，对搜索结果进行汇集、筛选、删并等优化处理后，以统一的格式在同一界面集中显示。常见的元搜索引擎有 Dogpile、MetaCrawler、Mamma 等。

此外，搜索引擎还可以按检索内容分综合型和专业型搜索引擎。综合型搜索引擎对搜索的信息资源不限制主题范围和数据类型，利用它可以找到几乎任何学科的信息，如百度和谷歌；专业型搜索引擎只收集某一行业或专业范围内或某种特殊类型的信息资源，它们在提供专业信息方面有着大型综合引擎无法比拟的优势。

四、搜索引擎的检索方法

1. 常用检索方法

（1）简单搜索（Simple Search）：指输入一个单词（关键词），提交搜索引擎检索后反馈结果，也叫单词搜索。这是最基本的检索方法。

（2）词组搜索（Phrase Search）：指输入两个单词以上的词组（短语），提交搜索引擎检索并反馈结果，也叫短语搜索。现有搜索引擎一般都约定把词组或短语放在引号内。如果查找的是一个词组或多个汉字，最好的办法就是将它们用双引号括起来，这样得到的结果最精确，这就是使用双引号进行精确查找。一般说来，在网页搜索引擎中，用词组搜索来缩小范围从而找到搜索结果是最好的办法。

（3）高级搜索（Advanced Search）：指用布尔逻辑组配方式检索，也称定制搜索。常用的逻辑运算为 AND（和）、OR（或）、NOT（非）。对 A、B 两词而言，A AND B 是指取 A 和 B 的公共部分（交集），A OR B 是指取 A 和 B 的全部（并集），A NOT B 是指取 A 中排除 B 后的部分，其中 NOT 只作用于一个词，故称为一元操作符，其余作用于二个词，故称作二元操作符。A、B 本身为多词时，可以用括号（ ）分别括起来作为一个逻辑单位。

2. 搜索引擎其他检索方法

（1）语句搜索（Sentence Search）：指输入任意自然语言问句，提交搜索引擎检索并反馈结果，这种方式也称任意检索，实际上就是自然语言检索。并非所有的搜索引擎都支持语句检索，而且不同搜索引擎对语句中词与词之间的关系的处理方式也不同。

（2）目录搜索（Catalog Search）：指按搜索引擎提供的分类目录逐级检索，用户一般不需要输入检索词，而是按照检索系统所给的几种分类项目，选择类别进行搜索，也称分类搜索（Classified Search）。

五、使用搜索引擎应注意的问题

由于每一种搜索引擎的查询覆盖范围、标引的深度和广度、具有的检索功能和提供的检索方式与语法均有所不同，因此在使用搜索引擎检索网络信息资源时，应该讲究搜索引擎的使用策略，以便达到事半功倍的检索效果。

搜索引擎的出现大大方便了用户搜索网络资源信息，但因其本身所固有的差别使不熟悉的用户在检索时难以获得满意的检索效果，为提高检索效率，现将使用搜索引擎时应注意的几个问题介绍如下。

1. 注意阅读引擎的帮助信息

许多搜索引擎在帮助信息中提供了该引擎的操作方法、使用规则及运算符说明，这些信息是用户进行网络信息资源查询所必须具备的知识，是检索的指南。

2. 选择适当的搜索引擎

有针对性地选择搜索引擎：用不同的搜索引擎进行检索得到的结果常常有很大的差异，这是因为它们的设计目的和发展走向存在许多不同，有的专用于检索 Web 信息，有的专用于检索 Usenet 信息，而有的则针对商业需要设计，使用时要根据自己的需要选择合适的搜索引擎。

这一点非常重要，不同的搜索引擎其特点不同，只有选择合适的搜索引擎才能获得满意的查询结果。用户应根据所需信息资料的特点、类型、专业深度等，选择适当的搜索引擎。

3. 检索关键词要恰当

查找相同的信息，不同的用户使用相同的搜索引擎，会得出不同的结果。造成这种差异的原因就是关键词选择不同。选择搜索用关键词要做到“精”和“准”，同时还要具“有代表性”，“精”“准”才能保证搜索到所需的信息，“有代表性”才能保证搜索的信息有用。选择关键词时应注意：不要输入错别字，专业搜索引擎都要求关键词一字不差；注意关键词的拼写形式，如过去式、现在式、单复数、大小写、空格、半全角等；不要输入多义关键词，搜索引擎是不能辨别多义词的。

第四节　常用搜索引擎简介

一、全文搜索引擎

（一）谷歌（Google，http：//www. google. com）

1. 谷歌概况

谷歌是由美国斯坦福大学的两位博士生拉里·佩奇（Larry Page）和谢

尔盖·布林（Sergey Brin）在 1998 年创建的，诞生在斯坦福大学的宿舍里。1999 年 6 月，谷歌通过自己的网站 www. google. com 推出，很快以其特有的技术优势和极佳性能扬名世界。

谷歌（Google）是由英文单词“googol”变化而来，“googol”是“米尔顿西罗蒂”（Milton Sirotta）创造的一个词，表示 1 后边带有 100 个 0 的数字。佩奇和布林使用这个词代表谷歌公司征服网上无穷无尽资料的雄心。

2. 谷歌的检索方法

谷歌支持简单搜索、词组搜索和高级搜索（选搜索框右侧的高级搜索项即可进入），而且以多语种、多媒体兼容为特色，用户键入搜索框中的任何符号均可得到反馈。如果用户键入了明显的错别字词，谷歌会给出提示，显示了一定的智能。

（1）简单搜索。简单搜索是谷歌的基本搜索，检索简洁且方便，仅须输入检索内容并敲一下回车键（Enter），或单击“Google 搜索”按钮，即可得到相关资料。如果想缩小搜索范围，可输入更多的关键词，只要在关键词中间留空格就行，此时，谷歌会自动使用“and”进行逻辑组配检索。

（2）词组搜索。谷歌词组搜索使用英文双引号。在谷歌中，可以通过添加英文双引号来搜索短语。双引号中的词语（比如“world economy”）在检索到的文档中将作为一个整体出现。这一方法在查找名言警句或专有名词时格外有用。谷歌检索时会自动忽略最常用的词和字符，这些词和字符被称为忽略词。谷歌忽略词包括“http”“. com”和“的”等字符以及数字和单字，因为这类字词不仅无助于缩小检索范围，而且会大大降低搜索速度。

（3）高级搜索。可以将检索策略输入谷歌主页面的检索框中进行检索，也可以进入高级检索界面后将检索策略输入检索框中检索。

3. 谷歌的特殊功能

（1）图像搜索。谷歌的“图像搜索”是网络上现今最好的图像搜索工具之一，要进行图像搜索，选择主页上方的图像键或直接用 URL http：// images. google. com 即可进入，在图像搜索框中输入要查找的图像主题或相关关键词，然后单击“搜索”按钮。在检索结果页上单击缩略图即可看到原始大小的图像，同时还可看到该图像所在的网页。

谷歌通过分析页面上图像附近的文字、图像标题以及许多其他元素来确定图像的内容。谷歌还使用复杂的算法来删除重复的内容，并确保在搜索结果中首先显示质量最好的图像。

（2）信息挖掘。如果要查找网络上的 PDF 格式、DOC 格式、GIF 格式等专门格式的文件，只须在检索词后加上“filetype:”语法，再加上需要搜索的文件类型（如 . ppt、. pdf、. doc、. gif、. xls、. swf 等）信息即可，谷歌会自动到服务器甚至数据库中去搜寻这些文件，体现了新颖的信息挖掘功能。如要想查找“浪花一朵朵”的 Flash 版本，只需在搜索框中输入：“浪花一朵朵 filetype：swf”，点击搜索即可。

（3）手气不错。按下“手气不错™”按钮将自动进入谷歌检索到的第一个网页，而完全看不到其他搜索结果。使用“手气不错”进行搜索表示用于搜索网页的时间较少而用于检查网页的时间较多。

（4）网页快照。谷歌在访问网站时，会将看过的网页复制一份网页快照，以备在找不到原来的网页时使用。单击“网页快照”时，用户将看到谷歌将该网页编入索引时的页面。在显示网页快照时，其顶部有一个标题，用来提醒用户这不是实际的网页。符合搜索条件的词语在网页快照上突出显示，便于快速找到所需的相关资料。

（5）类似网页。单击“类似网页”时，谷歌侦察兵便开始寻找与这一网页相关的网页。谷歌侦察兵可以“一兵多用”。如果用户对某一网站的内容很感兴趣，但又嫌资料不够，谷歌侦察兵会帮助找到其他有类似资料的网站。

（6）按链接搜索。有一些词后面加上冒号对谷歌具有特殊的含义。其中的一个词是“link:”。检索 link：显示所有指向该网址的网页。不能将 LINK 搜索与关键词搜索结合使用。

（7）指定网域。有一个后面加冒号而有特殊含义的词是“site:”。要在某个特定的网域或网站中进行搜索，可以在谷歌搜索框中输入“site：xxx. com”。

（8）地图搜索。可以查找到达某目的的线路图，或者某一具体地理位置以及其周边的服务设施，提供详细的路线和联系方式。

(9) 天气查询。用谷歌查询中国城市地区的天气和天气预报，只需输入一个关键词（“天气”“tq”或“TQ”，任选其一）和要查询的城市地区名称即可。谷歌返回的网站链接会带给用户最新的当地天气状况和天气预报。

此外，谷歌还具有股票查询、农历日历转换、学术搜索、图书搜索、定义查询等功能。

（二）百度（www. baidu. com）

1. 概况

1999 年年底，李彦宏和徐勇于美国硅谷创建百度。2000 年，二人回国发展，从此掀开中文搜索引擎的新篇章。百度拥有超链接分析技术的专利权。百度是当前全球最大的中文搜索引擎之一，可检索的资源类型包括网页、新闻、视频、图片、音乐等。

2. 检索功能

百度同样具有简单检索、词组检索和高级检索功能。需要注意的是，百度支持不完全的布尔检索。默认的是逻辑“与”，两个关键词之间需空格。但逻辑“或”是用“|”连接两个关键词。用“-”（英文字符的减号）执行 NOT 操作。另外，这些功能在高级检索界面中均可实现，且不需要创建复杂的检索式。

词组检索：对于中文，默认即为词组检索，也就是说输入的关键词在中间没有空格的情况下会被当作一个词组，不需要加引号。英文用“”表示词组。

3. 特色搜索

和谷歌一样，百度也具有信息挖掘功能，仍采用“关键词 + filetype: + 文档格式”模式。此外，百度还支持字段检索，可使用 intitle、inurl、site 运算符。如果希望“知识经济”出现在网页的标题中，可适用语法：intitle：知识经济。

此外，百度最具特色的搜索功能是开创了“百度知道”。

百度知道（http：//zhidao. baidu. com）是一个基于搜索的互动式知识问答分享平台，于 2005 年 6 月 21 日发布，并于 2005 年 11 月 8 日转为正式版。与大家习惯使用的搜索服务有所不同，“百度知道”并非直接查询那些已经存在于互联网的内容，而是用户自己根据具体需求有针对性地提出问题，通过积分奖励机制发动其他用户来创造该问题的答案。同时，这些问题的答案又会进一步作为搜索结果，提供给其他有类似疑问的用户，达到分享知识的效果。

百度知道的最大特点，就在于和搜索引擎的完美结合，让用户所拥有的隐性知识转化成显性知识，用户既是百度知道内容的使用者，又是百度知道的创造者，在这里累积的知识数据可以反映到搜索结果中。通过用户和搜索引擎的相互作用，实现搜索引擎的社区化。

百度知道也可以看作是对搜索引擎功能的一种补充，让用户头脑中的隐性知识变成显性知识，通过对回答的沉淀和组织形成新的信息库，其中信息可被用户进一步检索和利用。这意味着，用户既是搜索引擎的使用者，同时也是创造者。百度知道可以说是对过分依靠技术的搜索引擎的一种人性化完善。

（三）搜狗搜索（www. sogou. com）

搜狗是搜狐公司于 2004 年 8 月 3 日推出的全球首个第三代互动式中文搜索引擎，搜狗以搜索技术为核心，致力于中文互联网信息的深度挖掘，帮助中国网民加快信息获取速度，为用户创造价值。

搜狗的产品线包括网页应用和桌面应用两大部分。网页应用以网页搜索为核心，在视频、图片、新闻、地图领域提供垂直搜索服务，并推出微信、明医、购物等搜索服务。

1. 基本搜索

搜狗查询简洁方便，只须输入查询内容并敲一下回车键（Enter），或单击“搜狗搜索”按钮即可得到最相关的资料。

2. 进一步的搜索

如果想缩小搜索范围，只须输入更多的关键词，并在关键词中间留空格就行了。如搜索“中国 北京 天安门”。

3. 搜索不区分大小写

搜狗搜索不区分英文字母大小写。无论大写、小写字母均当作小写处理。例如，搜索“sogou”“SoGoU”“SogoU”或“SOGOU”，得到的结果都一样。同样的，在大多数搜索引擎中，都是不区分大小写的。

4. 搜索技巧

（1）使用双引号进行精确查找。

搜索引擎大多数会默认对搜索词进行分词搜索。这时的搜索往往会返回大量信息，如果查找的是一个词组或多个汉字，最好的办法就是将它们用双引号括起来（在英文输入状态下的双引号），这样得到的结果最少、最精确。

这里的双引号可以是全角的中文双引号，也可以是半角的英文双引号。而且可以混合使用，例如："电脑技术"，“电脑技术”搜狗都是可以智能识别的。

（2）使用多个词语搜索。

由于搜狗只搜索包含全部查询内容的网页，所以缩小搜索范围的简单方法就是添加搜索词。添加词语后，查询结果的范围就会比原来的“过于宽泛”的查询小得多。输入多个词语搜索（不同字词之间用一个空格隔开），可以获得更精确的搜索结果。例如，想了解北京动物园的相关信息，在搜索框中输入“北京 动物园”获得的搜索效果会比输入“动物园”得到的结果更好。

（3）减除无关资料。

如果要避免搜索某个词语，可以在这个词前面加上一个减号（“-”，英文字符），但在减号之前必须留一空格，例如，信息 -检索。

（4）在指定网站内搜索。

如果想知道某个站点中是否有自己需要找的信息，可以把搜索范围限定在该站点中，提高查询效率。在想要搜索指定网站时，使用 site 语法，其格式为：查询词 + 空格 + site：网址。例如，只想看搜狐网站上的世界杯内容，就可以这样查询：世界杯 site：sohu. com。

搜狗也支持多站点查询，多个站点用“|”隔开，如：世界杯 site：www. sina. com. cn | www. sohu. com（site：和站点名之间，不要带空格）。

（5）文档搜索。

在互联网上有许多非常有价值的文档，如 DOC、PDF 等，这些文档质量都比较高、相关性强，并且垃圾少。所以，在查找信息时不妨用文档搜索。其搜索语法为：查询词 + 空格 + Filetype：格式，例如，市场分析 filetype：doc，其中的冒号是中英文符号皆可，并且不区分大小写。filetype：doc可以在前也可以在后，但注意关键词和filetype之间一定要有空格。如filetype：doc 市场分析。

filetype语法也可以与site语法混用，以实现在指定网站内的文档搜索。例如，在中国农业大学和清华大学网站内搜索有关“中国”的文档，就可以用：site：www. cau. edu. cn | www. tsinghua. edu. cn filetype：all 中国。

二、元搜索引擎

（一）元搜索引擎概述

元搜索引擎（又称“集成搜索引擎”，Meta Search Engine，Multiple Search Enginge）是一种集成化搜索引擎，它是多个独立型搜索引擎的集合体。与独立搜索引擎的区别在于，元搜索引擎没有自己独立的数据库，通过一个统一的用户界面帮助用户在多个搜索引擎中选择和利用合适的甚至是同时利用多个搜索引擎实现检索操作。

（二）元搜索引擎的分类

1. All - in - One式元搜索引擎

All - in - One式元搜索引擎又称“搜索引擎元目录”，它将主要的搜索引擎集中起来，并按类型或检索问题等编排组成目录，帮助、引导用户根据检索需求来选择使用的搜索引擎；它集中罗列检索工具，并将用户引导到相应的工具去检索；检索的还是某一搜索引擎的数据库，与普通单一搜索引擎的检索是一样的。只不过是设立了又一层门户，通过其组织、检索界面，为用户选择适用的检索工具提供积极的帮助，以克服用户面对众多的检索工具的茫然和无所适从。

2. 并行检索式元搜索引擎

并行检索式元搜索引擎将多个搜索引擎集成在一起，提供一个统一的检索界面，用户发出检索请求后，提问式被同时分别提交给多个独立的搜索引擎，同时检索多个数据库，最终输出的检索结果是经过聚合、去重之后反馈的多个独立搜索引擎查询结果的综合，它是一种集中的、跨平台的检索方式。

（三）元搜索引擎的技术原理

并行检索式元搜索引擎是真正意义上的元搜索引擎，它通常由三部分组成：检索请求提交机制、检索接口代理机制和检索结果显示机制。

“请求提交”负责实现用户个性化的检索设置要求，包括调用哪些搜索引擎、检索时间限制、结果数量限制等。

“接口代理”负责将用户的检索请求“翻译成满足不同搜索引擎本地化要求的格式”。

“结果显示”负责所有目标搜索引擎检索结果的去重、合并、输出处理等。

（四）元搜索引擎与普通搜索引擎的区别

普通搜索引擎与元搜索引擎的主要区别在于普通搜索引擎拥有独立的网络资源采集标引机制和相应的数据库，而元搜索引擎一般没有独立的数据库，更多的是提供统一连接界面（或进一步地提供统一检索方式和结果整理），形成一个有多个分布的、具有独立功能的搜索引擎构成的虚拟整体，用户通过元搜索引擎的功能实现对该虚拟整体中各独立搜索引擎数据库的查询显示等一切功能。

（五）元搜索引擎举例

1. All - in - One 式元搜索引擎

iTools（www. itools. com）1995 年开始提供服务，集中了谷歌、Metecrawler、All the web、Altavista、Ask 等 15 个通用搜索引擎，以及提供字典、百科全书、地图、黄白页信息、财经等参考资料的网站或搜索工具。

iTools 提供 6 种网络资源工具。

（1）检索工具。搜索 Web 资源。所集成的工具包括索引型搜索引擎、目录型搜索引擎、黄白页信息检索工具。

（2）语言工具。字词的查找和翻译。集成的工具包括网络上优秀的在线词典、专业词库和翻译工具。

（3）研究调查工具。列举众多在线参考工具和报纸杂志，如百科全书、人物传记、电子期刊、法律政策的查询工具等。

（4）金融工具。提供 Oanda 的实时汇率换算功能。

（5）地图工具。提供著名地图检索工具 MapQuest 的部分检索功能，包括查找国家城市地图（美国、英国、加拿大 3 国）的街区地图、行车路线图等。

（6）网络工具。一些实用的网络测试工具。

2. 并发式元搜索引擎

Dogpile（www. dogpile. com）是老牌的元搜索引擎之一，其历史可追溯至1996年，早期只提供晨报新闻检索。现为InforSpace公司经营。

收录范围：Dogpile目前可检索多达26个搜索引擎的各类信息资源，包括WWW资源、Usenet资源、FTP资源、拍卖信息、音频资源、图像资源、新闻、商业讨论组、视频资源。另还自建黄页、白页信息以及地图、天气的检索功能，此功能只限美国和加拿大。

检索特点：采用独特的并行和串行向和的查询方式；可使用布尔算符和模糊查询。Dogpile的搜索技术十分先进，即使是高级运算符和连接符，它也能将其转化为符合每个搜索引擎的语法。

设置网页目录，支持分类浏览功能。

第五节　搜索引擎的使用技巧

一、巧用关键词

目前应用较成熟较广泛的是基于关键词的检索，使用什么关键词来构造检索式是检索的重点与难点之一。

1. 足够多的关键词是快速定位目标信息的关键

初学者容易犯的错误之一就是检索提问中缺少足够多的关键词。

记者提问时常用的5W1H（what、who、where、when、why、how）在构件检索式时是很有用的。

What：自己要找的信息的中心主题是什么，可以从什么角度或立场来切入，把相关的关键词或者词组都列出来。

Who：是否涉及特定的群体或个人？有特定的人名的话，应该把人名也列出来，并留意这个人名有没有不同的写法（译法）或是拼法。

Where：是否限于特定的国家或地区？很多搜索引擎都可以按地区或国家限定查询范围。

When：是否从特定的时间剖面来探讨，或特定的时间以后才有的事件或情况？

Why：这个主题有什么意义或影响？为什么会有这种现象发生？

How：是不是有特定的方法，如果有，也应该将其列为关键词，有时在查询结果太多时，可以增加关键词查询。

例如，要检索有关“知识管理”的定义时，此时关键词就不只是“知识管理”或“knowledge management”，还应该把“定义”或“definition”也列为关键词。

2. 通用词和常用词

如某三年级小学生想查一些关于时间的名人名言，他的查询词是“小学三年级关于时间的名人名言”。该提问中包含很多过于“通用”的词，信息价值很低，检索工具常常会忽略掉。

3. 使用截词符和通配符

截词符和通配符尤其在英文和西文检索中常用。如 Bird * 就能检索出包含“Bird”和“Birds”的所有记录。需要注意的是，并不是所有搜索引擎都支持截词检索。适用截词符的常见情形如下：

（1）这些词的词干比较长。

（2）它们的复数形式是比较简单的 -s 或 -es 的形式，而不是 -ies。

（3）它们的词干不能是其他很常见词的词干。

4. 选定合适的关键词级别

如果选定的检索范围大于检索主题实际包括的范围，检索结果就会过多；反之就会丢失一部分有价值的结果。

5. 注意使用同义词

这里的同义词是指只要不同的词指的是同一个明确的概念、互相等同，就可以称为同义词。引起同义词的原因很多，如缩写、全称、简称、学名、俗名、简繁体、不同语言说法、不同地区的说法、不同时代的说法、别称、大小写、通假词等。

6. 进行词组检索

词组检索，即通过使用加双引号进行精确检索。

二、布尔检索基础

布尔检索是计算机检索最成熟最常用的检索技术。常见的布尔运算符如下。

AND：用 AND 运算符连接的两个关键词都必须出现在检索结果中。某些检索工具用符号“+”代替 AND。

OR：用 OR 连接的两个关键词必须有一个出现在检索结果中，如百度用“|”。

NOT：紧跟在 NOT 后的关键词不出现在结果中。某些检索工具用 AND NOT 或者“-”代替“NOT”。

三、进阶检索

所谓进阶检索是指利用上一次的检索结果再进行检索，如右截断网址、利用检索工具的特殊功能如关键词 filetype：文件格式等缩小搜索范围、使用逻辑非去掉冗余信息，注意避免拼写错误、注意单词的大小写。一般情况下，人名、地名、机构名称适合用大写去检索。

思考题

1. 如何用谷歌、百度等搜索引擎查找 PPT 文件？

2. 如何进行图片搜索，对比常用搜索引擎的图片搜索功能。

3. 《倦怠社会》是由德国作家韩炳哲著，王一力译，中信出版集团 2019 年出版。作者认为“否定性的社会已经消失，取而代之的是充溢着积极性的社会。从这一范式转移出发，当今社会的病理形态，其中包括忧郁症、注意力缺乏症、过劳症等精神疾病。它们不是传染病，而是梗阻症，不是由否定性的、免疫学上的他者导致，而是源于过量的肯定性”。小强对本书产生了浓厚兴趣，希望获得该书的 PDF 版本，请大家帮忙查询。

4. 检索近半年内知识产权代理机构招聘什么素质的人才，并列举五个检索结果。

5. 上海市居民每月的用电量大概是多少，如何查询？

第三章　专利信息检索

本章介绍专利检索基本知识以及各国专利检索系统，包括专利信息相关基本概念、专利分类体系，以及专利常用检索策略，并梳理基本检索流程；着重介绍中美欧日韩五局官方专利检索系统，给出简单检索示例。

第一节　专利信息检索概论

随着国内经济飞速发展，科技进步突飞猛进，公众普遍已经建立起知识产权保护的意识。随着有关知识产权的争议和纠纷越来越多，知识产权保护的需求越来越迫切。作为知识产权重要的组成部分，专利的重要性也日趋凸显。通俗一点讲，专利制度是一种"公开换保护"的法律制度，通过法律对技术进行保护的制度。因此，一份专利不仅是一项技术，也是一个法律文件，涉及技术层面的专业知识，也涉及法律层面的规范和程序。在专利的申请、审查、转让、诉讼等过程中，专利信息检索又发挥了关键性的作用，是连接技术和法律之间的桥梁，也是连接从申请端到应用端全流程的纽带。[1] 本节首先对专利信息检索基础知识等进行简要介绍。

一、专利文献信息

（一）专利的分类

根据我国《专利法》的规定，发明创造是指发明、实用新型和外观设计。发明，是指对产品、方法或者其改进所提出的新的技术方案。实用新型，是指对产品的形状、构造或者其结合所提出的适于实用的新的技术方案。外观设计，是指对产品的形状、图案或者其结合以及色彩与形状、图案的结合所作出的富有美感并适于工业应用的新设计。

---

[1] 魏保志，周胜生．专利检索之道［M］．北京：知识产权出版社，2019：5－7.

（二）专利文献

专利文献是记载专利申请、审查、批准过程中所产生的各种有关文件的文件资料。狭义的专利文献指包括专利请求书、说明书、权利要求书、摘要在内的专利申请说明书和已经批准的专利说明书的文件资料。广义的专利文献还包括专利公报、专利文摘，以及各种索引与供检索用的工具书等。专利文献是一种集技术、经济、法律三种情报为一体的文件资料，其载体形式一般为纸型、缩微胶片型、磁带型、光盘等。专利文献具有：内容新颖、广泛、系统、详尽，实用性强，可靠性强，质量高，出版迅速，形式统一，重复出版量大，分类和检索方法特殊，文字严谨，局限性，题目笼统等特点。

（三）专利文献信息

随着信息社会的到来，专利文献也进入信息化时代。人们更多地谈论专利信息，研究专利信息的传播与利用。究竟什么是专利信息？有人曾经试图给专利信息下一个准确的定义，特别是要把专利文献与专利信息区分开来，但总是难成其就。事实上，这两个概念相辅相成，从定义上泾渭分明地分开是不可能的，也没有现实意义。从相互关系上加以说明却十分必要。从两者关系上说，专利信息是指以专利文献作为主要内容或以专利文献为依据，经分解、加工、标引、统计、分析、整合和转化等信息化手段处理，并通过各种信息化方式传播而形成的与专利有关的各种信息的总称。可以说，专利信息是将专利文献信息化利用的载体，也可称为专利数据。这些数据可以从不同角度去描述一个专利，也满足使用者对专利不同维度信息的需要。[1]

从狭义的角度，承载专利信息的专利文件通常包括权利要求书、说明书、说明书附图、说明书摘要、摘要附图，也简称为“五书”。

广义的专利文献信息主要包括以下几个方面。

（1）著录项目。与专利文献中的著录项目有关的著录信息，例如，专利文献著录项目中的申请人、专利权人和发明人或设计人信息；专利的申请号、文献号和国别信息；专利的申请日、公开日和/或授权日信息；专

[1] 马天旗，郭大为．专利分析——检索、可视化与报告撰写［M］．北京：知识产权出版社，2019：4－5.

利的优先权项和专利分类号信息；以及专利的发明名称和摘要等信息。著录项目源自图书情报学，用于概要性地表现文献的基本特征。专利文献著录项目既反映专利的技术信息，又传达专利的法律信息和经济信息。

（2）技术信息。专利文献中披露的与该发明创造技术内容有关的信息，以及通过专利文献所附的检索报告或相关文献间接提供的与发明创造相关的技术信息。

（3）法律信息。在权利要求书、专利公报及专利登记簿等专利文献中记载的与权利保护范围和权利有效性有关的法律信息；其中，权利要求书用于说明发明创造的技术特征，清楚、简要地表述请求保护的范围，是专利的核心法律信息，也是对专利实施法律保护的依据；其他法律信息包括：与专利的审查、复审、异议和无效等审批确权程序有关的信息；与专利权的授予、转让、许可、继承、变更、放弃、终止和恢复等法律状态有关的信息等。

（4）经济信息。专利文献中存在一些与国家、行业或企业经济活动密切相关的经济信息，这些经济信息反映出专利申请人或专利权人的经济利益趋向和市场占有欲。例如，有关专利的申请国别范围和国际专利组织专利申请的指定国范围的信息；专利许可、专利权转让或受让等与技术贸易有关的信息等；与专利权质押、评估等经营活动有关的信息，这些信息都可以看作经济信息。竞争对手可以通过对专利经济信息的监视，获悉对方经济实力及研发能力，掌握对手的经营发展策略，以及可能的潜在市场等。

（5）战略信息。经过对上述四种信息进行检索、统计、分析、整合而产生的具有战略性特征的技术信息和/或经济信息，也称战略信息。例如，通过对专利文献的基础信息进行统计、分析和研究所给出的技术评估与预测报告和“专利图”等。这些报告通常指明了正在迅速崛起的技术领域和发展态势，以及在这些领域处于领先地位的国家和公司。这些报告是最重要的专利战略信息之一，它是制定国家宏观经济、科技发展战略的重要保障，也是企业制订技术研发计划的可靠依据。

专利文献信息多角度、多维度的特性，也体现了专利利用的宽度和深度，在对专利全方位利用过程中，专利信息检索成为必不可少的、关键的

一环。❶

二、专利检索相关概念

专利检索就是根据一项或数项特征信息，从海量的专利文献或专利数据库中挑选符合某一特定要求的文献或信息的过程。

（一）专利的几个基本概念

这里只涉及专利制度中比较重要的几个基本概念，下面逐一介绍。

1. 专利的“三性”

《专利法》第22条规定，授予专利权的发明和实用新型，应当具备新颖性、创造性和实用性。专利的“三性”即“新颖性”“创造性”和“实用性”。

新颖性，是指该发明或者实用新型不属于现有技术；也没有任何单位或者个人就同样的发明或者实用新型在申请日以前向国务院专利行政部门提出过申请，并记载在申请日以后公布的专利申请文件或者公告的专利文件中。

创造性，是指与现有技术相比，该发明具有突出的实质性特点和显著的进步，该实用新型具有实质性特点和进步。

实用性，是指该发明或者实用新型能够制造或者使用，并且能够产生积极效果。

2. “现有技术”的概念

《专利法》所称现有技术，是指申请日以前在国内外为公众所知的技术。对现有技术的概念的把握，应注意以下几个方面：

其中所述的申请日，包括优先权日，但不包括申请日或优先权日当天。例如，某项申请专利的技术有优先权日，在进行新颖性检索时，应当以优先权日为准。如果检索出优先权日以前已经有相同的技术，该申请专利的技术不具有新颖性。但是，如果经检索，优先权日以前没有公开相同的技术，但检索出优先权日以后、申请日以前公开有相同的技术，这时，申请专利的技术仍具有新颖性。如审查员并没有检索出优先权日以前有相

---

❶ 张茂于，郑慧芬，雷春海. 专利分析数据处理实务手册［M］. 北京：知识产权出版社，2018：12－44.

同的技术，但发现优先权日当天公开有该技术，优先权日（没有优先权的，则指申请日）当天的公开，不构成现有技术。

优先权日以前公开的技术，包括他人公开的技术，也包括申请人自己公开的技术。现有技术包括申请人自己有意的公开，也包括申请人无意的公开。如申请人对申请专利的技术进行了保密，但如果有人窃取了该技术并将其公开，从公开之日起该技术就成为公知技术，或者说成为现有技术。专利宽限期政策给出了一个例外，当申请人在6个月内就该技术提出专利申请，则上述的公开不影响申请专利的新颖性。但这仅仅属于不丧失新颖性的例外，该技术仍属于现有技术。

申请专利的技术只是在特定的范围内公开，且有明示或默示的保密约定，则该技术在该范围内的公开，不属于现有技术。例如内部资料等内部未公开的文件。

“为公众所知”，意味着“能够”为公众所知，不要求事实上公众已经所知。如一本书在某个小图书馆已经上架，虽然从图书借阅记录上看，并没有一个人借阅这本书，但如果该书披露了申请专利的技术，则应当认为属于为公众所知，属于现有技术。但事实上，该书并未为公众阅读。

“为公众所知”，是指申请专利技术的实质内容为公众或能为公众所知。如果是出版公开，并不要求在文字表述上完全一样，也不限于公开的语言。如果是其他方式公开，只要公开到一个本专业的普通技术人员能够实施的程度就算为公众所知。

现有技术包括两部分：一部分是大家均可以自由使用的现有技术（学术界称为自由已有技术）；另一部分是尚未进入公有领域的现有技术，如在先已经有另一个人就该技术获得专利权，且该专利权还处于有效专利的法律状态下，该专利技术相对申请专利的技术仍属于现有技术，只是别人不能随便使用。由此而看，现有技术分为两种情况，一种是进入公有领域或者一直处于公有领域的现有技术，另一种是尚未进入公有领域的现有技术。“现有技术”和“进入公有领域”是两个在外延上有交叉，但含义并不相同的概念。现有技术（已有技术、公知技术）是指事实上的状态，而“进入公有领域”是指法律上的状态，即是否处于随便使用的状态。两者的关系是：进入公有领域的技术必然属于现有技术，但现有技术未必都进入公有领域。

3. 著录项目

著录项目是各工业产权局为揭示专利申请或其他工业产权保护种类申请的技术、法律、经济信息特征以及可供进行综合分析的信息线索而编制的款目。INID 代码［Internationally agreed Numbers for the Identification of (bibliographic) Data］则是国际认可的（著录项目）数据识别代码。这种代码由圆圈或括号内两位阿拉伯数字表示，它几乎已经是全球通用的表达专利文献特征的著录项目的统一代码。INID 代码主要出现在专利说明书的扉页和专利公报中。在专利说明书中 INID 码主要出现在扉页里，它往往是用圆圈和括号中的两位阿拉伯数字来表示。

著录项目一般反映三类信息特征：技术信息特征、法律信息特征、经济信息特征。反映技术信息特征的著录项目有发明创造名称、专利分类号、摘要等。体现法律信息特征的著录项目有申请人、发明人、专利权人、专利申请号、申请日期、优先申请号、优先申请日期、优先申请国家、文献号、专利或专利申请的公布日期、国内相关申请数据等。含有经济信息特征的著录项目有申请国别和国际指定国等。

以一份专利申请文件为例，直观地介绍一下专利文献的相关信息（见图 3-1）：该申请的优先权日（2011 年 8 月 18 日最先从美国提出申请）、国际申请日（2012 年 8 月 16 日）、国际公布日（2013 年 2 月 21 日）、进入国家阶段日期（2014 年 4 月 18 日）和申请公布日（2014 年 6 月 25 日）。

该申请的申请号为 201280051462.5（专利申请号用 12 位阿拉伯数字表示。按照由左向右的次序，专利申请号中的第 1～4 位数字表示受理专利申请的年号，第 5 位数字表示专利申请的种类，第 6～12 位数字为申请流水号，表示受理专利申请的相对顺序。其中专利申请号中的申请种类号所使用数字的含义规定如下：1 表示发明专利申请，2 表示实用新型专利申请，3 表示外观设计专利申请，8 表示进入中国国家阶段的 PCT 发明专利申请，9 表示进入中国国家阶段的 PCT 实用新型专利申请）。公布号为：CN103890292A（专利公开/公布号亦称专利文献号，组成方式为“国别号+类型号+流水号+标识代码”，其中类型号 1 表示发明专利，2 表示实用新型，3 表示外观设计）。申请人、发明人、专利代理机构、代理人等信息也一目了然。

(19) 中华人民共和国国家知识产权局

(12) 发明专利申请

(10) 申请公布号 CN 103890292 A
(43) 申请公布日 2014.06.25

(21) 申请号 201280051462.5
(22) 申请日 2012.08.16
(30) 优先权数据
61/525,043 2011.08.18 US
(85) PCT国际申请进入国家阶段日
2014.04.18
(86) PCT国际申请的申请数据
PCT/US2012/051065 2012.08.16
(87) PCT国际申请的公布数据
WO2013/025866 EN 2013.02.21
(71) 申请人 金所罗门创造股份有限公司
地址 美国宾夕法尼亚州
(72) 发明人 阿诺德·A·戴维斯
乔治·阿卜杜勒-赛义德
肯尼思·F·李　盖理·J·博纳奇
马特·赫尔格森
杰弗里·P·梅特罗波利斯
菲利普·奥斯特洛夫斯基
(74) 专利代理机构 北京林达刘知识产权代理事务所（普通合伙）11277
代理人 刘新宇　张会华

(51) Int. Cl.
E04B 7/08(2006.01)
E04B 1/32(2006.01)
E04B 1/58(2006.01)
E04D 1/02(2006.01)

权利要求书4页　说明书10页　附图22页

(54) 发明名称
大跨度静定结构
(57) 摘要
一种建筑物结构包括上弦元件、下弦元件和在上弦元件和下弦元件之间延伸的腹板元件。该上弦元件形成建筑物结构的屋顶的外表面的一部分。

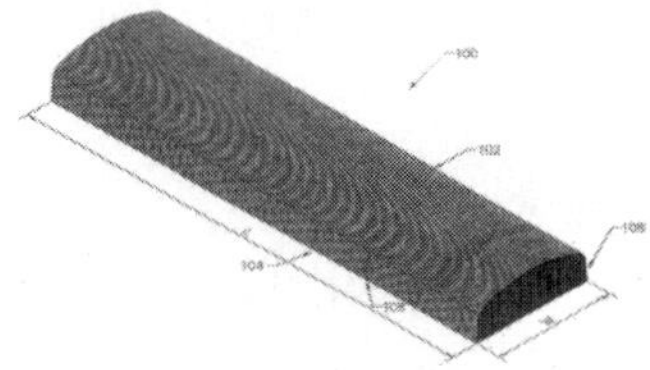

CN 103890292 A

图 3-1　著录项目示意

（二）为什么要进行专利检索

以企业为例，企业在进行新产品开发、技术保护、技术引进或产品进出口等诸多方面都涉及专利信息的应用。例如，企业要确定研发方向的决策，该做哪种检索？企业做了一个新产品，想申请专利，该做哪种检索？企业做了一个新产品，想知道投产后会不会侵其他人的权，该做哪种检索？新产品刚推到市场上，就被人告侵权了，该做哪种检索？企业想买个专利，但不知它还有没有效，该做哪种检索？竞争对手在中国申请了专利，想知道他在别的国家有没有申请专利，该做哪种检索？这一系列的问题，都需要通过检索给出答案。

常见的专利检索类型主要包括：专利技术信息检索、可专利性检索、侵权检索、专利法律状态检索、同族专利检索等检索类型。

1. 专利技术信息检索

专利技术信息检索，也称专利技术主题查全检索，是从一个技术主题对文件进行检索，其目的是找出相关参考文献，或对该技术主题的专利文献进行全面的分析。

2. 可专利性检索

可专利性检索，通常也称为“新创性”检索或技术主题查准检索，是为了判断一项发明创造是否具备新颖性和创造性而进行的检索。通过从现有技术文献中查找出与发明创造非常相关的对比文献，并按照新颖性和创造性的判断标准对发明创造进行评价，进而得出是否具备可专利性的结论。检索到的文献即为“对比文件”。可专利性检索常用于专利申请前或者立项研发前对技术是否具有获得知识产权保护的前景预测。可专利性检索也是专利审批机构在判断专利是否具备新颖性、创造性和实用性时进行的常规检索。

3. 侵权检索

侵权检索包括防止侵权检索和被动侵权检索。防止侵权检索是指为了避免发生专利纠纷而主动对某一新技术、新产品进行专利检索，其目的是要找出该技术可能会侵害的专利，进而进行有针对性的规避；被动侵权检索则是指被别人指控侵权时进行的专利检索，其目的是要找出对受到侵害的专利提出无效诉讼的依据，进而使得该技术不再构成对专利权的侵害。

4. 专利法律状态检索

法律状态是指在某一特定时间点，某项专利申请或者授权专利在某一国家的权利类型、权利维持、权利范围、权利归属等状态，这些状态将直接影响专利权的存在于否，以及专利权范围的大小。专利法律状态从时间和空间上考虑，一般包括地域、时间、权属和保护范围四个方面。

专利法律状态检索是指对某一项专利或者专利申请当前所处的法律状态进行的检索，其目的是了解专利申请授权与否，授权后的专利是否有效，专利权人是否变更，以及与专利法律状态相关的其他信息。

5. 同族专利检索

同族专利检索是指对与被检索的专利或专利申请具有共同优先权的其他专利或专利申请及其公布情况进行的检索。该检索的目的是找出专利或专利申请的同族专利文献。同族专利的类型主要包括：简单专利族、复杂专利族、扩展专利族、本国专利族、内部专利族、人工专利族。一般同族专利检索是指简单同族专利检索。

利用不同的检索手段，可实现不同的检索目的，使企业在专利申请和布局、技术创新、市场调研、自由实施时事半功倍。介绍完检索的各个类型，上面提到企业面临的专利检索相关问题，就迎刃而解了。[1]

（三）检索资源

在明确专利检索类型后，让我们来回答“在哪儿检索”的问题。就好像要查一篇论文，我们通常会选择收录论文信息的数据库进行相应检索。对专利文献，我们也需要选择特定的数据库进行检索。每个国家和地区都有自己的专利数据库。当然专利检索的目标有时不只是专利文献，因此专利检索的资源也通常分为专利文献资源和非专利文献资源。

专利文献资源，顾名思义，就是收录专利文献信息的数据资源，通常包括：中文专利文献库和外文专利文献库。专利审查过程中的专利文献数据库主要包括：专利文摘数据库、专利全文数据库、专利分类数据库等。

在计算机检索系统和互联网中可获取的非专利文献主要包括：国内外科技图书、期刊、学位论文、标准/协议、索引工具及手册等。

各国专利管理机构都向公众提供了免费的检索资源。各国常用的免费检索资源主要有：（1）国家知识产权局专利检索与服务系统；（2）美国专利检索系统；（3）欧洲专利检索系统（Espacenet，European Patent Regis-

[1] 李招娣．专利信息检索与利用［M］．长春：吉林科学技术出版社，2018：1－16.

ter)；（4）日本特许厅专利信息平台（J – PlatPat）；（5）韩国知识产权局（KIPO）下属的韩国工业产权信息服务中心（KIPRIS）。后文将对中美欧日韩（IP5）五局检索资源的使用做详细介绍。

国内现在也开发了许多商用的付费检索系统，广泛应用于各类专利检索实务中，发挥了重要作用，如 patentics、incopat、智慧芽等。

（四）专利分类体系

在上述的专利信息特征中，分类号是专利文献特有的信息，在专利检索中的作用十分重要，可以说，分类号是专利检索的一个重要工具。参见上面的示例，该申请的分类号为：E04B7/08、E04B1/32、E04B1/58、E04D1/02 。分类体系将专利分门别类地分配在分类号下。因此在进行专利检索前，需要明确专利分类体系。下面着重对各国分类体系作进一步的介绍。

目前，全球主要的分类体系包括国际专利分类（IPC），欧洲专利分类（ECLA、ICO），日本专利分类（FI、F – Term），美国专利分类（USPC）。然而单独使用其中任何一种分类体系进行检索都有其局限性。

国际专利分类体系（IPC），IPC 是目前国际上应用最广、最为通用的分类体系，20 世纪 60 年代末起源于欧洲，是为了解决日益增多的专利文献不方便检索的问题。1971 年《巴黎公约》成员方签署《国际专利分类斯特拉斯堡协定》，确定世界知识产权组织（WIPO）为 IPC 唯一管理机构，IPC 为《巴黎公约》成员统一的专利分类法。中国国家知识产权局专利局自 1985 年实施《专利法》以来，一直采用“国际专利分类法”对发明和实用新型专利的技术主题进行分类。

欧洲专利分类（ECLA、ICO），其中 ECLA 是欧洲专利局在 IPC 基础上的进一步细分得到的分类体系，ICO 是针对 ECLA 的标引系统，是用以标引附加信息的分类体系，由于欧洲专利局并未对所有国家的文献进行 EC 分类，当专利文献属于不进行 EC 分类的国家的文献时，采用 EC 分类号进行检索会出现漏检的情况。

日本专利分类（FI、F – Term），其中 FI 分类是基于 IPC 分类的细分类，F – Term 是专门用于计算机检索的分类体系，同样的，由于 FI 和 F – Term 只对日本专利局的文献进行分类，所以采用日本专利分类只能检索到日本文献或具有日本同族的专利文献。

美国专利商标局采用 USPC 分类体系，其只对美国专利文献进行分类，该分类体系不以 IPC 为基础，其分类体系比较独特，掌握起来比较困难，且检索的文献也仅限于美国专利文献。

由于全球专利文献分类体系众多，单独使用其中任何一种进行检索都有其局限性，为此，欧洲专利局（EPO）和美国专利商标局（USPTO）于 2010 年开始着手共同创建联合专利分类（CPC）。

下面着重介绍 IPC 分类体系、CPC 分类体系和日本专利分类（FI、F - Term）。

1. IPC 分类体系

IPC 是国际专利分类法的英文表达 International Patent Classification 的简称。自 IPC 分类法诞生之后，便有不少国家先后启用 IPC。1999—2005 年，IPC 进行了改革，第 8 版 IPC 被分成基本版和高级版两级结构。随着新技术的不断涌现，IPC 技术主题的分类位置必须适应新技术的发展要求，因此需要不断更新，改革后高级版为每三个月修订一次，因此随着时间推移，IPC 分类表有多个版本，不同时期的专利文献采用的 IPC 版本会有不同。

在使用高级分类表时，应在 IPC 分类号后面的圆括号内表明此高级版分类号创建或主要修订的时间版本号（年、月），如图 3 - 2 所示。

(51) Int.Cl.

E04B 7/08 (2006.01)

E04B 1/32 (2006.01)

E04B 1/58 (2006.01)

E04D 1/02 (2006.01)

图 3 - 2 IPC 高级分类示例

目前各主要国家或地区的专利说明书的扉页（51）项都印有 IPC 分类号。高级版表示发明信息的分类号，采用黑斜体印刷；基本版表示附加信息的分类号，采用普通字体印刷，其中 Int. Cl 表示 IPC 分类号，分类号后的括号内的数字（［2］ - ［8］）表示所采用的 IPC 的修订版次，括号内的时间如（2006. 01）表示该版 IPC 的修订年月。

（1）IPC 分类表涵盖与发明创造有关的全部技术领域，将不同的技术领域概括为 8 个部分，一个完整的 IPC 分类号为五级，形式为：部（Section－1 个字母）；大类（Class－2 个数字）；小类（Subclass－1 个字母：除 A、Z、I、O、U、X 外）；大组（Group－1～3 个数字）/小组（除“00”外 2～4 个数字）。

（2）IPC 把涉及发明专利的整个技术领域的知识按等级结构，由大到小以递降的次序排列，分八个大部（Section，A、B、C、D、E、F、G、H）即八个分册。国际专利分类（IPC）的部表示如下：

A：人类生活必需（Human Necessities）

B：作业；运输（Performing Operation，Transporting）

C：化学；冶金（Chemistry，Metallurgy）

D：纺织；造纸（Textiles & Paper）

E：固定建筑物（Fixed Constructions）

F：机械工程；照明；加热；武器；爆破（Mechanical Engineering，Lighting，Heating，Weapons，Blasting）

G：物理（Phisics）

H：电学（Electricity）

一个完整的分类号由代表部、大类、小类、大组或小组的符号结合构成，如下所示。

A：人类生活必需——部

A61：医学或兽医学；卫生学——大类

A61M：将介质输入人体内或输到人体上的器械——小类

A61M 16/00：以气体处理法影响病人呼吸系统的器械——大组

A61M 16/01：·专用于麻醉的——一点小组

A61M 16/04：·气管用插管——二点小组

A61M 16/18：···麻醉剂的气化装置——三点小组

从 IPC 号上的等级关系只能判断至“组”，组以下等级关系靠缩位圆点表示，最多有 7 个“·”，细分至 12 级。小组之间还有等级之分，其等级结构是由圆点数来确定的，圆点越多等级越低，小组的技术主题范围是由它与它前面级别比它高的组共同确定。例如，5/00 这个大组之下的这几个小组并不是同一层级，而是分为三个层级，5/02、5/08 与 5/12 同为一点组，5/04、5/10 同为二点组，5/06 却是三点组，一点组包含二点组，二点组包含三点组。

除了上述的 IPC 分类号及其对应的类名，IPC 分类表中还有三类其他信息：信息性内容、附注和参见、混合系统与引得码。

第一类是指信息性内容，包括部的目录、索引和导引标题。IPC 部的目录类似图书目录，给出了该部所包含的各技术主题的分类位置的大类与小类的页码，以便查找。某些分部、大类和小类提供了索引。索引的作用是对该分部、大类或小类的内容进行信息概要，指出各技术主题在该分部、大类或小类中的分类位置，以便于查找。为了方便使用者查找有关技术主题的分类位置，当许多连续的大组都与同一个技术主题有关时，通常在第一个大组前加上一个"导引标题"，并在其下画一条线。例如，A01B 3/00 大组前的这个导引标题"犁"包括的主题范围一直延伸到下一个导引标题之前的各个组，而 A01B 51/00 大组前的这个导引标题"一般农业机械或农具的部件、零件或附件"所包括的主题范围一直延伸至用一条水平线划分的之前的各个组。

第二类是指附注和参见，这是影响分类位置范围的内容。附注设置在部、分部、大类、小类、组和导引标题的某些位置。附注只适用于相关的位置和它们的细分位置，并且高于相抵触的一般导引。如 C 部类下面的附注"非金属：H（氢），B（硼），Si（硅）……"；而 C08F 小类类目下的附注 1"本小类中，硼或硅作为金属"。前者将硼、硅归为非金属，后者把硼、硅归为金属，这明显前后矛盾。此时 IPC 的规定是应适用特殊排除一般的规则，即 C08F 小类类名下的附注 1 高于 C 部类名下的附注，此时应把硼或硅作为金属。IPC 的大类、小类、大组或小组的类名，导引标题或附注，可以包括一个涉及分类表另一位置的在括号中的短语，这样的短语称为参见。参见的作用有三个方面：一是限制范围，二是指示优先，三是指引作用。

第三类是指混合系统与引得码。发明的技术主题可以指方法、产品或设备，IPC 根据其特征用线性展开的方式进行编排。但在某些分类位置的技术主题范围仍然很宽，造成这些分类位置文献数量过多，致使检索困难。有的技术主题涉及制品、材料、加工方法等多种技术特征，如果从多种特征的多个角度对文献进行限定、缩小检索文献的范围，使得检索文献量减至最少，IPC 分类表就因此引入“多维”分类思想，因而就有了引得码分类号的混合系统。混合系统提供了与发明技术主题相适应的分类号和与这些分类号相联系的引得码。引得码表示的是分类号所表示的信息之外的信息。引得码由小类号后加上用冒号（:）分开的两个数组成，类似一个分类号，只是用冒号（:）代替了斜线（/），例如：B23K101：06。

用户可利用《IPC 使用指南》（*Guide to the IPC*）或《IPC 关键词索引》（*Official Catchwood Index*）查找到检索主题词的主组号，再按 IPC 分类表的相应分册找到合适的分组号。下文介绍的数据库中均可以查到 IPC 分类表。

（3）IPC 专利文献的分类原则和规则。

分类的主要目的是技术主题的检索，理论上同一技术主题会归在同一位置上，从而能从同一分类位置被检索到。这个位置是检索该技术主题最相关的位置。若技术主题在于某物的本质属性或功能，但不受某一特定领域的限制，则将该技术主题按功能分类。若技术主题涉及特定领域或目的、特殊用途或应用，则将该技术主题按应用分类。若技术主题既涉及某物的本质属性或功能，又涉及该物的特殊用途或应用，或在某系统中的专门应用，则既按功能分类，又按应用分类。由于分类的目的主要是检索，根据技术主题的内容，可以赋予多个分类号。

①IPC 分类遵循便于检索原则和整体分类原则两大原则。便于检索原则是指 IPC 把同样的技术主题归在同一分类位置上，这一位置是该技术主题最有可能被检索到的位置。整体分类原则体现在 IPC 力图保证与某发明实质上相关的任何技术主题都尽可能作为一个整体来分类，而不是将它们的组成部分分别分类。

②IPC 分类遵循功能分类、应用分类和最后位置规则。功能分类规则是指发明技术主题涉及本质特征或功能特征，就按其功能分类。如果技术主题涉及一种或几种特殊领域的应用，但这些应用并不构成该技术主题的本质技术特征，此时只要可能，则按功能分类。如果技术主题的本质技术特征既与本身特性或功能有关，又与其特殊应用或其在较大系统中的特定

应用或组合有关，则只要可能，既应按功能分类，又要按应用分类。应用分类规则是指如果发明技术主题的技术特征只是专门的特殊用途或目的，则按应用分类。最后位置规则即当一个发明的技术主题可以分在分类表中的两个或更多的等级相同或具有相同圆点数的分类位置时，就按“最后位置规则”来分类。根据这条规则，这样的技术主题只应分在相同等级或相同圆点数的最后出现的一个分类位置上。

（4）IPC 分类方法。

①确定发明技术主题的发明信息、附加信息。发明信息主要是权利要求书中定义的技术信息，附加信息指在专利说明书中未被写入权利要求中，但对检索有意义的内容。

②分类步骤：当发明的技术主题确定后，应结合 IPC 分类系统的设置原则、编排方法、等级结构逐级分类。确定合适的分类号，首先应该确定相关的部，然后确定大类和小类，最后是大组或小组。

③发明信息的表示方法：技术主题的发明信息有两种表示方法，一种是仅用分类号表示，另一种是既用分类号又用引得码表示。附加信息用分类号、引得码，或者是两者共同来表示。将最能贴切地反映该发明技术主题的发明信息的分类号列于首位，称为主分类号。次之的发明信息分类号称为副分类号。

IPC 分类体系是检索得以顺利开展的基石，也是检索策略构建的重要组成部分。

2. ECLA 分类体系

ECLA 是欧洲专利局的内部分类体系，其建立是为了使各个分类条目下的文献内容更单纯、文献量保持适中，并适应技术发展和更新的需要，以提高检索效率和准确性。ECLA 主要由 IPC 组、EPO 内部细分组以及 ICO 码组成。可以简单地理解为：ECLA 是对 IPC 进一步的细分。其等级结构与 IPC 类似。ECLA 是在 IPC 分类基础上的细分，以保证各分类号下的文献量适中，从而通过分类号限定一个文献量合适的范围，提高检索效率。是否细分是由欧洲专利局审查员决定的，审查员根据实际情况确定是否需要进行细分，以及增加什么样的细分类。如 A61J11/00 是涉及橡皮奶嘴的杂类，在 IPC 分类号下有 984 篇文献，而 A61J11/00 在 ECLA 下具有

20个细分类。

欧洲专利局（EPO）提供的ECLA具有分类准确、更新及时的优点，但是全球专利数据中仅有部分专利申请具有ECLA分类号。

ECLA系统的分类原则以国际专利分类（IPC）为基础，分类位置的编排设置与IPC基本相同，ECLA的8个部与IPC一样，ECLA的类名、类号、参见、附注、分类规则、分类方法等都可引用IPC的相关定义。例如：

部　E　固定建筑物

大类　E04　建筑物

小类　E04B　一般建筑物构造；墙，例如，间壁墙；屋顶；楼板；顶棚；建筑物的隔绝或其他防护（墙、楼板，或顶棚上的开口的边沿构造入E06B1/00）

大组　E04B 1/00　一般构造；不限于墙，例如，间壁墙，或楼板或顶棚或屋顶中任何一种结构（脚手架，模板入E04G；特殊用途的建筑物用的专用结构，建筑物的一般布置，例如，模数协调入E04H；建筑物的特殊构件见这些构件的有关组）

小组　E04B 1/32　拱形结构；穹窿顶的结构；折板结构（穹窿屋顶入E04B7/08）

ECLA分类由EPC审查员作出，较由不同国家不同人员给出的IPC分类号更为准确。ECLA针对专利文献的全部内容进行分类，反映的内容更全面。EPO根据分类经验认为，需要一个动态的分类体系，迅速与分类需求相适应，ECLA分类表伴随技术的发展实时修改，平均1～2周修订一次，已分类的文献随着分类表的更新而进行更新，因此ECLA被不断修订。ECLA在以下两方面与IPC不同：首先，IPC的分类条目较宽，因此在某些很活跃的技术领域包括过多的文献，在这种情况下，要对IPC分类条目进一步细分。其次，对于那些对技术概念定义不清或定义过时，不适于有效检索的分类条目，需经调整后再使用或者完全不使用。

为了区分IPC类型的组和内部扩展组，ECLA分类表中采用了下述的符号结构，即IPC型的组保留其原来的IPC分类号，而扩展组即细分组用在其分类号后面加上字母数字序列来表示。

1/04　· IPC小组的正文［N：内部增加的内容］

1/04B · · ［N：内部小组的内容］

在表3－1的实例中，不仅体现了IPC与ECLA之间的区别，ECLA分类号结构的限定也显而易见：内部小组分类号在其IPC类型组的IPC分类号后面包含字母或字母加数字系列；IPC小组分类号不包含任何有关等级的信息，而只包含有关分类表中分类位置的信息。ECLA小组却在分类号结构中包含等级信息。从字母向数字或数字向字母的变化，代表着向下进一步细分或进入另一个平级类别。ECLA系统中不能再派生出新的大组；与IPC小组同级的ECLA小组，在分类表中总是置于这些IPC组的前面。ECLA分类表中内部增设部分一个更清楚的标志是使用方括号，对IPC正文中增加的部分作出说明。

表3－1　实例（省略小类号）

IPC		ECLA	
1/00	IPC 大组	1/00	IPC 大组
		1/00B	· 内部第一级小组
		1/00B2	· · 内部第二级小组
1/02	· IPC 第一级小组	1/02	· IPC 第一级小组
		1/02B	· · 内部第二级小组
1/04	· · IPC 第二级小组	1/04	· · 内部第二级小组
		1/04B	· · · 内部第三级小组
		1/04B2	· · · · 内部第四级小组
		1/04B2B	· · · · · 内部第五级小组
1/06	· IPC 第一级小组	1/06	· IPC 第一级小组

虽然ECLA是完全独立的分类工具，但仍注重ECLA与IPC之间的区别。为此在ECLA中用适当的方式来表示上述特殊类型的IPC组。

通过导引标识［N：IPCn］加入各组的文字中，来表示在新版IPC已删除但仍在内部系统中使用的IPC类组。n表示相应组在其中仍然有效的上个IPC版本。然而，对最新版本IPC则不用这种指示。

将内部未被使用的IPC组用广义说明的方式列在有关小类类名后面，提示这些IPC组所包括的文献将由EPO进行内部分类。

3. Fi/F－term

Fi/F－term 是日本特许厅开发并使用的专利分类体系。简单理解，Fi/F－term 的分类体系由两部分构成，即 Fi 和 F－term。FI 分类号是日本特许厅将 IPC 进行进一步细分和扩展所得到的，用于扩展 IPC 在某些技术领域的功能。FI 分类号采用类似 IPC 分类号的层次递降等级结构，针对技术整体进行分割，使得在某一小组下文献量限制在几百篇甚至几十篇文献之内，并涵盖所有技术领域和所有专利文献，并保持一年两次更新。

FI 分类号由 IPC 分类号＋IPC 细分类号＋文件识别符构成，其中“IPC 细分类号”是由 3 位阿拉伯数字构成，从结构特征、使用场合等不同方面进行细分类；“文件识别符”是由 1 位英文字母表示，为罗马字母 A－Z 中除了“I”“O”之外的任一个罗马字母。不过 IPC 细分类号和文件识别符并不是 FI 所必须包括的部分。

F－term 分类系统是日本特许厅设立的一种专门用于计算机检索的分类系统，IPC 侧重对单一的技术主题进行分类，其技术分类比较粗糙，而 F－term 则是从技术主题的多个技术角度进行分类，如用途、结构、材料、目的、制作方法、使用方法、装置、类型等，是一种多视点的分类方法。

Fi 是“File Index”的简称，是对 IPC 的进一步细分，主要以下述几种形式呈现。

第一种，只有 IPC 分类号，如 G01N33/02，此种形式与 IPC 分类号相同。

第二种，IPC 分类号＋文件识别符，如 G01N33/48 A。在 IPC 分类号后增加文件识别符，其中，文件识别符是日本特许厅对 IPC 分类号或 IPC 细分号的进一步细分，由除 I 和 O 之外的任一英文字母表示。

第三种，IPC 分类号＋IPC 细分号，如 G01N33/543 501，其中，501 为 IPC 细分号，是对 G01N 33/543 分类号的进一步细分。

第四种，IPC 分类号＋IPC 细分号＋文档细分号，如 G01N33/543 501A。

值得一提的是，文件识别符和 IPC 细分号并不是必须出现的，要根据具体的专利文献采用具体的分类形式。

F－term 是“File Forming Terms”的简称，其侧重对技术主题的多角度分类，如用途、结构、材料、目的、制作方法、使用方法、装置、类型等。

一个 F－term 分类号一般由 5 位的主题代码 +2 位观点号 +2 位数字构成，主题代码表示技术领域，观点号表示发明的用途、结构、材料等，最后两位数字是对观点号表示的技术特征进一步细分。例如，4B027FE01，其中 4B027 表示主题代码，FE 表示观点号，01 是对 FE 的进一步细分。

Fi/F－term 分类体系是对技术主题的用途、结构、材料、目的、制作方法、使用方法、装置、类型等多角度分类，在检索过程中，由于其具有详细的细分位置，使得检索更加准确。但由于当前其他国家的专利文献还未给出 Fi/F－term 分类号，故采用 Fi/F－term 只能检索到日本的专利文献和具有日本同族的专利文献，具有一定的局限性。F－Term 专利分类系统最大的优势在于对同一主题的多个 FI 组成技术主题从多个技术角度标引发明的特征，使得 F－Term 针对同一篇专利文献中的同一技术内容尽可能地从不同角度给出其专利分类号；此外，F－Term 分类系统不仅从整体考虑提取分类号，并且还从具体权利要求中的技术特征进一步提炼精度分类号，使得一篇专利文献可能有十几个甚至上百个 F－Term 分类号。这样虽然有利于提高专利文献的查全率，但是也给数据加工带来了相当大的工作量。

4. USPC 美国专利分类体系

美国专利分类体系依据技术主题将所有的从属于该技术主题的美国专利文献及其技术文献编排整理，形成一定数量范围的文献集合。与 IPC 不同的是，USPC 分类是以功能导向为原则。美国专利分类包括大类和小类，各大类描述不同的技术主题，以三位数字表示，小类用于进一步描述大类所包含技术主题的工艺过程、结构特征、功能特征，以 1～3 位数字表示。“大类/小类”的组合成为完整的分类号。如大类 977 代表纳米技术这一主题，而小类 700－838 代表纳米结构，小类 840－901 代表制造、处理或检测纳米结构。

由于 USPC 分类系统为动态调整分类系统，即 USPTO 会根据实际 USPC 的修订情况，对已经公布的专利文献的 USPC 进行回溯，因此 USPC 分类包括原始分类号和回溯分类号两种，其中原始分类号为专利申请和审查时专利文本扉页上所显示的分类号，而回溯分类号为经过回溯后的最新分类号。所以，对于大多数较为成熟或者发展较为完整的技术，回溯分类号与原始分类号多为相同，而对于新兴技术而言，回溯分类号与原始分类号会有明显区别。2015 年，美国专利商标局停用 USPC 分类。

美国专利商标局（USPTO）所采用的 USPC 在设置上较为凌乱复杂，例如，相近的技术领域在美国专利分类表上往往不太相邻，并且完全采用功能分类，不易于推广。

5. CPC 分类体系

由于全球专利文献分类体系众多，单独使用其中任何一种进行检索都有其局限性，为了在世界范围内建立一个统一的分类体系，并继承已有的分类体系的优点，欧洲专利局和美国专利商标局在 2010 年 10 月 25 日签署合作文件，同意在 IPC 分类基础上共同合作，创建并实施 CPC（Cooperative Patent Classification），并于 2012 年 10 月 1 日发布 CPC 架构。

CPC 的分级方式与 IPC 类似，其保留原 IPC 分类号，并将原 ECLA、ICO 中“/”之后的字母数字部分全部编辑为数字形式，且必须满足“/”之后的数字长度不超过 6 位的规则，以便于与 IPC 分类号相一致，例如，ECLA 中的 H01L21/027B2 在 CPC 中以 H01L21/02718 表示。

CPC 分类体系是 IPC 的细分和扩展，综合了 ECLA 和 IPC 的分类优点，使全球的审查员和专利用户在进行专利检索时访问同一个类别的专利文档集合，以实现分类资源共享，避免重复繁多的维护工作。目前已经广泛应用于全球多个国家。采用 CPC 不仅可以实现更有效的现有技术检索，也将通过共享减少不必要的重复工作，从而提高工作效率。

（1）主干分类号。

与原始的 IPC 相比，CPC 是一个带有更多的细分和补充内容的分类表。CPC 分类号由一串数字和字母组成，包括由小类的分类号跟随着 1 ~3 位的数字，一个斜线和2 ~6 位数字接续而成。一个完整的分类号由代表部、大类、小类和大组或小组的一串类号构成。如表 3 -2 所示。

表3-2 CPC分类号

A	01	B	33/00（大组）
部——第一等级	大类——第二等级	小类——第三等级	33/08（小组）

相对于现存的IPC类名，任何CPC特有的类名或者CPC特有的补充内容都标注在大括号“{ }”内。如表3-3所示。

表3-3 CPC特有情况

说 明	分类号	点组	类 名
IPC大组与对应的CPC大组{未改变的}	A01C15/00	无	施肥机械
CPC特有的小组	A01C15/005	一点组	{专门适用于播种机或施肥机的底盘、箱、漏斗、搅拌器}
CPC特有的小组	A01C15/006	二点组	{加料斗}
IPC小组{具有CPC附加内容}	A01C15/06	一点组	带撒布槽的，{即，用于定量给料，例如，可调式开口}
IPC小组与相对应的CPC小组{未改变的}	A01C15/08	二点组	撒布槽上带推出器或搅拌器的

和IPC一样，CPC中的各小组等级仅由其类名前的圆点数来决定，而不是由小组的编号来决定。

（2）2000系列细分引得码或垂直引得码：IPC引得码。

在2000系列中的CPC分类号，与CPC主干分类号相似，但是小类类号后跟随着以2开头的4位数字，且2000系列分类号只能用于分配“附加信息”分类号。例如（见表3-4）：细分引得码B08B2203/0205。

表3-4 2000系列

主干分类	B08B3/00	无	使用液体或蒸气的清洁方法
主干分类表	B08B3/02	一点组	用喷射力来清洁
细分引得码	B08B2203/0205	二点组	使用旁路减压安全阀

（3）Y部：通用标识，源自USPC码。

CPC特殊的Y部，完善了IPC从A-H各部的内容。Y部的分类号只用于分配附加信息（见表 3 -5）。

表 3 -5　Y 部

Y	新技术发展的通用标签；涉及 IPC 多个部的代表性技术的通用标签；包含在美国专利分类的交叉参考技术文献小类和暂时性分类标记的科技主题
Y02	用于缓解或适应气候变化的技术或应用
Y02B	与涉及建筑物的气候变化延缓技术相关的索引表，例如包括住宅和设备或相关的终端用户的应用
Y02C	温室气体的捕捉、存储、扣押或处理
Y02E	与发电、输电、配电相关的温室气体减排
Y02T	与运输有关的减缓气候变化的技术
Y04S	与电网运行相关的系统整合技术，用于提高发电、输电、配电、电力管理或用电的通信或信息技术，即智能电网
Y10S	包含在美国专利分类的交叉参考技术文献小类和暂时性分类标记的科技主题

三、专利检索前准备

专利检索的类型不同，其采用的检索方式就不同。本小节从可专利性检索，即“新创性”检索或技术主题查准检索入手，通过介绍新创性检索的具体步骤，给出常规的检索方法，解决“如何进行专利检索”的问题。其他类型的专利检索可触类旁通。

可专利性检索，简单来说，是为了判断一项发明创造是否具备新颖性和创造性而进行的检索。通过从现有技术文献中查找出与发明创造非常相关的对比文献，并按照新颖性和创造性的判断标准对发明创造进行评价，进而得出是否具备可专利性的结论。检索到的文献称为“对比文件”。

在检索开始之前，需要进行检索前准备。具体包括：阅读申请文件，明确检索的主题；核对或确定申请的 IPC 分类号，确定检索的技术领域；分析权利要求，提取基本检索要素等。

（一）阅读申请文件，明确检索的主题

检索的主题就是指要检索的内容。对于一件发明申请来说，检索的主题就是申请人提交的有效检索文本所反映的申请的内容。在明确发明申请的检索文本，即权利要求书、说明书、说明书附图、说明书摘要、摘要附

图后，我们将主要针对申请文本的权利要求书进行检索，并同时考虑说明书及附图的内容。检索重点一般是在独立权利要求中体现的发明构思上，而不是将检索只局限于独立权利要求的字面意义。

仔细阅读申请文件，正确理解检索的主题。掌握与申请相关的背景技术、该申请要解决的技术问题和解决该问题的技术方案，该技术方案的理解是把握技术主题的关键。在此基础上，要正确理解各个权利要求的保护范围，即权利要求所限定的范围和说明书中技术方案的关系。可归纳为：

（1）了解发明的背景技术及存在的问题；

（2）发明要解决的技术问题；

（3）发明主要采取的技术手段及技术效果；

（4）实施例的主要形式。

（二）核对或确定申请的 IPC 分类号，确定检索的技术领域

每件专利申请公开后，均已经由分类员给出了 IPC 分类号。若申请还未提交，没有分类员给出的分类号，可通过在数据库中输入与申请主题密切相关的关键词，查找其在 IPC 分类表中的分布规律，找出相关的分类号，或直接在数据库提供的分类号查询器中进行检索查找。具体数据库中分类号的查询方法，在后文会有介绍。确定并核实分类号是个很重要的步骤，因为分类和检索有着密不可分的关系。IPC 分类的主要目的就是便于技术主题的检索，IPC 的分类原则就是将同样的主题都归在同一个分类位置上，即理论上该分类位置涵盖所有与该技术主题相关的文件。从某种意义上讲，分类号选取是否准确，决定着技术领域确定的是否合适，也决定着检索方向选取是否正确。当然有些申请涉及交叉学科或多领域，分类员会给出主分类号和多个副分类号。在分类号确定的过程中也会根据功能或应用不同而分在不同的位置，这在检索之前，需要核对或确定清楚。

在明确该申请的 IPC 分类号和技术领域后，需要确定检索的技术领域。通常检索应该覆盖申请主题所属的技术领域，并且确定是否要扩展到功能类似的技术领域。这与分类号的分类规则有关。具体来说，对于 IPC 分类中位于“应用分类”位置的技术领域来说，应考虑检索时是否将检索范围扩展到与其相应的位于“功能分类”位置的技术领域，或功能相同或相近的其他位于“应用分类”位置的技术领域；而对于本身位于“功能分类”

位置的技术领域来说，还应考虑将检索范围扩展到与之功能相同或相近的位于各种“应用分类”的位置的技术领域。例如，“复合地板”按照应用会分在 E04F15/00，该位置属于应用分类。由于复合地板通常是由多层结构复合而成，根据各层的功能，该申请也有可能被分到关于层状结构的功能分类号如 B32B7/00 等分类号下。因此，在检索的过程中需要考虑是否将检索的领域扩展到相应的功能或者应用领域。

（三）分析权利要求，提取基本检索要素

在阅读申请文件，充分理解了发明内容并明确分类号和检索领域后，需进一步分析权利要求，确定检索要素。检索要素是指从技术方案中提炼出来的可检索的要素，通常用分类号和关键词来表达。确定检索要素是专利检索尤为关键的一步。确定检索要素的目的在于，利用可检索的要素来表达技术方案，以便在数据库中查找相关的对比文件。检索要素是联系技术方案和数据库的纽带。

首先要分析独立权利要求的技术方案，确定反应技术方案的基本检索要素。对于本领域技术人员而言，如果检索到一篇对比文件，它具备了某些检索要素，且该对比文件能够影响所要求的保护技术方案的新颖性或单独影响其创造性，而只要缺少其中任一检索要素后则不能影响其新颖性或单独影响其创造性，那么这些检索要素就是该权利要求的基本检索要素。通常可以由以下几个方面来确定基本检索要素。

根据主题名称确定一个或多个基本检索要素。这里介绍一个基本概念，“前序部分和特征部分”。发明或者实用新型的独立权利要求应当包括前序部分和特征部分，按照下列规定撰写：（1）前序部分，写明要求保护的发明或者实用新型技术方案的主题名称和发明或者实用新型主题与最接近的现有技术共有的必要技术特征；（2）特征部分，使用“其特征是……”或者类似的用语，写明发明或者实用新型区别于最接近的现有技术的技术特征。这些特征和前序部分写明的特征合在一起，限定发明或者实用新型要求保护的范围。

在确定基本检索要素时，通常从前序部分确定一个或多个，如主题名称（体现技术领域），结合该权利要求请求保护的整体技术方案确定发明的主题名称。

从发明对现有技术作出改进的技术特征中确定一个或多个基本检索要素。这部分是最能体现发明基本构思的一个或者多个技术特征。通常可以从"特征部分"中进行提取，是相对于申请人提供的背景技术和所属领域技术人员的普通技术知识可以确定的，该申请与背景技术或普通技术知识之间的区别，并应当充分考虑说明书中描述的该发明所要解决的技术问题和技术效果。

通过将基本检索要素采用"与"的方式并列，进行检索时，如果客观存在影响该权利要求的新颖性或单独影响创新的对比文件，则该对比文件应当包含于上述检索结果中。将部分基本检索要素"与"在一起时，可能查找到与其他对比文件结合影响该权利要求创造性的对比文件。

除了利用最直接和准确的分类号和/或关键词表达基本检索要素外，通常需要考虑区别技术特征，或发明点在技术方案中的功能、作用、效果和其解决的技术问题，以便使基本检索要素的表达方式能够准确反映该技术方案。

当将基本检索要素全部并列后，没有查找到影响新颖性或创造性的对比文件的情况下，检索的下一步工作是对基本检索要素的调整和减少，以便可以检索到与其他对比文件结合可以影响创造性的对比文件。

当利用基本检索要素进行检索，如果得到的结果数量过多，需要进一步限定则可以考虑增加体现现有技术与发明点密切相关的技术特征作为检索要素。

但是由于个体差异，对基本检索要素的提取也可能出现偏差，表达的基本检索要素与数据库字段提取方式也存在偏差，这些因素是导致漏检的主要原因。

四、专利检索策略

在确定基本检索要素后，就可以开始检索了。当然，基本检索要素不是一成不变的，随着检索的逐步深入，结合检索结果的反馈，基本检索要素是需要进行动态调整的。这些调整包括检索要素的表达方式、基本检索式的构件、基本检索要素的取舍或扩充等，以实现查全和查准。

（一）一般的检索过程

对于可专利性检索，即新创性检索来说，可以按照下列检索过程进行检索：

（1）检索前的准备；

（2）分析权利要求；

（3）选择检索系统/数据库；

（4）提取检索要素，构建检索式进行检索；

（5）浏览检索结果和初步结果判断；

（6）调整检索策略；

（7）中止检索。

（二）新颖性/创造性检索的难点和重点在于构建检索式

下面从基本检索思路出发，介绍一下构建检索式进行检索的一般方法。

1. 全面检索的基本思路

将涉及检索要素 A 的分类号和关键词的两种检索结果以逻辑“或”的关系合并，作为针对检索要素 A 的检索结果；将涉及检索要素 B 的分类号和关键词的两种检索结果以逻辑“或”的关系合并，作为针对检索要素 B 的检索结果；然后将上述针对检索要素 A、B 的检索结果以逻辑“与”的关系合并，作为针对该权利要求的检索结果。即以多种形式表达检索要素，将用不同形式检索到的结果合并作为针对该检索要素的检索结果。下面举例说明，示例中用 set 表示基本检索要素，用 code 表示分类号，用 kw 表示关键词，用 Search 表示检索式。

例如，某权利要求包含两个基本检索要素 A 和 B，可以先采用简单的检索式构建方式：

Search1 = codeA and kwB

Search2 = codeA and codeB

Search3 = kwA and codeB

Search4 = kwA and kwB

当采用这种检索方式，没有找到较相关的对比文件时，应该考虑该方式可能遗漏的文献，可以采用全面要素检索，即分别列举检索要素 A 和检索要素 B 的分类号和关键词，并用逻辑“或”连接，然后再用逻辑“与”连接两个结果。

Set1 （A） = code11 or code12 … or kw11 or kw12…

Set2 （B） = code21 or code22 … or kw21 or kw22…

将涉及各检索要素的检索结果合并作为针对权利要求的检索结果：

Search = （set1） and （set2）

2. 部分要素组合检索的基本思路

通常先全要素检索，在没有获得合适的结果后，再进行部分要素组合；依据分类号、关键词表达某检索要素的准确性的高低及检索要素的作用选择使用简化组合模式的先后顺序；如果前一组合模式没有检索结果，则进一步采用后一种组合模式检索。

例如，某一技术方案包括检索要素 A、B、C，当采用针对 A + B + C 检索未检索到合适的对比文件时，可分别针对 A + B、A + C、B + C 的组合进行检索，必要时，针对单独检索要素 A、B、C 进行检索。部分要素组合检索的思路调整是结合创造性的判断，确定哪些要素组合到一起容易检索到对比文件，并且确定是否有必要针对单独检索要素进行检索，并根据不同技术领域技术的特点对检索要素和检索式进行调整。

（三）常用检索策略

对于不同检索需求或种类，采取的检索策略也不同。下面介绍几种常见的检索策略。

1. 简单检索

简单检索常用于对申请文件初步理解的检索。这种检索是一种对数据库进行的试探性的、不完全的检索，不进行深入的分析，使用基本的分类号或关键词，注重检索的准确性，在摘要甚至在发明名称中检索，以便于了解发明所基于的现有技术状况，用在查找主题分类和初步查找相关文献等场合。

2. 块检索

块检索是将检索主题分为若干个有意义的检索概念，然后针对每一个检索概念，创建一个独立的块。这种块的创建通常要结合对技术的理解和把握，从技术层面进行功能或作用的划分，从而形成不同的块。块中每一个检索的关键词可以在同义词或近义词中通过使用逻辑“或”（OR）进行扩大，或可以通过相关的分类号进行扩大。所有的检索概念用“AND”连接在一起，获得检索结果。

构建块的优点是检索策略符合逻辑，并且按照顺序从一个检索概念到另一个检索概念，直到最后的结果，各块区分明确，检索策略容易修正，检索的逻辑性容易遵循和检查。

3. 渐进式检索

渐进式检索，顾名思义，就是逐渐逼近检索过程的检索策略，是个范围逐步变窄的检索渐进过程。这种检索策略的特点是逐步深入，逐层嵌套，不易溢出，快捷，但缺点也很明显，检索策略不方便调整。例如，基本检索要素为 A、B、C、D，构建渐进式检索式为：

A AND B = Set1

Set1 AND C = Set2

Set2 AND D = 结果

4. 追踪检索

如果一篇专利文献与正在检索的申请文件相关，那么它的每一篇同族文献也是相关的。被同族引证和引证同族的所有文献中存在相关文献。追踪检索可以从发明起点或描述现有技术状态的引证文献入手，进行简单检索追踪。常用的追踪检索包括：引用文献/被引用文献追踪，发明人追踪，申请人追踪。各数据库都提供了较为方便的同族专利追踪，以及发明人/申请人的追踪。

在实际检索过程中，根据具体技术方案的特点，可以灵活运用这些基本检索策略，以达到事半功倍的效果。另外，针对同一技术方案，采取不同的检索策略进行检索，也能够避免漏检的发生。

下面以案例来简要介绍一下专利检索：

案例

权利要求书 1：一种餐具，具有一个前部和一个后部，后部为空心结构，具有一个端帽，端帽上具有孔，允许辣椒末通过，端帽上被一个带有凸起的盖封闭，盖上的凸起可以封闭端帽上的孔，当盖被打开时，凸起离开孔，允许辣椒末通过。

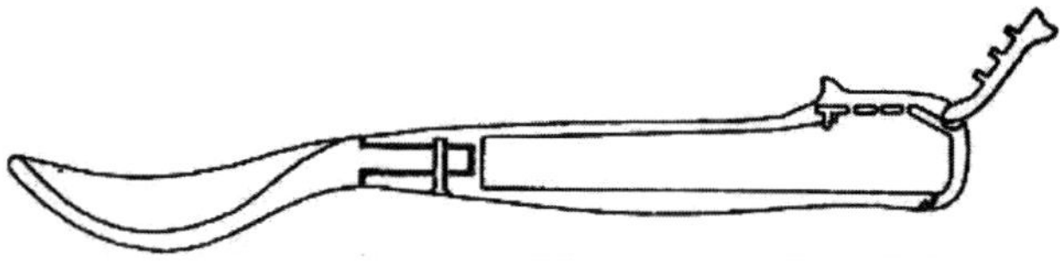

图3－3 申请示图

1. 分析权利要求书、确定基本检索要素

根据基本检索要素的确定原则，首先将其发明主题“餐具”确定为基本检索要素1。这里的餐具可以是勺子、叉子、刀。根据常识可知，勺子、叉子、刀一般均具有一个前部和一个后部，而该权利要求书不同于现有技术的区别技术特征为：后部为空心结构，该空心结构具有孔开口，以及与孔开口相配的带有凸起的盖子。因此，带有盖的空腔结构以及带有凸起的盖子，也应当作为基本检索要素。

2. 基本检索要素的表达

通过基本检索要素表（见表3－6）可以清晰地表达各检索要素之间的关系。

表3－6 基本检索要素表

确定基本检索要素	餐 具	带端帽（开口）的空腔结构	带有凸起的盖子
分类号	IC：A47G21/04，A47G21/02，A47G21/06，A47G21/00	A47G19/24	B65B51/02，B65B51/18
关键词	餐具，勺，匙，叉，勺	空腔，中空，空心，开口，调料，盐，糖，辣椒，胡椒，孜然	盖，堵，孔，帽凸起
英文关键词	culer???，fork?，knife?，spoon?，	hollow，container?，tube?，spice，salt，suger，pepper，Cumin powder	cap，lid，protrude，hole

3. 根据确定的基本检索要素和检索要素表达，构建检索式

首先，采用全要素组合方式来构建检索式：（餐具 or 勺 or 匙 or 叉 or 勺 or A47G21）AND（空腔 or 中空 or 空心 or A47G19）AND（盖 or 帽）and（凸起）。

该检索式如能检索到对比文件即为“包含有空腔结构，且盖子上有凸起”。也就是说该检索式可能命中的对比文件为能够影响新颖性或创造性的对比文件。

如果该检索式的检索结果为零，首先，要考虑基本检索要素的确定是否准确，基本检索要素的表达是否准确，基本检索要素的表达是否与数据库标引存在偏差。其次，可以通过减少基本检索要素来构造检索式，进而获得 Y 类对比文件，即进行块检索：

（餐具 or 勺 or 匙 or 叉 or 勺 or A47G19）AND（空腔 or 中空 or 空心）

餐具 AND（空腔 or 中空 or 空心 or A47G19）AND（盖 or 帽）

餐具 AND（盖 or 帽）AND（凸起）

4. 动态调整

在表达基本检索要素时，可根据具体情况灵活利用分类号和/或关键词来构造检索式，选用常规的检索策略，并动态调整检索式，通常可以减少漏检的可能。

第二节　中国专利信息检索

中、美、欧、日、韩 5 个知识产权局处理了全球约 80% 的专利申请和 95% 的 PCT 专利申请的审查工作。从本节开始，将分别介绍中、美、欧、日、韩五局的基本情况和官方的专利检索系统。

一、中国国家知识产权局

中国国家知识产权局是国务院直属机构，对专利、商标、原产地地理标志和集成电路布图设计实行集中统一管理。国家知识产权局主要负责拟订和组织实施国家知识产权战略，保护知识产权，促进知识产权运用，知

识产权的审查注册登记和行政裁决，建立知识产权公共服务体系，统筹协调涉外知识产权事宜等工作。

近年来，中国国家知识产权局着力推动高质量发展，强化知识产权创造、保护、运用，更大力度加强知识产权保护国际合作。2022 年，共授予专利权432.3 万件，比上年下降6.0%；PCT 专利申请受理量7.4 万件。截至 2022 年年末，有效专利 1787.9 万件，其中境内有效发明专利 328.0 万件。每万人口高价值发明专利拥有量 9.4 件。2022 年，商标注册 617.7 万件；共签订技术合同 77 万项，技术合同成交金额 47791 亿元，比上年增长 28.2%。知识产权保护社会满意度从 2012 年的 63.69 分提升至 2021 年的 80.61 分，提高近 17 分。截至 2022 年 9 月，高价值发明专利审查周期压减至 13 个月，发明专利平均审查周期压减至 16.5 个月，商标注册平均审查周期稳定在 4 个月。专利商标申请实现证书“电来电往”，公告公报信息实现“掌上查询”，首批知识产权公共服务事项清单集中发布，为市场主体享受便捷高效的知识产权服务提供了指引。

我国知识产权事业的发展成就也得到国际社会的高度评价。我国在世界知识产权组织发布的《全球创新指数报告》中的排名，从 2017 年的第 22 位提升至 2021 年的第 12 位，稳居中等收入经济体之首，是世界上进步最快的国家之一。特别是在多个细分指标上表现良好，PCT 国际专利申请量连续三年位居世界首位，知识产权收入在贸易总额中的占比持续提高，进入全球百强的科技集群数量跃居全球第二，表明我国正在从知识产权引进大国向知识产权创造大国转变。世界知识产权组织表示，中国排名持续稳步上升，预示着全球创新地理格局正在向东方转移。[1]

二、国家知识产权局专利检索平台

国家知识产权局的官方专利检索系统为“专利检索与服务系统”，该系统是集专利检索与专利分析于一身的综合性专利服务系统。其依托丰富的数据资源，提供了简单、方便、快捷、丰富的专利检索与分析功能，丰富的接口服务和工具性功能也为检索和分析业务提供了强有力的支撑。公

---

[1] 中国国家知识产权局［EB/OL］.［2023 - 01 - 28］. https://www.cnipa.gov.cn/art/2020/7/16/art_2110_150409.html.

众可通过 https：//pss - system. cponline. cnipa. gov. cn/conventionalSearch 直达专利检索及分析平台；或通过国家知识产权局官方网站 - 服务 - 政务服务平台 - 查询服务 - 专利检索及分析系统的途径，进入专利检索及分析平台，如图 3 -4 所示。

图 3 -4　专利检索及分析平台

专利检索及分析平台具有的检索功能包括常规检索、高级检索、命令行检索、药物检索、导航检索、专题库检索等；同时涵盖分析功能，包括维护分析文献库、申请人分析、发明人分析、区域分析、技术领域分析、中国专项分析、高级分析、日志报告等；同时还提供了多个热门工具供公众使用，包括同族查询、引证/被引证查询、法律状态查询、国家/地区/组织代码查询、关联词查询、双语词典、分类号关联查询、申请人别名查询等工具。平台数据范围包括 100 多个国家、地区和组织的专利数据，以及引文、同族、法律状态等数据信息，其中涵盖中国、美国、日本、韩国、英国、法国、德国、瑞士、俄罗斯、欧洲专利局和世界知识产权组织等。平台针对中国专利数据，于每周二、周五更新，对于境外专利数据，于每周三进行更新；针对同族、法律状态数据，于每周二进行更新；对于引文数据，则是每月更新。

三、专利检索平台文献检索

通过点击国家知识产权局专利检索及分析系统中的“专利检索及分析系统”项即能够进行专利检索。检索之前需进行常规的注册，不支持匿名登录的用户使用。在进入国家知识产权局专利检索平台的专利检索入口后，能够选取不同种类的语言进行检索与阅读。以下内容将在以选取“中文”的基础上进行。

专利检索及分析系统主要分为“检索”“分析”“热门工具”三大模块。下文主要介绍“常规检索”和“高级检索”。

（一）常规检索

登录系统后，默认首先进入常规检索，图 3 – 5 是常规检索界面。

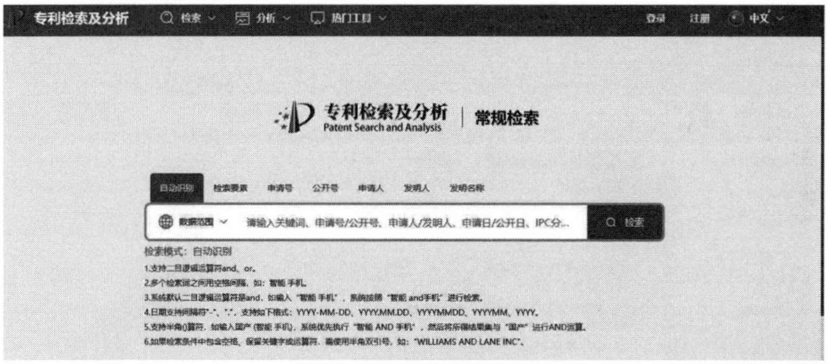

图 3 – 5 常规检索界面

在“常规检索”中，仅提供一个检索栏。在该栏目中，根据检索需求确定检索式后，直接将检索式输入即可。在利用“常规检索”进行检索时，点击检索栏最左侧的球形图标可选择数据范围，以确定所检索的目标文献的类型“发明”“实用新型”或“外观设计”以及申请所在地；并能够通过点击检索栏左侧向下的箭头选取检索索引，默认为“自动识别”，即根据用户所输入的内容由机器自动识别用户输入的检索式所涉及的检索索引；也可以是“检索要素”“申请号”“公开（公告）号”“申请（专利权）人”“发明人”以及“发明名称”等具体索引项。例如，检索申请号为cn201280051462的发明专利或发明专利申请，在检索栏中直接输入“cn201280051462”即可，如图3－6所示。

图3－6　常规检索示例

获得的检索结果如图3－7所示。

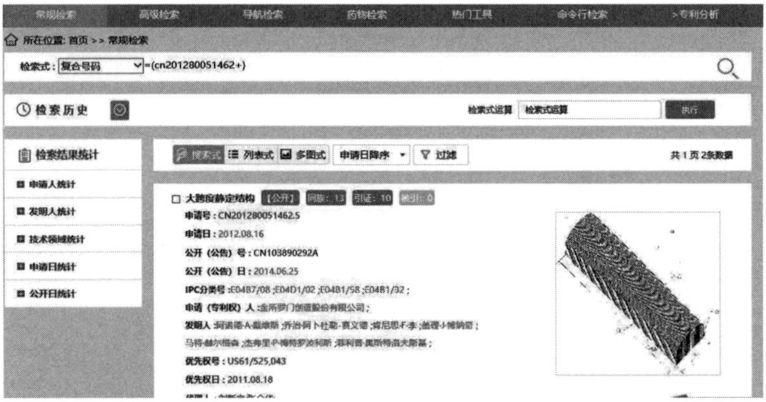

图3－7 常规检索结果示例

当然，在检索过程中，需要考虑检索式输入页面所支持的检索式运算规则。“常规检索”所支持的运算规则为：（1）支持二目逻辑运算符AND、OR；（2）多个检索词之间用空格间隔，如：智能手机；（3）系统默认二目逻辑运算符是AND，如输入智能手机，系统按照智能AND手机进行检索；（4）日期支持间隔符“-”、“.”，支持如下格式：YYYY-MM-DD、YYYY.MM.DD、YYYYMMDD、YYYYMM、YYYY；（5）支持半角（）算符，如输入国产（智能手机），系统优先执行智能 AND 手机，然后将所得结果集与国产进行 AND 运算；（6）如果检索条件中包含空格、保留关键字或运算符，需使用半角双引号，如：“WILLIAMS AND LANE INC”。常规检索可以满足一般的检索需求，例如查新检索。

举例说明常规检索的应用。当需要检索包括“静定结构”和“大跨度”相关的内容时，在对话框中输入“静定结构 and 大跨度”，点击“检索”按钮，如图 3-8 所示。

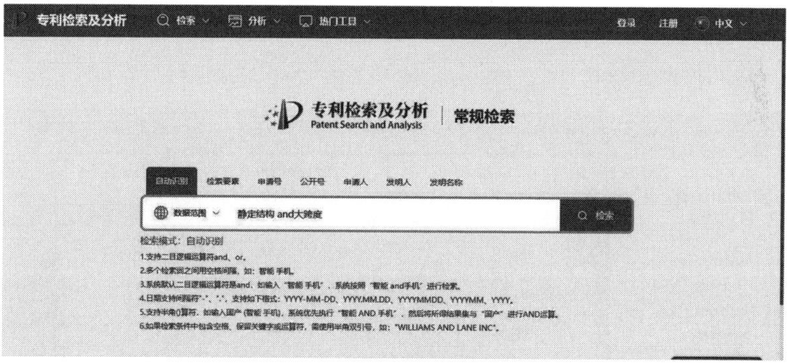

图 3-8　常规检索应用示例

共检索到 6 条数据，获得的检索结果如图 3-9 所示。

图 3-9　常规检索结果示例

（二）高级检索

1. 高级检索

高级检索主要根据收录数据范围提供丰富的检索入口以及智能辅助的检索功能。可以根据自身的检索需求，在相应的检索表格项中输入相关的检索要素，并确定这些检索项目之间的逻辑运算，进而拼成检索式进行检索。如果希望获取更加全面的专利信息，或者对技术关键词掌握得不够全面，可以利用系统提供的“智能扩展”功能辅助扩展检索要素信息。

在点击“高级检索”按钮之后，系统显示高级检索页面，主要包含四个区域：检索历史、范围筛选、高级检索和检索式编辑区，高级检索界面如图 3－10 所示。

图 3－10　高级检索界面

进入高级检索界面，最上方区域为检索历史区域。在该区域中，可以查看当前注册用户下所有检索模块的检索式历史相关信息，点击左右两个箭头可以对检索历史信息进行翻页查看；点击“显示/收起”按钮，可显示/收起检索历史区域内容。通过将鼠标移动到检索式运算输入框中，可以查看检索式输入规则；点击“执行”按钮，可将检索历史中存在的检索式序号之间进行 AND 操作，并在页面下方显示检索统计结果，点击“检索”按钮，对当前检索式进行检索，并在页面下方显示检索统计结果。

在高级检索区域，通过将鼠标移动到检索表格项区域查看检索字段的应用说明信息，如图 3－11 所示。

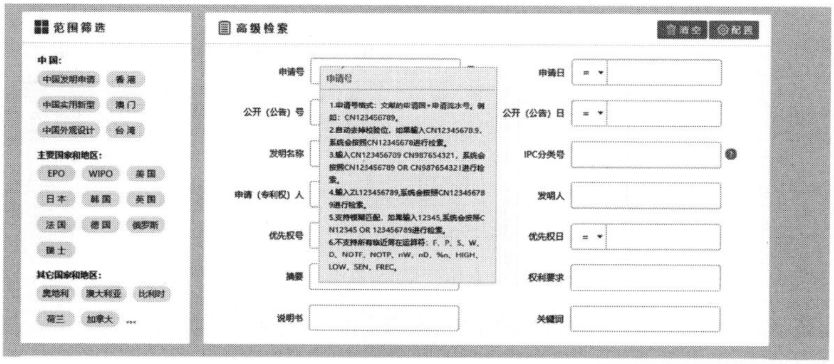

图 3－11　检索字段信息说明示例

高级检索的表格项中，申请号、公开（公告号）、优先权号三项存在操作助手按钮，点击“?”按钮，可以打开国别代码页面，国别代码界面如图 3－12 所示。

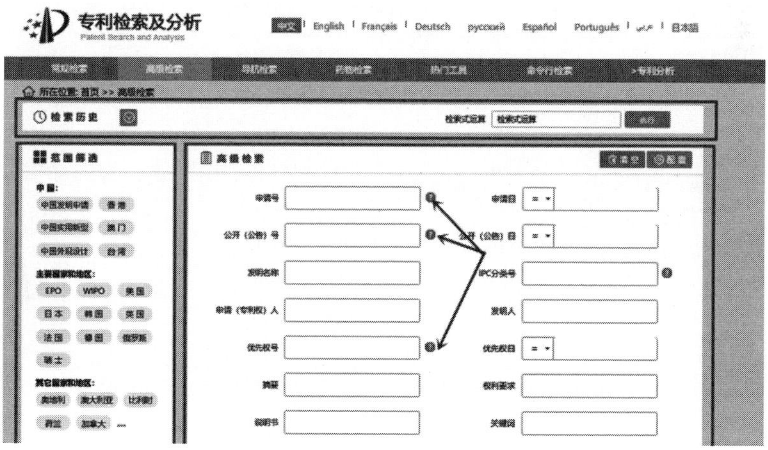

图 3－12　国别代码界面

点击后的“国别代码”界面如图3－13所示，以“中国”为例，点击“应用”链接可以将对应的国别代码“CN”追加到表格项输入框中，点击“查询”按钮可以查询其他国家（地区、组织）的国别代码。

图3－13　国别代码查询示例

在高级检索表格项中，IPC分类号存在操作助手按钮，点击“?”按钮，可以打开IPC分类号查询表，具体操作如图3－14所示。

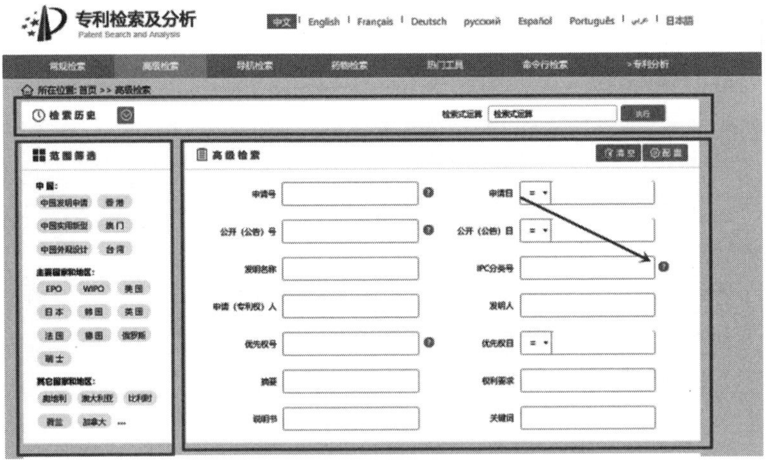

图3－14　IPC分类号查询界面

点击后的“IPC分类号查询”界面如图3－15所示。根据查询途径不同，可按“分类号”“中文含义”“英文含义”三个入口进行查询。

图 3-15 IPC 分类号查询入口

该部分也提供按分类号检索的途径，如果需要浏览关于某一分类的相关专利，点击相应节点，出现“检索”按钮，点击进行检索，出现概览界面，可以浏览相关专利。

高级检索还提供了跨语言检索的功能，如图 3-16 所示。可以通过“跨语言”功能实现构建一种语言检索式（例如中、日、英），并同时在中、英、日三种语言专利文献中进行检索，检索之前在检索式编辑区先进行跨语言检索的设置。

图 3-16 跨语言功能界面

下面举例介绍高级检索的应用。当需要检索发明名称中包含“静定结构”，权利要求中包含“大跨度”的内容时。在“发明名称”栏输入“静定结构”，在关键词里输入“大跨度”，点击检索式编辑区中的“生成检索式”的按钮，在对话框中就会生成检索式：“发明名称 = （静定结构）AND 关键词 = （大跨度）”。结果如图 3－17 所示。

图 3－17　高级检索应用示例

获得 1 条检索数据，具体检索结果如图 3－18 所示。

图 3－18　高级检索应用示例

2. 扩展检索

在高级检索中，通过构建简单的检索式获取最全面的专利文献信息，为此，系统提供了“扩展检索”功能。通过该功能，系统自动根据用户输入的检索要素按照业务规则扩展含义相近的关键词等信息，并进行检索。功能页面如图 3－19 所示。

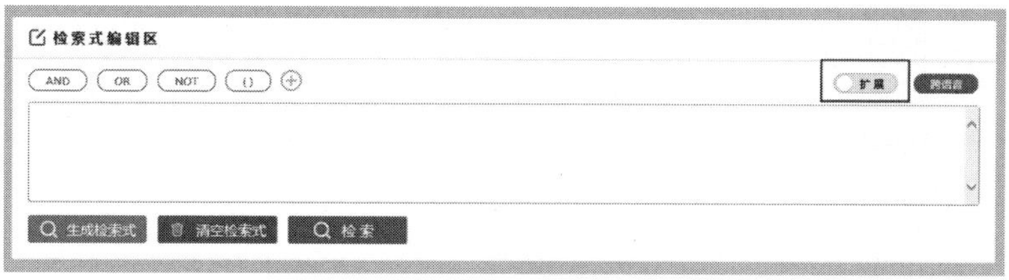

图 3-19 拓展检索功能页面

3. 药物检索

药物专题检索是基于药物专题库的检索功能，为从事医药化学领域研究的用户提供检索服务。用户可以使用此功能检索出西药化合物和中药方剂等多种药物专利。系统提供高级检索、方剂检索和结构式检索等多种检索模式，方便用户快速定位文献。药物专题检索辅助功能包括西药辞典、中药辞典，用户可以通过查询关键词的方式获取药物登记号。上述功能都是辅助药物专题检索，使用上述功能可以快速定位专利文献。

4. 专利分析子系统

专利分析子系统将面对不同层次的用户提供专业化、智能化的分析方式，通过专业的专利数据分析模型，快速、准确、全面地在海量专利数据中分析出潜在的信息关系和完整的专利情报链，帮助公众有效地利用专利资源。分析子系统为专利分析人员提供多种分析方式和分析工具集，分为管理分析库、申请人分析、发明人分析、区域分析、技术领域分析、中国专项分析、高级分析、管理分析结果八大功能。

第三节 美国专利信息检索

一、美国专利商标局

美国专利商标局（United States Patent and Trademark Office，USPTO）成立于1802年，是美国商务部下的一个机构，主要负责为发明家和他们的相关发明提供专利保护、商品商标注册和知识产权证明。

美国专利商标局是掌握全美国专利及商标申请以及核准手续的重要机

关，隶属于美国商务部，美国专利商标局的使命在于：通过高技能多样化工作团队为专利商标申请提供高质量和快捷的审查服务，引导国内国际知识产权政策发展，提供专业化的知识产权信息与培训服务以促进创新，推动经济发展，提升竞争力。2019 年，美国专利商标局的平均“一通”审查周期为 14. 7 个月，总审查周期为 23. 8 个月，超额完成专利审查周期目标。数据显示，申请文件总量从 2002 财年的 35. 3 万件增长到 2019 财年的 66. 7 万件，几乎翻倍。

2019 年，美国专利商标局商标审查员连续第 14 年超额完成了审查周期和质量目标。此外，2019 年，美国专利商标局在商标领域还采取了一些重要措施以提升美国商标注册准确性并减少欺诈申请。这些措施包括扩大注册后随机审计范围、实施一项新法规以及对申请人和公众就仿冒进行教育。

美国专利商标局的无代理人申请部门为小型企业、独立发明人以及资源短缺的发明人提供了专用的教育和实用资源。2019 年，在无代理人申请部门的审查员处理的申请中，有约 1200 件发明被授权。通过开展培训和升级用户服务，无代理人申请部门助力帮助更多申请人获得专利保护，有将近 37% 被无代理人申请部门审查的个人申请最终获得了专利授权。另外，无代理人申请部门的审查员们与个人申请人共同对上千件申请进行了研究，以推动专利系统更加透明和易于理解。[1]

二、美国专利商标局指定专利和商标资源中心（PTRC）

美国专利商标局指定专利和商标资源中心（PTRC）作为为公众提供商标和专利援助的机构，专利和商标资源中心（PTRC）是由美国专利商标局指定的公共、州和学术图书馆的全国性网络，用于传播专利和商标信息并支持公众的各种知识产权需求。公众可以通过 www. uspto. gov/ptrc 路径到达该资源中心。

PTRC 提供对 USPTO 网站上的专利全文和图像（PatFT）与应用全文和图像（ AppFT）数据库以及欧洲专利局（EPO）网站上的 Espacenet 全球数据库的在线访问。此外，大多数 PTRC 成员提供对其他 USPTO 专利数

[1] https：//www. cnipa. gov. cn/art/2020/7/16/art_2110_150413. html.

据库的访问，这些数据库可通过 PubWEST（基于 Web 的审查员搜索工具的公共版本）和 PubEAST（审查员辅助搜索工具的公共版本）获得。

美国专利和商标资源中心是使用 USPTO 及其双边合作伙伴 EPO 的免费在线资源对美国专利和已公开申请进行初步检索的。

三、初步检索美国专利和已公布专利申请的步骤

USPTO 已从使用 100 多年历史的美国专利分类（USPC）系统过渡到合作专利分类（CPC），这是与欧洲专利局（EPO）联合开发的新分类系统。USPTO 目前仅使用 CPC 对新实用专利文件进行分类；但是，它将继续使用美国专利分类对外观设计和植物专利进行分类。美国专利检索的七步策略法就反映了在专利检索中主要使用的合作专利分类的转变。

第一步：首先根据目的、组成和用途来描述需要检索的发明。

第二步：使用这些术语通过 USPTO 网站（www. uspto. gov）的站点搜索框查找初始相关合作专利分类。在主页右上角的站点搜索框中输入"CPC Scheme［加上描述发明的关键字］"。例如，如果要查找与雨伞相关的专利的 CPC 分类，则应输入"CPC 雨伞"。通过检索结果的分类表 Class Scheme 以确定与需要检索的发明最相关的分类。如果这时站点搜索结果为 0，请考虑用同义词替换刚刚用来描述需要检索的发明的词，例如在第一步中提出的替代术语。

第三步：通过查看与其链接的 CPC 分类定义（如果有）来验证之前发现的 CPC 分类的相关性。

第四步：使用在 PatFT（专利全文和图像）数据库（http：//patft. uspto. gov）中选择的 CPC 分类检索美国专利文件。通过最初关注摘要和有代表性的附图的首页信息，检索并缩小最相关的专利出版物的范围。

第五步：使用这组最相关的专利出版物，深入查看每一份与需要检索的发明的相似性，密切注意说明书附图、说明书，尤其是权利要求。申请人和/或专利审查员引用的参考文献可能会将您引向其他相关专利。

第六步：在 AppFT（应用全文和图像）数据库（http：//appft. uspto. gov）中检索在第三步中选择的 CPC 分类的美国公开专利申请。使用第四步中相同的搜索方法，首先通过研究首页上每个专利申请的摘要和附图，

将结果缩小到最相关的专利申请，然后仔细检查选定的已公布专利申请，密切注意附图、说明书，尤其是权利要求。

第七步：使用 PatFT 或 AppFT 数据库中的关键字搜索、在欧洲专利局的 Worldwide Espacenet 专利数据库（http：//worldwide. espacenet. com）中对非美国专利进行分类搜索和搜索相关的非美国专利，扩大搜索范围以查找其他相关的美国专利出版物——使用距离最近的专利和商标资源中心（http：//www. uspto. gov/ptrc）的免费电子和印刷资源公开发明的专利文献。

四、七步策略的应用实例

第一步：描述需要检索的发明的头脑风暴术语，首先写下对发明的简要、准确的描述。避免过于宽泛和通用的术语，例如“设备”“进程”和“系统”。全面考虑最初选择的术语的同义词、近义词。注意重要的关键字和技术术语。使用以下问题来帮助识别关键词和概念：

本发明的目的是什么？它是实用装置还是装饰性设计？

发明是一个过程——一种制造某物或执行某项功能的方法——还是一种产品？

发明是由什么制成的？本发明的物理成分是什么？

如何使用本发明？

描述发明性质的关键词和技术术语是什么？查阅技术词典或同义词词典以帮助找到合适的术语。

例如：我们发明了一种带有新肋设计的雨伞，以消除因风而折叠或倒转的雨伞。

目的：雨伞采用了新的肋骨设计，以消除因大风导致雨伞倒塌或倒转的情况。

发明点：雨伞的改进，以消除频繁更换雨伞的需要。

发明构思：带肋条的框架、担架和主框架、固定环、安装支架、接头连接器、织物连接器、织物、连杆。如何使用：根据需要保护元素。

其他术语（除上述内容外）：遮阳伞、遮阳伞、支撑组件或装置、防风。

第二步：使用 USPTO 的网站站点搜索功能访问和审查合作专利分类模式。

USPTO 主页（www. uspto. gov）的右上角有 USPTO. gov 站点搜索文本框，如图3 －20 所示。可以使用此文本框搜索 CPC 分类表。为本发明的搜索词使用特定语言，例如 CPC 防护伞。如果简单地输入防护伞就太宽泛，会提供许多不相关的结果。

图 3 －20　USPTO 主页搜索界面

在“搜索结果”页面中，单击“类－子类方案”页面的条目。如果对搜索结果不满意，可使用在第一步中为发明确定的同义词重新进行搜索。

分析 A45B 的分类方案中的分类标题，寻找最相关的分类号。分类号中点缩进用于显示方案中的层次关系。点越多，概念就越具体。某些标题可能在标题后面的括号中包含参考文献，以帮助分类选择。根据标题“增加雨伞抗风能力的装置”，可以发现 A45B 25/22 可能是一个很好的搭配。A45B 25/22 下面没有两个点的更具体的分类（两点组），所以这可能是一个不错的选择。如图 3 －21 所示。

第三步：查看选择的 CPC 分类相关联的分类定义，如图 3 －22 所示。如果选定的分类标题带有下划线，则它是指向 CPC 分类定义的超链接。CPC 分类定义有助于确定相关分类的范围，从而确保选择最相关的分类。定义可能包括重要的搜索注释和进一步搜索的建议。在此示例中，单击 A45B 25/22 并获得以下定义，该定义不寻常，因为它仅依赖于图像（大多数 CPC 定义使用文本）。

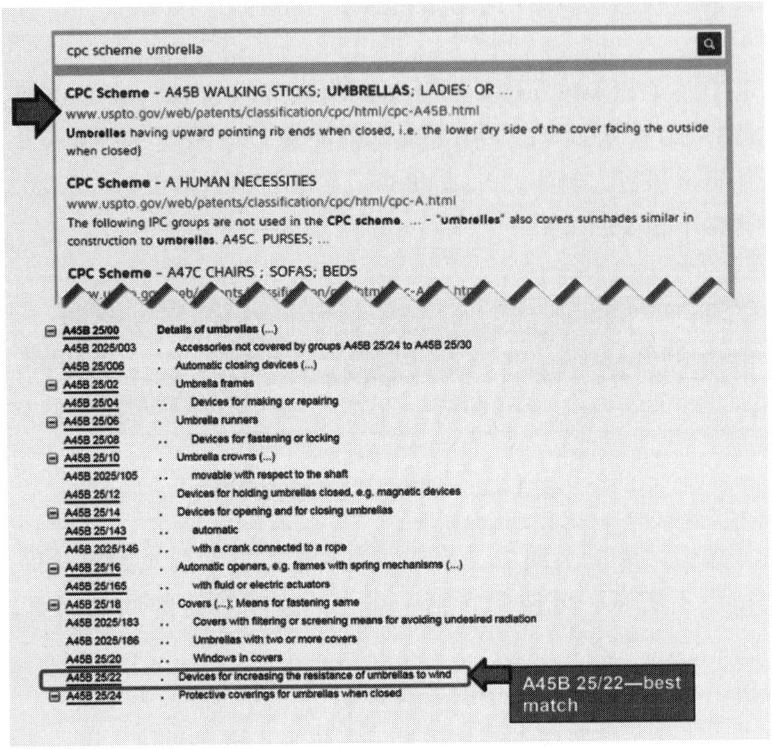

图 3-21　分类检索示例-A45B（第二步）

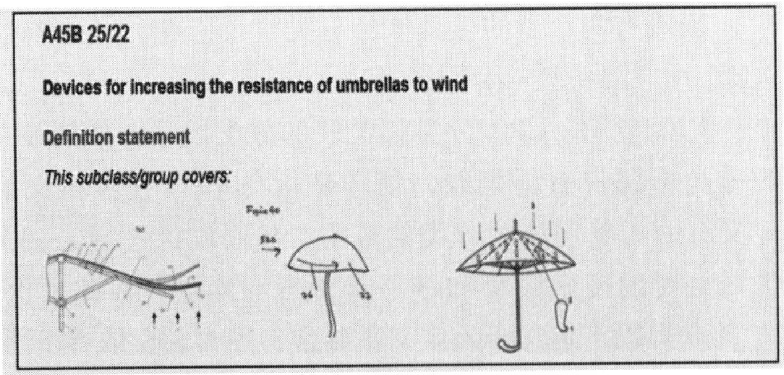

图 3-22　分类检索示例-A45B（第三步）

第四步：单击“快速链接”下的 PatFT。使用已选择的 CPC 分类检索和审查已颁发的专利，确定相关的 CPC 分类后，使用 CPC 分类检索和审查目前 PatFT（专利全文和图像）数据库分配给该 CPC 分类的所有美国专利。在 USPTO 主页（www. uspto. gov）上，在下拉“快速链接”菜单下选择“PatFT”。在 Term 1 Box 中输入 CPC 分类（注意：在进行 PatFT 搜索时删除任何 CPC 分类中间的空格，因此输入“A45B25/22”）。在字段 1 下拉框中选择“当前层次分类”。对于“Select Years”，使用下拉框选择“1790 to present［整个数据库］”。单击“搜索”按钮以获取结果。如图 3 – 23 所示。

这是专利的超文本标记语言全文。单击“图像”按钮以查看显示的专利的可携带文档格式（. pdf）图像；点击专利号或专利标题可查看专利全文（1970 年之前发布的专利没有全文版本，只有有限的文本条目）；单击页面顶部的“图像”按钮可查看专利的 pdf 图像。查看结果列表中每项专利的首页，特别注意摘要和代表图。可以记下与检索发明相似的专利数量，以便日后仔细审查。

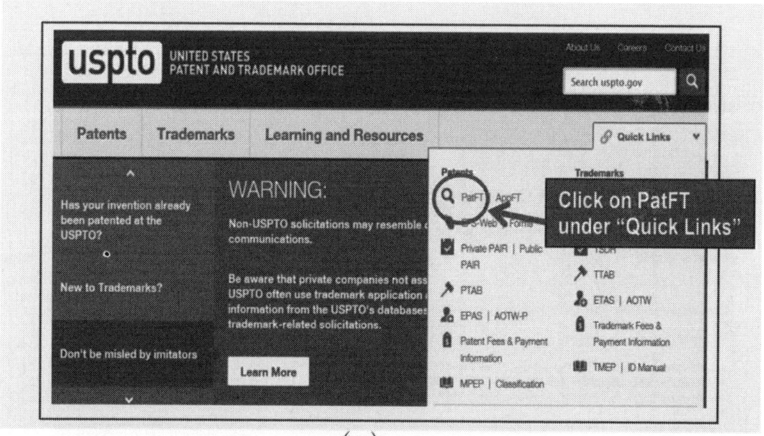

（a）

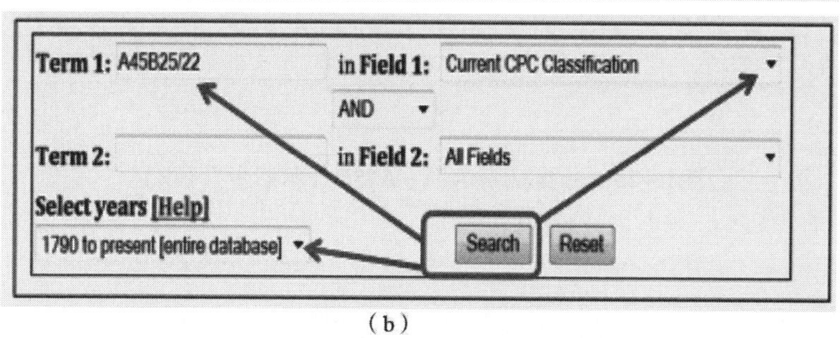

（b）

图 3 – 23　分类检索示例 – A45B（第四步）

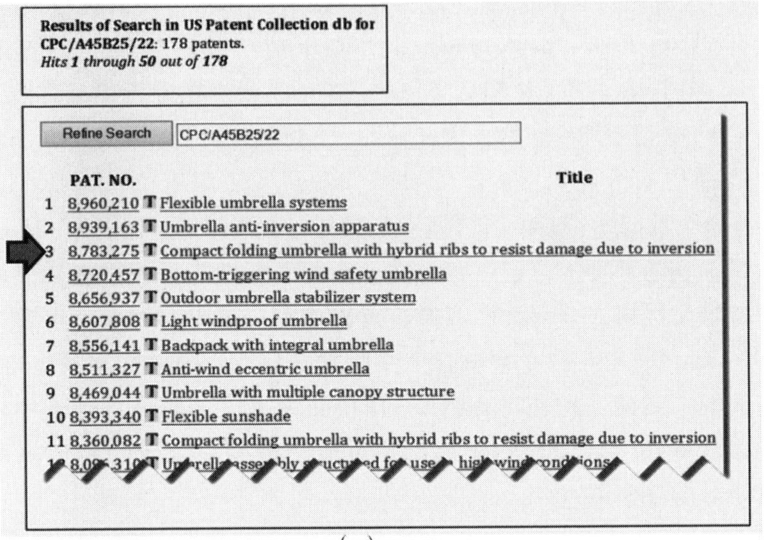

(c)

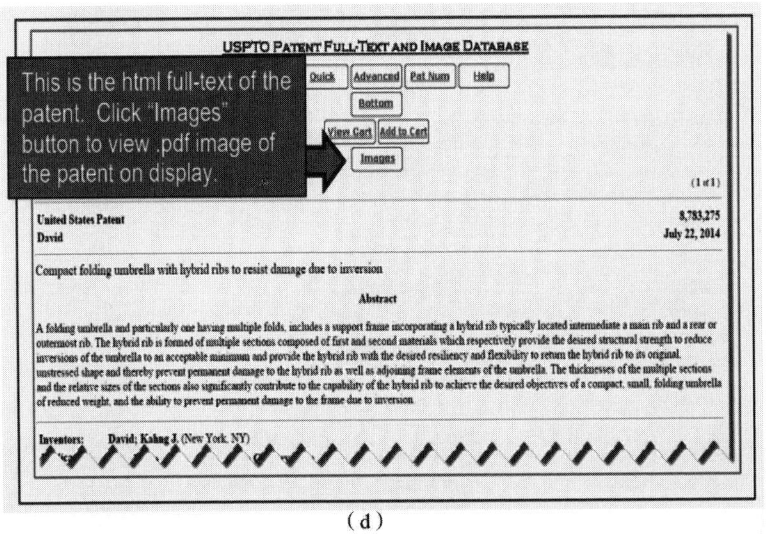

(d)

图3-23 分类检索示例-A45B（第四步）（续）

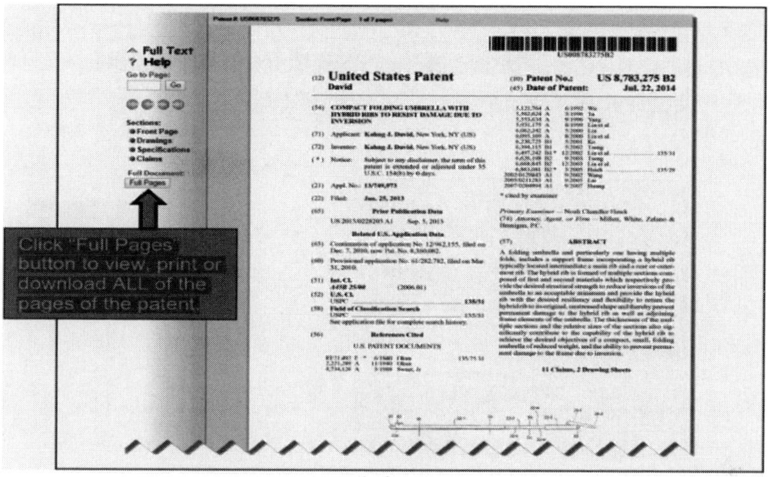

(e)

图 3-23 分类检索示例-A45B（第四步）（续）

单击“整页”按钮可查看、打印或下载专利的所有页面。

第五步：对根据首页信息选择的专利进行深入阅读和研究。在这组最相关的美国专利的基础上，现在深入审查每一项与需要检索的发明的相似性，密切关注专利的其他部分——附加图纸页面、说明书，尤其是权利要求。申请人和/或专利审查员引用的参考文献可能会将检索引向其他相关专利。请记住，权利要求构成了授予专利持有人的合法财产权的界限。在该页面可打印或下载所找到的最相关美国专利的副本。

第六步：如图 3-24 所示，使用之前确定的 CPC 分类检索和审查已发布的专利申请。单击“快速链接”下的 AppFT。

使用在第三步中选择的 CPC 分类，在 USPTO 网站上的 AppFT（专利全文和图像）数据库中检索和查看当前分配给该 CPC 分类的所有美国公开专利申请。在 USPTO 主页（www. uspto. gov）上，在下拉“快速链接”菜单下选择“AppFT”。

在 Term 1 Box 中输入 CPC 分类（注意：在进行 AppFT 搜索时删除任何 CPC 分类中间的空格，因此输入“A45B25/22”）。在字段 1 下拉框中选择“当前层次分类”。对于“Select Years”，只能选择“2001 - present”，因为美国自 2001 年以来才发布专利申请。单击“搜索”按钮以获取结果。

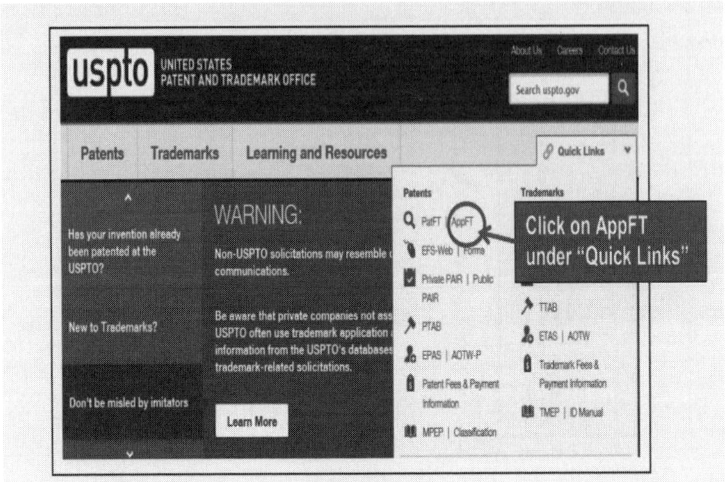

(a)

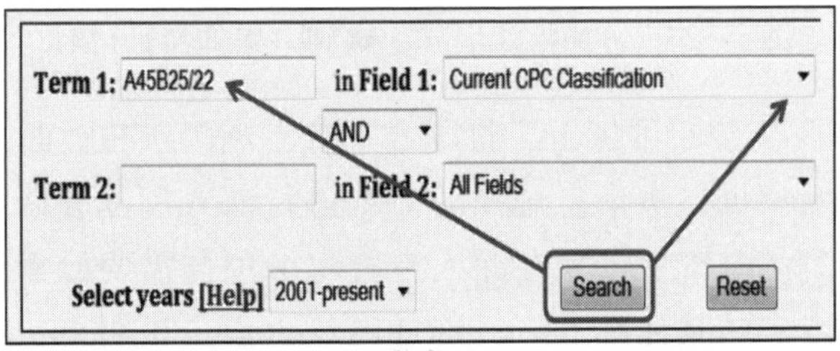

(b)

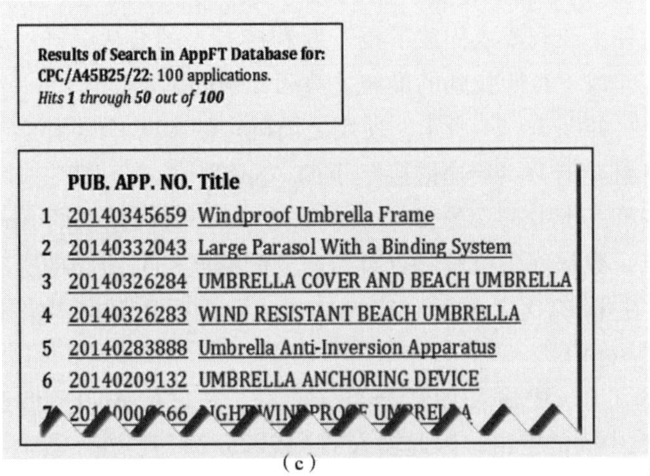

(c)

图 3-24 分类检索示例-A45B（第六步）

第七步：扩大搜索范围的选项。正如在第四步中对专利结果列表所做的那样，单击已公布的专利申请号或其标题以查看全文版本。单击页面顶部的“图像”按钮可查看已发布专利的pdf图像。查看每份已公布专利申请的首页，特别注意摘要和代表图。用户可以记下与自己发明相似的已公布专利申请的数量。使用这组选定的最相关的美国已公开专利申请，深入审查每个申请与需要检索的发明的相似性，密切关注已公开申请的其他部分——附加图纸页、说明书，尤其是权利要求。在该页面可打印或下载与需要检索的发明最相关的美国已公布专利申请的副本。

在完成初步的美国专利和已公布专利申请检索后，如果没有找到公开的，用户希望在需要检索的发明申请中保护的内容的出版物，可以根据以下多种途径来扩大检索范围，以获得更全面和深入的检索结果。

第一，可以通过使用关键词搜索来补充在PatFT和AppFT数据库中的CPC分类搜索。关键词搜索可能会简单地找到分类位置不准的文档，或者在第二步审查CPC模式时可能遗漏了分类。关键词与分类号结合的检索方式也是对纯分类号检索的有效补充，美国专利审查员定期用关键词搜索补充他们的分类搜索。将同义词组合在一起（使用“OR”），例如在如下情况：考虑使用技术工程语言而不是常用的日常用语，如（car/automobile/automotive）。使用截断符号获得单词的单复数形式（airbag S）。使用引号将单词相邻的搜索短语分组（“图像查看器”）。

第二，使用美国专利分类（USPC）扩大搜索范围。虽然美国专利分类自2015年1月1日起不再用于美国实用新型专利，但分类系统仍可搜索2015年之前的美国实用新型专利。如果在之前检索中使用CPC找到相关的美国专利或已公布的专利申请，则在其html版本中注明其当前的美国专利分类。然后，可以在PatFT中运行USPC搜索（并在AppFT中单独运行），同时不排除在之前检索过程中使用CPC检索到的出版物，因此可以不必再次查看任何相同的出版物。PTRC图书管理员提供展示如何使用USPC的帮助。

第三，使用在第三步中确定的CPC分类将需要的搜索扩展到外国专利和已公布的专利申请。使用Espacenet（http://worldwide.espacenet.com）重新运行搜索式。Espacenet是欧洲专利局的全球专利公开数据库，收录超过9000万篇专利出版物。PTRC图书管理员也可以提供如何搜索Espacenet的帮助。

第四，由于发明可以在各种非专利印刷和电子出版物中公开披露，图书、期刊、网站、技术目录和会议录也是需要进行检索的。根据印刷品和电子数据库的特点，可根据实际需要进行选择和相关检索。

第五，进行初步专利检索后，当检索结果不能满足要求时，可以通过专利代理人对初步检索提出意见，并自行进行后续检索。申请人进行初步研究，有利于更好地准备与专利代理人讨论发明和相关发明。

第四节　欧洲专利信息检索

一、欧洲专利局

欧洲专利局（European Patent Office，EPO）是根据《欧洲专利公约》（EPC）成立的政府间组织，其主要职能是负责欧洲专利申请的审查、批准及欧洲专利授权公告后异议的审理以及文献出版工作。1973年，欧洲16个国家签订《欧洲专利公约》，该公约于1978年正式生效，这标志着欧洲建立了从申请到授权一体化的专利制度。

《欧洲专利公约》为各成员国提供了一个共同的法律制度和统一授予专利的程序。审查程序采取早期公开、延迟审查和授权后的异议制度。申请人提出欧洲专利申请时，可以指定一个、几个或全部成员国，当申请依照《欧洲专利公约》授予欧洲专利后，该授权申请在成员国的生效还需要一个国内注册程序。《欧洲专利公约》仅对发明提供专利保护，专利权有效期自申请日起20年。

欧洲专利局成员国已达39个，覆盖整个欧盟地区及欧盟以外的10个国家，早期19个国家为：奥地利、比利时、丹麦、法国、德国、希腊、爱尔兰、意大利、列支敦士登、卢森堡、摩纳哥、荷兰、葡萄牙、瑞典、瑞士、西班牙、英国、塞浦路斯、芬兰。该局的4041名工作人员来自以上国家。该局的工作地点分布在德国慕尼黑、荷兰海牙、奥地利维也纳以及德国柏林四个城市。其授权专利在40个欧洲国家生效（包括39个成员国和

1 个延伸国)。欧洲专利局的使命是授予高质量的专利，提供高效率的服务，促进创新，提升竞争力，推动经济增长。其主要任务是根据《欧洲专利公约》（EPC）授权欧洲专利。

此外，在《专利合作条约》（PCT）体系中，欧洲专利局既是专利申请接收局，也是专利审查和检索单位。同时，欧洲专利局还为比利时、塞浦路斯、法国、希腊、意大利、拉脱维亚、立陶宛、卢森堡、马耳他、摩纳哥、荷兰和圣马力诺等《专利合作条约》成员方承担 PCT 专利申请进入国家阶段时的在先技术检索工作。欧洲专利局在专利信息、专利检索工具及数据库领域发挥了重要作用。

2022 年，欧洲专利局受理的专利申请总量超过 19.3 万件。随着气候变化对新能源需求的增加，可持续能源相关专利的申请量增加了。数字化转型也推动了电气工程的增长，目前申请量几乎占欧洲专利局所有申请量的 1/3。作为实施质量和效率战略的部分工作，欧洲专利局实施的内部改革，以审查工作为优先，提高审查效率，减少了大量专利申请积压。

为满足用户对及时服务的需求，欧洲专利局采取了一项名为“早期确定性”的计划来加快专利授权流程。2014 年，欧洲专利局推出的“检索早期确定性”计划，旨在专利申请提交的 6 个月内，通过提供一份附带书面意见的检索报告，帮助申请人提高专利的法律确定性。该计划在提高时效性方面取得了重大进展。

2019 年，欧洲专利局持续关注专利审查和申请异议的时效性，使相关程序在 2019 年分别缩短 3.7 个月和 1.7 个月。2019 年，与专利申请同时公开的欧洲专利局 PCT 国际检索报告（A1 公开文件）占比仍高达 96%。

2019 年 6 月，欧洲专利局公布“战略计划 2023”，阐述其可持续发展战略。“战略计划 2023”为实现五大目标愿景提供了清晰的路线图，明确了为提供稳定和卓越的服务需要开展的行动、项目以及仍待改进的内容。“战略计划 2023”还阐释了欧洲专利局将如何身体力行，与各欧盟成员国共同努力，实现五大战略目标。

二、欧洲公共检索资源介绍

EPO 提供 Espacenet、欧洲专利登记簿（European patent register）、欧洲专利文献出版服务器（European publication server）和欧洲专利公报（European Patent Bulletin）四种检索资源。其中，Espacenet 可检索提供超过 90 个不同国家和地区公布的专利申请信息、欧洲专利局公布的所有专利申请以及世界知识产权组织公布的所有专利申请；欧洲专利登记簿可检索 1978 年以来欧洲专利局公布的欧洲专利申请以及指定欧洲的 PCT 申请的信息；欧洲专利文献出版服务器可检索欧洲专利申请副本、授权的欧洲专利说明书、修正文本；欧洲专利公报可检索欧洲专利申请和专利的著录数据、法律状态数据。

三、Espacenet 系统介绍与应用

2020 年欧洲专利局推出了新版 Espacenet 专利检索系统（https：//worldwide. espacenet. com/patent/search），如图 3－25 所示。

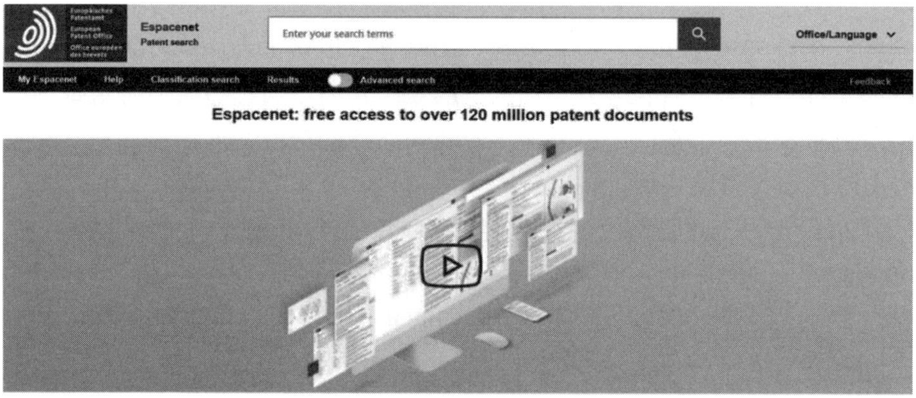

图 3－25　新版 Espacenet 专利检索系统界面

新版的检索系统还未引入除欧洲专利局涉及国家以外国家的语言。如果想使用中文、日文、韩文等语言的检索页面，可继续访问旧版（https：//worldwide. espacenet. com/? locale＝en_EP），如图 3－26 所示。该系统提供多语言界面，点击网站右上角语言选项，可选择英语、法语、德语、中

文、日语、韩语等多语种检索界面。

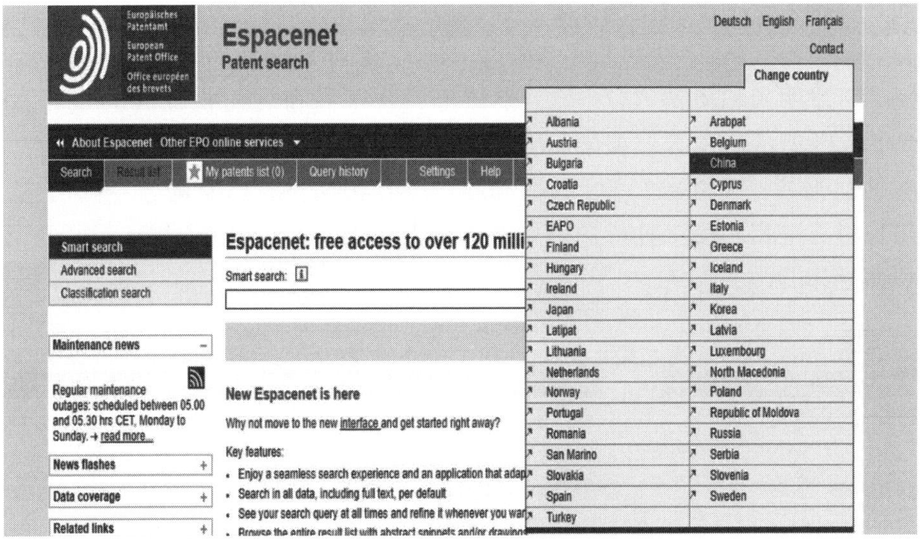

图 3-26 旧版 Espacenet 专利检索系统界面

以下基于新版 Espacenet 专利检索系统来介绍检索资源的主要功能。

Espacenet 包括三个数据库：worldwide 数据库、EP 数据库和 WIPO 数据库。worldwide 数据库提供超过 90 个不同国家和地区公布的专利申请信息，它以 PCT 最低文献量为基础。EP 数据库提供欧洲专利局公布的所有专利申请。WIPO 数据库提供世界知识产权组织公布的所有专利申请。Espacenet 提供三种检索方式：智能检索（Smart Search）、分类检索（Classification Search）和高级检索（Advanced Search）。

1. 智能检索

智能检索即常规的简单检索。智能检索允许用户在检索框中输入申请号，公开号，或单个词、多个词，或者更加复杂的检索条件。每次最多可以输入 20 个检索词。智能检索提供两种检索方式：直接输入检索条件，可以输入描述发明类型的词，也可以输入专利文献号、发明人或公司的名称、专利申请的日期或年代。输入包含字段代码的检索式，其中使用的字段代码，表示方式为："字段代码 = 检索要素"。

智能检索提供 15 个字段代码：发明人（in）、申请人（pa）、发明名称（ti）、摘要（ab）、优先权号（pr）、公布号（pn）、申请号（ap）、公布日（pd）、引用/被引用文献（引文）（ct）、联合专利分类（cpc）、国际专利分类号（ic）、发明人或申请人（ia）、名称和摘要名称（ta），名称、摘要、发明人和申请人（txt），申请号、公布号和优先权号（num）。如图3－27所示，用智能检索CN103890292，即可获得该专利的相关信息，包括说明书、权利要求书、说明书附图等相关文件，以及同族专利信息，可通过点击相应按钮进行选择。点击右上角的“Patent Translate”可进行机器翻译。

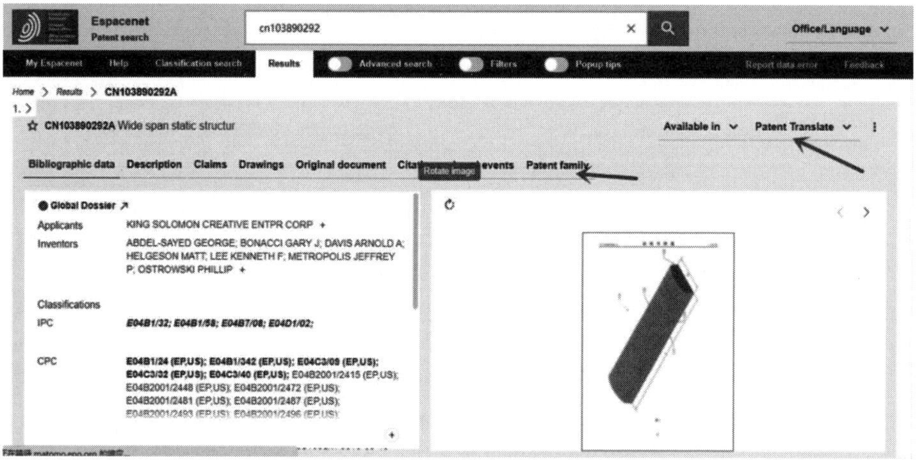

图3－27　智能检索示例图

2. 分类检索

分类检索提供对联合专利分类（CPC）的浏览和检索。在检索框中输入主题词或分类号，可以查找主题词和分类号之间的对照或分类号的详细类名，通过点击类名，系统会显示进一步细分类。点击“CPC”按钮，CPC细分分类号会绿底高亮显示。选取分类号前的方框，该分类号就被选取，可进行检索。如图3－28所示。

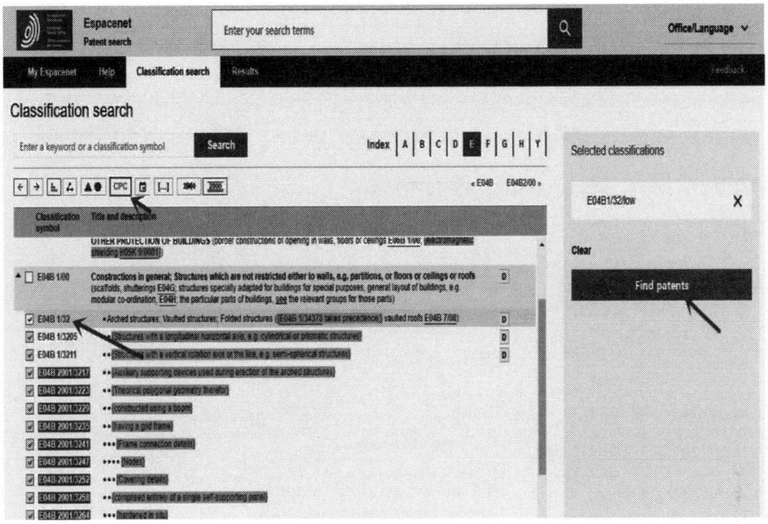

图 3－28　分类检索界面

该页中选中的数据详细信息如图 3－29 所示。

图 3－29　分类检索数据显示

3. 高级检索

高级检索提供 11 个检索入口：发明名称（Title）、发明名称或摘要

(Title or abstract)、关键词全文检索［Keyword (s) in full number］、公布号（Publication number）、申请号（Application Number）、优先权号（Priority number）、公布日（Publication date）、申请人［Applicatant (s)］、发明人［Inventor (s)］、联合专利分类号（CPC）、国际专利分类号（IPC）。点击高级检索开关按钮，即可进行切换。检索界面如图 3－30 所示。

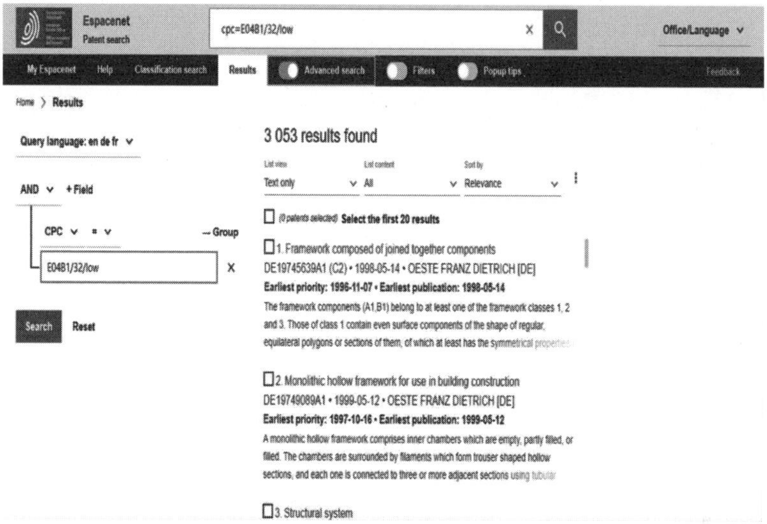

图 3－30　高级检索界面

选择不同的数据库时，可检索的字段有所不同：当选择 Worldwide 数据库时，可在 CPC 分类号字段检索；当选择 EP 数据库或 WIPO 数据库时，可检索的字段不包括 CPC 分类号，但包括关键词全文检索。

每个检索式最多能命中 10 万条记录，但系统只显示 500 条数据的内容，可同时选择下载 200 条数据。在检索结果列表页面中点击任意的专利名称，可以链接进入该专利申请详细信息页面，如图 3－31 所示。该页面中可浏览该专利的著录数据（Bibliographic）、说明书（Description）、权利要求书（Claims）、原始说明书（Original document）等信息，还可通过该页面中的各种链接获取专利引文、同族专利（INPADOC patent family）、法律状态（INPADOC legal status）等信息。

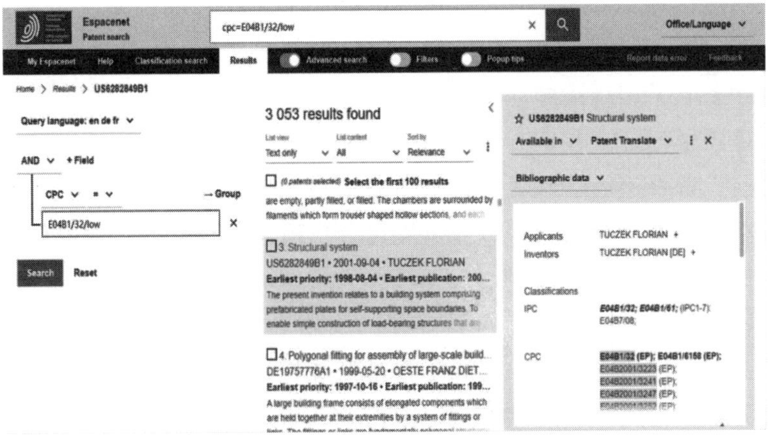

图 3 – 31　高级检索专利详细信息界面

第五节　日本专利信息检索

一、日本特许厅

日本特许厅即为通常意义的日本专利局，其致力于实现“世界上最快速、最优质的专利审查”，以便申请人在日本获得专利之后，他们也能够更加顺利地获得国外专利。这是因为外国知识产权局在进行审查时，会将日本专利局的审查结果作为可靠的判断。为实现这一目标，日本特许厅按照“保持处理速度”“授予高质量专利权”“与国外知识产权局的合作与协作”三大原则采取了各种措施。

在加速审查系统方面，满足一定条件的申请可以由申请人提出加快审查或超加快审查请求，加快启动审查。加快审查系统可适用于向一个或多个其他国家提交申请或中小企业的申请人等。日本特许厅开展了针对重要专利申请的超加快审查系统的试点项目，这些重要的专利申请包括已经付诸实施并且在一个或者多个国家提交专利申请的发明专利。原则上，该系统的目标是从请求到发出“一通”的时间不超过 1 个月（对 PCT 进入国家阶段的申请不超过 2 个月）。

在质量管理方面，日本特许厅构筑审查质量管理的基本原则。依据《专利审查质量政策》和《专利审查质量管理手册》（质量管理手册），日本特许厅采取了多项措施以追求其实现世界上最高质量的专利审查目标。

一是质量保证。在审查员向申请人和代理人发送关于通知书和决定等文档之前，审查室的管理者会检查所有案件的实质和形式问题。为提高检索一致性，审查员会与其他审查员探讨分享检索技巧和知识等。

二是质量认证。在向申请人和代理人发送官方文档之前，质量管理员会在内容和形式方面检查审查员准备的决定和通知书等是否合规和有效。为满足各种用户需求，日本特许厅在与产业界的非正式会议上收集针对个案的意见，并将用户满意度调查范围扩展到海外用户和小型用户。

二、日本专利信息平台（J－PlatPat）简介

日本特许厅将1885年以来公布的所有专利、实用新型、外观设计电子文献及检索系统，通过其官网（https：//www. j－platpat. inpit. go. jp/）的日本专利信息平台（J－PlatPat）免费提供给全世界的公众查询。

日本专利信息平台包含日本、欧洲和美国的专利/实用新型、外观设计、商标、审判决定和其他法律地位（法律地位）的信息，提供免费的专利信息搜索和浏览服务。

三、日本专利信息平台文献检索

日本专利信息平台仅提供搜索/浏览功能，同时在不断改进搜索/浏览功能以满足用户的要求。

1. 简单检索

登录日本专利信息平台后，可进入如图3－32所示的界面。该平台提供发明、实用新型、外观设计、商标及审判信息等相关检索。

主页下方即提供了简单检索入口，可以使用关键词搜索专利/实用新型、外观设计和商标，无须指定高级选项。选取要搜索的法律类别。当选择“所有法律类别”时，将搜索专利/实用新型、外观设计和商标。选中“自动缩小”复选框后，如果搜索结果的数量超过其上限（3000个），搜索结果将自动按日期缩小，然后显示。当搜索结果数小于上限时，不缩小

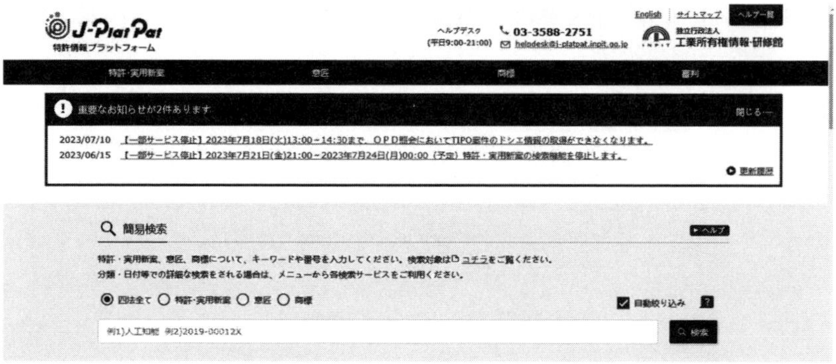

图 3－32　J－PlatPat 检索界面

搜索结果范围。

此外，对于上述从检索日到七年前（2555 天前）的日期，范围会逐年（365 天）进一步缩小，直到搜索结果的数量在上限（3000 个）以内。选中“自动缩小”的搜索会自动添加搜索条件，以便超过 3000 个上限的搜索结果自动缩小到最近的 3000 个结果。

在关键词输入栏输入搜索的关键字。全角和半角字符均可用于输入字母、数字字符、斜线（/）或连字符（－）。可以输入大写和小写字母字符。连字符（－）、破折号（－）、延长音标（一）和减号（－）可用于连字符。输入关键词时，可以使用空格作为分隔符进行 AND 搜索，或者仅输入文档编号时，可以使用空格作为分隔符进行 OR 搜索。

检索结果一览画面的显示因输入关键字（或以空格为分隔符的关键字和文件编号）或仅输入文件编号而异。有关识别为文档编号的输入格式的详细信息。

单击“搜索”按钮后，将使用为每个项目输入的内容进行搜索，然后出现“搜索结果列表”。

2. 高级检索

以发明实用新型的检索为例，点击特许/实用新型选项，可进行发明实用新型文献号的检索、发明实用新型的检索和分类体系的检索。高级检索界面如图 3－33 所示。

图 3－33　J－PlatPat 高级检索界面

选取第一项发明实用新型文献号检索，可以通过选取国别、文献号类型和具体文献号来进行检索。例如，检索中国公开号为 CN103890292A 的发明专利申请，可按照图3－34 进行输入检索。

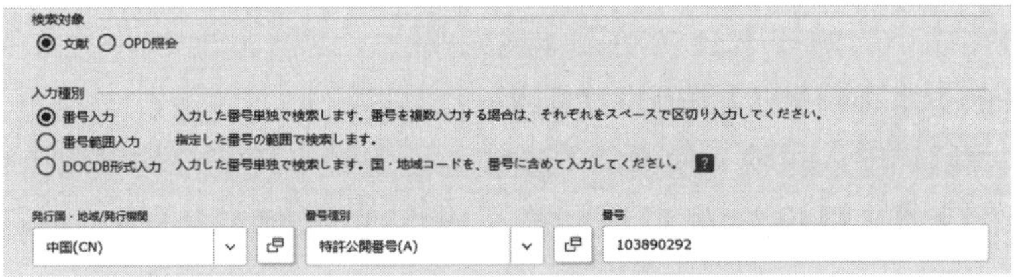

图 3－34　J－PlatPat 高级检索示例

可获得的检索结果如图 3－35 所示。

图 3－35　高级检索示例结果

通过点击检索结果中的文献号，可查看著录项目、权利要求书、说明书、说明书附图等相关信息，如图 3－36 所示。

图 3－36　高级检索示例文献信息

高级检索中，发明、实用新型的检索提供了更详尽的检索方式，可以通过主题、摘要、权利要求的关键字、分类（FI/F－term、IPC）等检索专利/实用新型公报、外国文件和非专利文件。例如，检索主题名称中包含“大スパン”及“静定構造”，以及 IPC 分类号为“E04B7/08”的文献，结果如图 3－37 所示。

图 3－37　高级检索的详尽检索方式示例

点击检索按钮，检索结果一览表如图 3－38 所示。

图 3-38 高级检索详尽检索结果一览表示例

第六节 韩国专利信息检索

一、韩国特许厅

韩国特许厅是韩国主管知识产权工作的机构，是在工业部的领导下，就发明专利、实用新型、外观设计和商标等问题进行审查，管理有关审判的事务的机构。其主要职责包括：发明、实用新型、外观设计和商标的申请和审查，制定并实施各种促进发明的措施，以促进工业发展和提高国家竞争力；实施相关法律法规、制度审查和修订以保护公民专利权等权利；实施专利审判制度，保护与专利纠纷相关的公众权益；消除专利积压；开展 PCT 国际检索和初步审查，推动工业产权国际化；开展打击制售假冒伪劣商品等不正当竞争行为的活动；提高专利工作人员（如审查员和审判员）的素质，并设立专门培训机构；调查和研究发达国家的工业产权制度，为社会及企业培养专利专业人员；开展计算机程序、集成电路布图设计、数据库、商业秘密、生物技术、人物、活体、声音、气味商标等新知识产权的立法推进、权利化以及国际保护和多边合作机制建设活动。

韩国知识产权申请量仅次于中国、美国和日本，位居世界第四。韩国特许厅有1000多名各专业领域审查裁判人员，能提供快速、准确的审查服务。2010年审查处理时间已经压缩到专利10个月、商标3个月、外观设计5个月以内。韩国特许厅开展了各种支持项目，以确保创造附加值的优秀专利数量增加。在国家重点领域，通过事先发现各行业具有优秀专利的技术，提高研发效率，国家重点项目各个阶段提前分析专利信息，为防止重复研究，抢占原始核心标准专利，提供研究开发策略。在研发领域制定以知识产权为中心的研发战略，帮助中小型公司抢占未来市场的强大专利，从而成长为创意经济的主角。

为了活跃专利技术交易，实施知识产权交易支持、商业化支持以及知识产权评估融资支持项目，以积极发现和匹配技术需求者，韩国特许厅还支持各种专利技术项目，包括专利技术咨询和派遣专利管理专家，以确保大学和公共研究机构拥有的知识产权能够转让给工业界并商业化。随着中小企业的国际专利纠纷急剧增加，韩国特许厅正在推进专利纠纷阶段性支持咨询，并通过中国、美国等海外知识产权中心，为应对知识产权纠纷奠定基础。在专利和商标设计领域与主要国家组成了多边协商机构，如IP5，以帮助韩国公司更方便地在国外申请知识产权，减轻不同制度带来的困难。

二、韩国工业产权信息服务中心（KIPRIS）

韩国特许厅（KIPO）下属的韩国工业产权信息服务中心（KIPRIS）为全球提供免费专利信息检索服务（http：//eng. kipris. or. kr/enghome/main. jsp）。韩国专利局提供检索的指南（http：//eng. kipris. or. kr/enghome/guideMaina. do），可在其导引下熟悉和完成检索，检索界面如图3－39所示。进入网站后，点击主页菜单Search－Patent即可进行专利检索，可进行专利、外观设计、商标的检索，还可以进行英文摘要的KPA检索。

图 3-39　KIPRIS 检索界面

三、KIPRIS 检索方法介绍

进入专利检索界面后，可以进行有关专利文献信息的检索，可以分为简单检索和高级检索两种方式。

1. 简单检索

简单检索可以通过关键词、公开号、分类号等进行检索。如检索关键词包含“大跨 静定 结构”的专利信息，在对话框中输入“WIDE”“SPAN”“STATIC”“STRUCTURE”，点击检索即可，如图 3-40 所示。

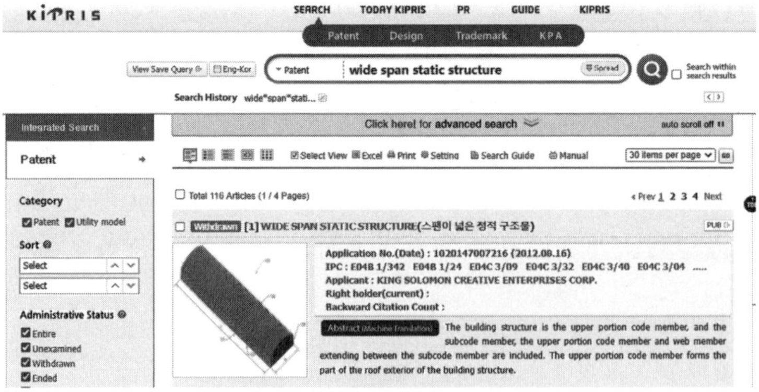

图 3-40　KIPRIS 简单检索界面

点击申请号即可查看具体案件的详细信息，例如著录项目，权利要求书、说明书、说明书附图等信息（见图3－41）。

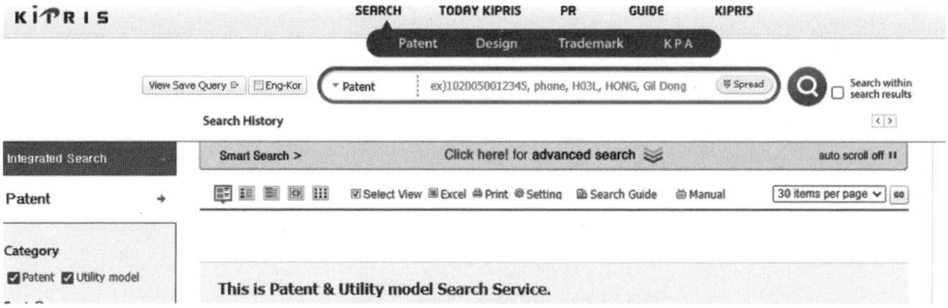

图3－41 KIPRIS简单检索示例详细信息

2. 高级检索

若需进一步检索，单击“展开”按钮进入高级检索可以输入和编辑检索结果。高级检索的界面如图3－42所示。

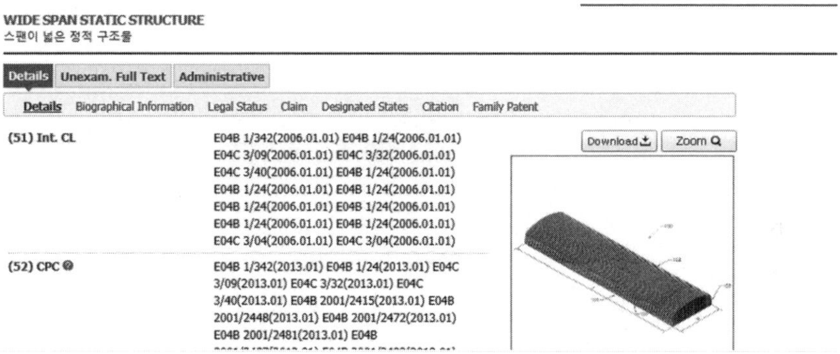

图3－42 KIPRIS高级检索界面

高级检索提供了九大模块，包括权利要求的类型、法律状态、说明书全文、IPC、CPC、主题、摘要、文献号、日期等（见图3－43）。

若要缩小结果范围，可使用智能搜索和查询扩展功能或在结果中搜索，也可以使用排序功能对结果重新排序。外观检索模块与专利检索设置类似，可以参照检索。

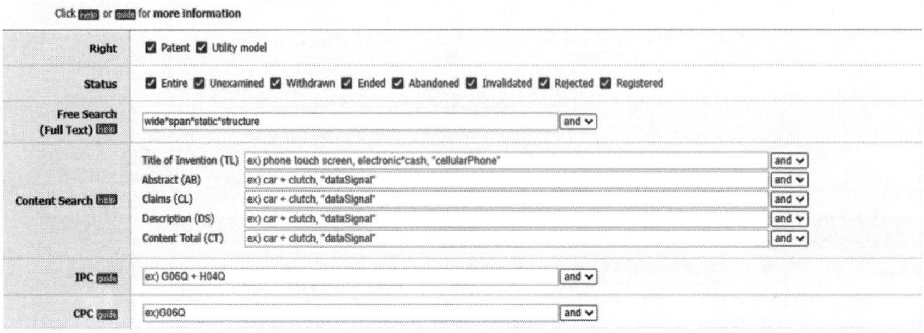

图 3－43　KIPRIS 高级检索模块

3. KPA 数据库

图 3－44 是英文专利检索 KPA 数据库的检索页面，该数据库收录了自 1999 年以来 A 类及 1973 年以来的 B1 类的文献。该数据库也可进行简单检索和高级检索。其中高级检索模块包括类型、全文、IPC、CPC、文献号、日期、直接输入和人员信息等，具体检索方式与专利数据库检索方式相同。

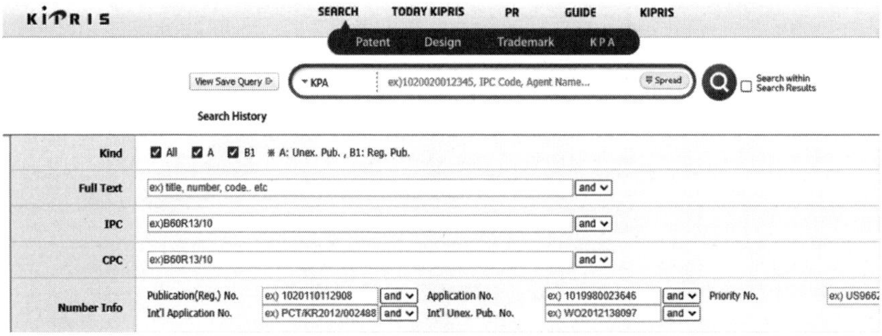

图 3－44　英文专利 KPA 数据库检索界面

思考题

1. 专利主要分为哪几个类型？专利的“五书”是指什么？
2. 专利检索前需要做哪些准备？

3. IPC 分类号与 CPC 分类号之间的关系是怎样的？

4. 常用的检索策略有哪些？

5. 在中、美、欧、日、韩 5 个知识产权局专利库中，分别对 CN201510106373. 1 进行检索。

第四章　商标信息检索

本章以国家知识产权局商标局中国商标网的商标查询系统作为检索平台（http：//sbj. cnipa. gov. cn/），结合《商标审查审理指南》《类似商品和服务区分表》《商标图形要素国际分类》等商标工具书，引导读者对商标重要、常用的数据进行检索和运用。商标信息检索主要分为商标申请前的绝对事由排除、近似性判断检索、商标申请后的流程状态检索、有效注册商标的判断检索以及商标监控检索等。

第一节　商标信息检索概览

商标信息检索不同于专利检索，商标权利来源于注册或使用行为，我国《商标法》对于商标的保护源于注册登记，商标申请、审查、转让、诉讼等过程中，商标信息检索作为实务人员作出判断的来源，对商标的注册状态等进行准确查询，无论是商标代理还是商标诉讼，影响企业商标整体布局。2011 年之后，国家知识产权局商标局官网提供全面的商标公示查询，本节对商标检索作简要论述。

一、商标检索贯穿商标业务

商标检索伴随整个商标生命周期，用于判断待申请商标的可注册性、已注册商标存续可能性及商标侵权状态等，商标检索贯穿申请、注册、异议到诉讼的整个阶段。企业自身策略调整、竞争对手商标布局改变、处在诉争阶段其他商标状态变化及生效裁判发布，排查商标信息和检索重点均不同。从向商标局提交申请书至商标行政案件作出裁决，需经历商标近似性检索前期排查、商标相同近似判断、商标查询及状态判断、商标监控检索等多次交叉核验检索。

（一）商标检索的意义

第一，有效探明注册障碍，提高注册成功率。通过商标注册检索，查询在先权利障碍，检索与拟申请注册的商标相同或者高度近似的商标，为申请人提供决策依据，及时对拟申请商标进行修改或重新构思、设计等，提高商标申请注册初步审定公告概率。若发现存在相同或近似的在先注册商标，可及时对拟注册的商标进行修改或调整，有效降低商标注册风险，提高商标注册的成功率。

第二，及时发现商标抢注，在公告期内提出异议。通过商标检索发现被抢注的商标尚在申请阶段，及时发现其他市场主体是否恶意申请注册与自身主要商标近似的商标等情形，及时对相关商标提出异议、无效宣告等，避免商誉、市场地位受到损害。

第三，查清商标能否安全使用，避免商标侵权。通过商标检索确定商标使用的安全性，避免使用与他人在先相同或者高度近似的商标，降低自身侵权风险，避免对侵权商标进行过多的品牌宣传投入。

（二）商标检索流程

第一阶段，商标申请阶段的检索。从设计商标到申请商标，前期需进行大量排查检索，尤其是针对《商标法》绝对无效条款、相对无效条款的预判，降低商标注册失败及后续被无效、侵权的风险。

第二阶段，商标异议阶段的检索。商标异议阶段无论是维持商标注册，抑或成功异议竞争主体的商标注册申请，涉及相同类似商品、相同近似商标、商标注册恶意等，商标检索极其重要。

第三阶段，商标监控的定期检索。商标监控检索涉及商标申请阶段、异议阶段和注册阶段，有效防止已注册驰名商标的淡化和混淆，维护核心注册商标，避免遗漏注册的商品类别并及时补充注册。

二、商标查询及状态判断

国家知识产权局商标局官网系唯一的官方公开查询渠道，其他免费或付费数据库均是对官方公开数据的二次利用，包括数据重新整理、设计新检索标签、页面排版等。国家知识产权局商标局官网（http: sbj. cnipa. gov. cn）查询类别主要分为：商标近似查询、商标综合查询、商标状态查询、商标公告查询、商品/服务项目查询等。每种查询功能侧重点不同，查询对象提供的内容也不同。

（一）商标近似查询

商标近似查询以图形、文字等商标组成要素，用户可以自行检索相同或类似商品是否已注册相同或相似商标。查询页面提供自动查询和选择查询两种方式，自动查询按照系统默认规则进行近似检索，选择查询按照用户填写查询规则进行近似检索。商标近似查询结果页面显示：申请号、注册名称、商标名称、申请人名称，点击具体的申请号、商标名称可进入商标注册信息详情页。商标近似查询可在商标申请阶段直观看出近似商标的情况，用于排除商标注册可能的障碍，但无法看到商标的注册状态，需逐个排除。

商标近似包含国际分类号、商品/服务类似群、商标构成要素、商标名称等检索项目（见图4－1）。

图4－1　商标近似查询页面

商标近似查询可同时输入国际分类号、商标组成要素及组成要素分类，可获得在先已申请或注册商标的数据。以申请在第3类“冰墩墩”商标为例（见图4－2），检索结果可按“相似度”“申请人名称”“申请日期”排列，以列表方式或图样展开方式进行结果浏览，并进入详情页查看。标识构成要素主要包含汉字、拼音、英文、数字、字头、图形，每个构成要素必须分开进行检索。考虑到商标实质审查是对不同要素分别进行审查，某一要素存在在先权利冲突就会导致整体予以驳回，故图文组合商标需分两次或多次进行检索，图形和文字必须分别单独作为检索要素进行检索。

图 4－2　商标相似检索举例

（二）商标综合查询

商标综合查询可查询特定的商标档案和商标流程信息。其中，商标档案记录商标图样、商品/服务内容、类似群组、申请/注册号、申请日期、国际分类类别、申请人名称（中文）、申请人名称（英文）、申请人地址（中文）、申请人地址（英文）、初审公告期号、注册公告期号、是否共有商标、初审公告日期、注册公告日期、商标类型、专用权期限、商标形式、国际注册日期、后期指定日期、优先权日期、代理/办理机构等。商标流程记录商标申请、异议、变更、转让、续展、许可备案、驳回复审、异议、不予注册复审、无效宣告、连续三年不使用撤销、诉讼信息等信息。

商标档案作为记录商标注册信息的官方文件，在商标注册申请、使用、维权等程序起到身份识别的作用。商标档案记录的数据不得修改，除数据与申请人提交的原始档案存在不一致或者计算机后台记录错误外，一般不得更改，如果商标权利人需要变更商标图样、商品类别、商标形式等信息的，需要重新提交新的商标申请。

商标综合查询由国际分类、申请/注册号、商标名称、申请人名称

（中文）、申请人名称（英文）等5个检索项目组成（见图4-3），实现对商标档案及商标流程信息的检索。

图4-3　商标综合查询页面

（1）国际分类号不可单独检索。商标综合查询项下的5个项目除国际分类号不能单独作为检索项目外，其余的查询项都可以输入相应的信息单独进行检索。

（2）申请/注册号为商标唯一编号，每一个申请/注册号对应一件商标或一件商标多个类别。如果需要精确查找某件商标的档案和流程，申请/注册号是最精确、最快速的查询条件。对于一标多类的商标注册申请，需要准确检索出某一类具体商标，必须以商标号和国际分类号两个条件同时进行检索。

（3）商标名称检索可以检索出所有相同或前部包含该名称的近似商标，增加限定条件，范围将缩小。

（4）申请人名称（中文）检索范围为该中文名称下的所有商标申请记录，可以与上述条件共同使用，限定检索范围。如果是自然人，可能出现重名的现象，这样就需要根据申请人的地址或其他信息综合判断检索出的多件商标是否属于同一申请人名下商标。

（5）申请人名称（英文）检索范围为该英文名称下的所有商标申请记录，可以与上述条件共同使用，限定检索范围。

（三）商标状态查询

商标状态记录商标整个周期，从商标申请至最终无效，记载注册流程、重要信息变更等。鉴于商标流程记录的局限性，流程信息以简称加编号记录，部分商标流程信息延续在先流程，要想完整地读懂商标流程信息，需要一定的专业基础。

1. 商标注册申请流程

商标获准注册流程包括申请收文、受理通知书发文、注册证发文（见图 4－4）。商标驳回流程包括申请收文、受理通知书发文、驳回通知书发文。部分驳回流程包括申请收文、受理通知发文、驳回通知书发文、等待驳回复审、注册证发文。商标申请流程早期的描述与近期有所差别，但不影响整体识别判断。

图 4－4　商标成功获准注册的流程

2. 商标驳回复审流程

驳回复审流程包括申请收文、评审分案、实审裁文发文等（见图 4－5）。申请收文时间是国家知识产权局收到驳回复审申请书的时间，在线提交申请系统记载的日期为提交申请的当日，邮寄提交申请系统记载的日期为国家知识产权局收到邮件的日期；评审分案是驳回复审案件已经进入审查员的系统即将进行实质审理环节；实审裁文发文即该驳回复审案件已经审结，驳回复审决定书已经交由邮局邮寄。

除上述最终获准注册的结果，商标驳回复审结果还包括驳回、部分驳回、当事人撤回驳回复审申请等，发生上述驳回复审结论时，相应的流程会显示后续评审应诉等信息。

图 4-5　商标驳回复审流程

3. 商标异议流程

商标异议流程包括申请收文、发答辩通知书发文、打印答辩通知书发文、受理通知发文、打印异议答辩清单、裁定书发文、注册证发文（见图 4-6）。

商标异议申请收文是国家知识产权局收到异议申请书；发答辩通知书发文、打印答辩通知书发文、打印异议答辩清单等流程是国家知识产权局打印答辩通知书后将异议申请人的异议申请书及证据材料邮寄给被异议商标人；受理通知书发文是异议申请人提交异议申请书后，经形式审查符合启动异议程序形式要件，且异议申请人已经缴纳异议申请费用后下发的案件受理通知书；裁定书发文即该异议案件已经审结，异议决定书已经交由邮局邮寄或者已经电子发文。

图 4-6　商标异议流程

4. 商标无效宣告流程

商标无效宣告流程包括申请收文、答辩通知发文、受理通知发文、证据交换发文、评审分案、实审裁发文（见图4－7）。

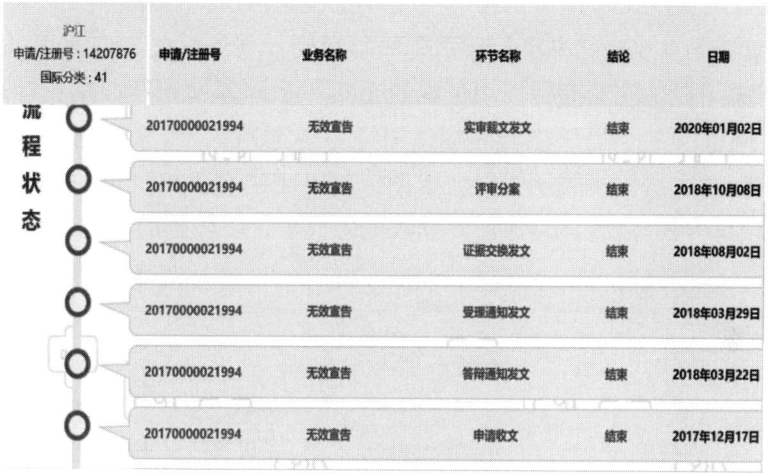

图4－7 商标无效宣告流程

商标无效宣告申请收文是国家知识产权局收到无效宣告申请书；答辩通知发文是国家知识产权局将无效宣告申请材料发给被申请人；受理通知发文是无效宣告申请人向国家知识产权局提交无效宣告申请，形式审查合格，并且已经缴纳无效宣告申请费用后下达的无效宣告案件受理通知书；证据交换是国家知识产权局收到无效宣告被申请人提交答辩材料，将该部分文件交换到申请人进行质证的程序；评审分案是无效宣告案件已经进入实审审查员的系统，即将进行实质审理环节；实审裁发文即该无效宣告案件已经审结，无效宣告裁定书已经交由邮局邮寄。

5. 撤销连续三年停止使用注册商标流程

撤销连续三年停止使用注册商标流程包括申请收文、受理通知书发文、提供使用证明通知发文、撤销商标/继续有效通知发文。

申请收文是国家知识产权局收到撤销连续三年停止使用注册商标申请，其时间，在线提交申请系统记载的日期为提交申请的当日，邮寄提交申请系统记载的日期为国家知识产权局收到邮件的日期；受理通知书发文是撤销连续三年停止使用注册商标申请人向国家知识产权局提交申请，形式审查合格，并且已经缴纳撤销连续三年停止使用注册商标申请费用后下达的案件受理通知书；提供使用证明通知发文是国家知识产权局通知商标权人在一定的期限内提交某一指定三年期间的商标使用证据；撤销商标/继续有效通知发文即该撤销连续三年停止使用注册商标案件已经审结，撤销商标/继续有效决定书已经交由邮局邮寄或者电子发文（见图4－8）。有退信（关于提供注册商标使用证据的通知）是国家知识产权局商标局向商标权人邮寄《关于提供注册商标使用证据的通知》，因无法送达被邮局退回；排版送达公告（关于提供注册商标使用证据的通知）是国家知识产权局商标局收到退信后，为保证商标权人的权益，以公告的形式进行送达。

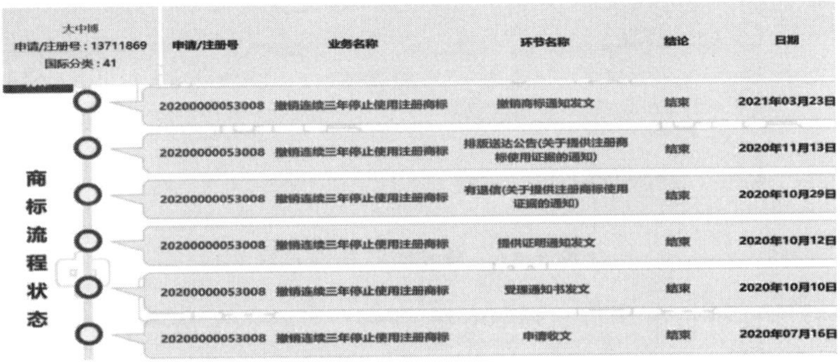

图4－8　撤销连续三年停止使用注册商标流程

6. 变更、转让、续展、许可备案流程

商标变更、转让、续展、许可备案等流程相对简单，包括申请收文、核准通知打印发送。

变更、转让、续展、许可备案等流程可能在一枚商标的生命周期多次发生。以许可备案流程为例，如图4－9中商标流程有3次许可备案，如果从流程业务名称、环节名称、结论、日期无法清晰对应每次许可备案的完整流程，就必须结合申请/注册号来对应一次完整的流程，但每次许可备案的申请/注册号相同。

7. 商标应诉流程

商标应诉流程包括申请收文、判决结果。申请收文是国家知识产权局收到法院的应诉通知；判决结果是国家知识产权局收到法院作出的判决书。应诉流程仅有申请收文和判决结果，未区分一审、二审、再审等诉讼阶段，应结合申请/注册号及日期的先后知悉完整的应诉流程。

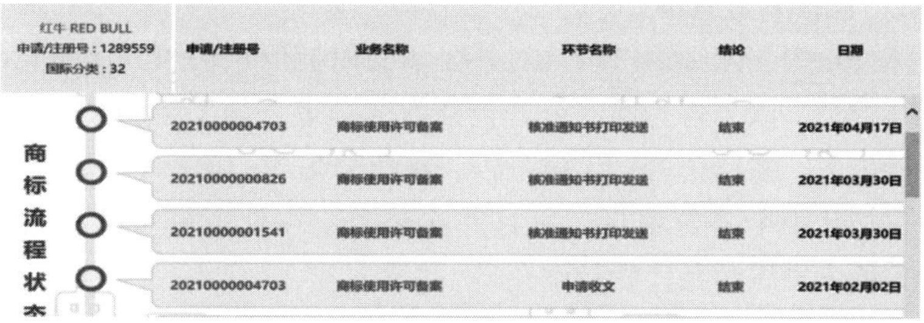

图 4－9　商标使用许可备案流程

如图 4－10 显示一审和二审完整的应诉信息，申请/注册号均为 20170000002805，表明该流程信息是延续无效宣告案件的后续流程，即一方当事人对无效裁定结果不服，于 2018 年 5 月 15 日向北京知识产权法院起诉，2019 年 5 月 17 日国家知识产权局收到一审判决。

图 4－10　商标应诉流程

双方当事人收到一审判决后，一方不服向北京市高级人民法院上诉，2019 年 6 月 13 日国家知识产权局收到上诉状，2020 年 1 月 10 日国家知识产权局收到二审判决书。

上述申请收文、判决结果的时间均为国家知识产权局收到起诉状、上诉状、一审判决书、二审判决书的时间，可能与当事人实际向法院提交起诉状、上诉状的时间不符，该部分数据仅供参考，不能作为上诉或再审期限的依据。

（四）商标公告查询

商标公告为国家知识产权局对外公示的商标信息，当其他信息与公告信息不一致时，以公告为准。公告包括商标初审公告、注册公告、备案公告、转让公告、撤销公告、无效公告、送达公告等。商标公告的数据量非常大，包括几十个公告项目，每月四次公告，一件商标可能涉及多个公告，公告检索设置的条件比较细化。

商标综合查询经常会出现显示商品与初审公告商品不一致的情况，源于商标被部分驳回，裁文暂未生效，导致显示的商品与初审公告的商品不一致。另外，也可能是后续程序或系统问题导致不一致，如果想准确查询商标核定使用的商品，建议通过公告检索（见图4－11）核实。

图4－11　商标公告检索页面

公告查询的内容并不复杂，但是，记载的数据最为核心。商标初审核准商品/服务项目类别，以初步审定公告为准；商标获准注册信息以注册公告为准；商标撤销事实以撤销公告为准；商标无效宣告以无效公告为准；商标许可备案、转让、续展等以相应公告记录数据为准。

（五）商标及服务项查询、错误信息反馈

（1）商标及服务项检索（见图4－12），便于查询商品或服务所对应

的国际分类、类似群、商品类型、商品名称、商品编码。商品类型分为尼斯项目和国内标 C，尼斯项目即《国际分类》，国内标 C 即未列入《国际分类》的我国常用商品或服务项目名称后编排序号，用“C”标准以示区别。

图 4－12　商品/服务项目检索页面

（2）商标错误信息反馈（见图 4－13）是商标信息因各种原因导致出现错误，经国家知识产权局核实后认为确实存在错误并及时纠正。

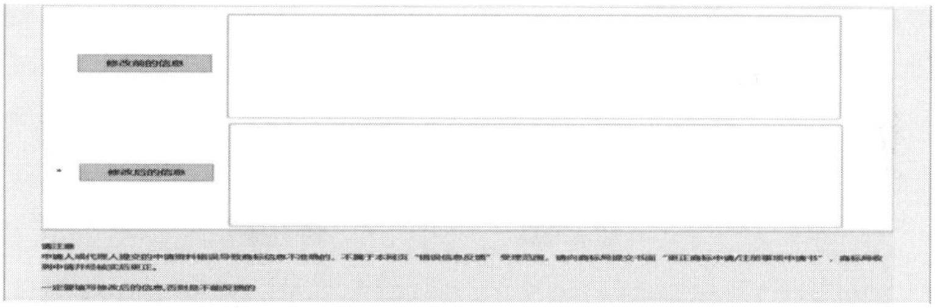

图 4－13　商标错误信息反馈页面

（六）商标注册证明检索

商标注册证明检索要素包含证明文件类型、注册号、商标类型、申请人名称、商标名称等（见图 4－14）。在检索栏中输入检索要素，注册号能够精准检索出相应的注册证明文件，其他要素可能需要输入其他要素进行限制，才能准确检索相应的注册证。

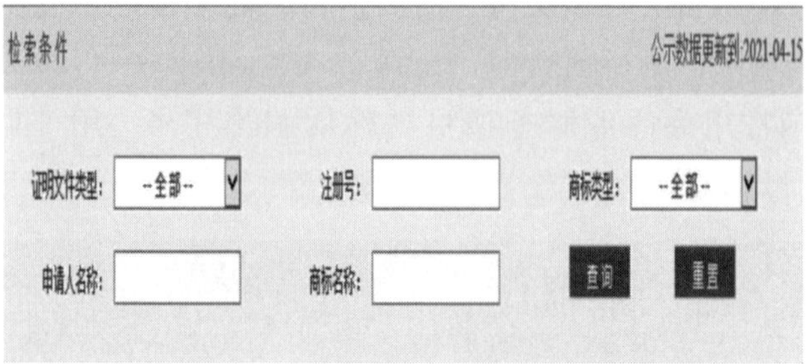

图 4－14　商标注册证明检索页面

（七）商标文书检索

1. 商标注册审查决定文书

对于商标申请审查认为不应予以核准注册，国家知识产权局发布商标申请驳回决定（见图 4－15）。

图 4－15　商标注册审查决定文书检索页面

2. 商标异议决定文书

商标初审公告后在法定期限内，被他人提起异议程序，经过国家知识产权局审理后，作出准予核准注册或者不予核准注册、部分不予核准注册决定等文书（见图 4－16）。异议文书可以通过注册号、商标名称、异议人名称、异议人代理机构名称、被异议人名称、决定作出时间等 7 个条件进行检索查询。

（1）注册号可以快捷地检索出相应的异议决定书，通过注册号能最精准、有效地进行检索。

（2）商标名称可检索出多份异议决定书，同一商标可能出现在多个类别、多个主体之下，甚至可能有某一家公司在同一类别注册多枚相同的商标。因此，商标名称作为检索条件最好结合其他条件，才能准确检索出想要的异议决定书。

（3）异议人名称可检索出异议人提交的异议案件，同一异议人可能提交多件异议申请，需要进一步确认异议决定时，需要添加其他检索条件。

（4）异议人代理机构名称可检索出异议人代理机构所代理的所有异议案件，异议人代理机构代理的不同公司的案件也一并包含在内，如果需要详细明确信息可以结合其他条件进行检索、统计。

（5）被异议人名称可检索出被异议人名下被他人提起异议程序的所有案件，同一被异议人可能多件商标被不同的主体提起异议程序，如果需要准确查找某一件案件必须结合其他条件进行检索、统计。

（6）决定作出时间可以检索出某一段时间的异议案件，如果需要准确查找某一件案件必须结合其他条件进行检索、统计。

图 4－16　商标异议决定文书检索页面

3. 商标评审裁定/决定文书

商标评审裁定/决定文书（见图 4－17）包括驳回复审决定书、无效宣告裁定书、撤销复审决定书、不予注册复审决定书等。评审文书可以通过注册号、商标名称、申请人名称、被申请人名称、代理机构名称、裁定/决定作出时间等 6 个条件进行检索查询。检索思路及特点与商标异议决定文书相似。

图 4－17　商标评审裁定/决定文书检索

第二节　商标申请阶段检索

围绕商标注册申请条件，设定相应的检索条件，检索的效果决定商标注册及后续能否合法使用。本节围绕商标申请条件，将商标申请阶段检索分为绝对注册条件检索与相对注册条件检索两方面分别阐述。

一、商标注册申请条件

根据《商标法》第 4 条规定，自然人、法人或者其他组织在生产经营活动中，对其商品或者服务需要取得商标专用权的，应当向商标局申请商标注册。不以使用为目的的恶意商标注册申请，应当予以驳回。商标具有显著特征，是标志获准商标注册的重要要件。但商标显著性不是一成不变的，可通过使用获得商标，也可通过使用弱化或丧失显著性。

商标不得和他人的在先权利相冲突，对在先申请商标、在先已注册商标、在先著作权等进行事先检索，避免和他人的在先权相互冲突，属于商标申请阶段预防检索的重点。另外，《商标法》第 10 条规定不得作为商标使用的标志，包括国旗、国徽、军旗、“红十字”、“红新月”、带有民族歧视性等，既不得作为商标使用也不能注册取得商标专用权。《商标法》第 11 条、第 12 条不得注册仅有本商品的通用名称、图形、型号的，直接表示商品的质量、主要原料、功能、用途、重量、数量及其他特点的，具有功能性的形状，仅由商品自身的性质产生的形状、为获得技术效果而需有的商品形状或者使商品具有实质性价值的形状的标志，亦应检索排除。

二、商标主要类别

《商标法》第 8 条规定，任何能够将自然人、法人或者其他组织的商品与他人的商品区别开的标志，包括文字、图形、字母、数字、三维标志、颜色组合和声音等，以及上述要素的组合，均可以作为商标申请注册。我国商标主要包括平面商标、立体商标、声音商标等类型。

1. 平面商标

平面商标，是指商品的标记呈现在一个水平面上的商标，主要包括文字商标、图形商标、颜色组合商标等。

文字商标，是指商标的构成要素为纯文字，不含其他图形成分的商标。除商品的通用名称和法律规定不得使用的词汇等，申请人可以自由选择文字作为商标，其中文字分为汉字、少数民族文字、数字和外国文字等。文字商标字体不限，文字组合也可以是杜撰的、无任何意义的字、词。图形商标，是指由纯图形要素构成的商标，可以是抽象的没有任何意义的图形，也可以是易于理解、比较形象的图形等。颜色组合商标，是指由两种或两种以上颜色按照特定方式进行组合构成的商标。我国目前只接受颜色组合作为商标申请注册，不接受单一颜色作为商标申请注册。

2. 立体商标

立体商标，是指以产品的外形或产品的长、宽、高三维标志为构成要素的商标。按照《商标审查审理指南》，三维标志显著性需要审查三维标志是否属于基本、简单和普通的立体形状；装饰性的立体形状；行业通用或常用商品的立体形状及商品包装物的立体形状等，以相关公众是否能够以该标志区分商品的来源为标准，针对指定使用的商品逐项审查。

3. 声音商标

声音商标，是指由用以区别商品或者服务来源的声音本身构成的商标，可由音乐性质的声音构成，可由非音乐性质的声音构成，也可由音乐性质与非音乐性质兼有的声音构成。一般情况下，声音商标缺乏固有显著性，需要通过长期或广泛的使用，与申请主体产生稳定联系，具备区分商品或者服务来源的功能，才能取得显著特征。缺乏显著特征的声音包括但不限于：(1) 使用商品时或提供服务时难以避免或通常出现的声音；(2) 行业内通用或常用的声音或音乐；(3) 过于简单或过于复杂的声音；(4) 以平常语调或简单旋律直接唱呼的文字短语。❶

三、商标近似性检索的前期排查

商标近似检索前，需要对商标是否违反《商标法》绝对理由及其他不得注册的情形进行排查。绝对理由主要涉及对商标的显著性、三维标志非功能性等，以及不得损害公共利益，无须考虑对特定权利人的影响，属于商标注册部门依职权主动审理的范围。绝对理由又分为禁止注册条款和禁止使用条款，其中《商标法》第 10 条的情形归为禁止使用条款，即不得使用且禁止注册；《商标法》第 11 条的情形归为禁止注册条款，该条款存在例外情形，商标通过大量使用并能够起到区分商品或服务来源的可以获准注册。商标近似性检索的前期排查是商标申请必要的前置程序，尤其是首次申请和申请核心商标时更应引起重视。

商标近似检索前需要排除的情况包括：《商标法》第 4 条规定的不以使用为目的的恶意商标注册申请；第 10 条规定的不得作为商标使用的标志；第 11 条规定的缺乏显著特征不得作为商标注册的标志；第 12 条规定的具有功能性不得注册的三维标志；第 19 条第 4 款规定的商标代理机构不得申请注册其代理服务以外的商标；第 44 条规定的以欺骗手段或者其他不正当手段取得注册的商标的情形。

四、商标注册的绝对条件检索

《商标法》第 10 条列举了不得作为商标使用的标志，目的是禁止损害或可能损害国家尊严、社会公共利益、社会公共秩序、民族团结、宗教信仰等的标志或者违反社会良善风俗、具有其他不良影响的标志获准注册和使用。

---

❶ 王莲峰．商标法学［M］．北京：北京大学出版社，2020.

（一）同中华人民共和国的国家名称、国旗、国徽、国歌、军旗、军徽、军歌、勋章等相同或者近似的，以及同中央国家机关的名称、标志、所在地特定地点的名称或者标志性建筑物的名称、图形相同的

上述条款的名称包括：中文、外文和拼音的全称、简称、缩写。此处的“近似”，不仅是文字或部分图案近似，如果整体视觉效果上构成近似可能导致误认的亦应判断为近似。该条涉及国家、政府等的形象和尊严，应给予更加严苛的判断标准。同时，对于含有中华人民共和国的国家名称等，但整体上并不相同或者不相近似的标志，如果该标志作为商标注册可能损害国家尊严的，可以判断属于《商标法》第10条第1款第（8）项规定的情形。

（二）同外国的国家名称、国旗、国徽、军旗等相同或者近似的

标志与外国的国家名称相同的，判断为与外国的国家名称相同，标志与外国的国家名称近似或者含有与外国的国家名称相同或者近似的文字的，判断为与外国的国家名称近似。

标志与外国国旗、国徽、军旗的名称或者图案相同或者近似，足以使公众将其与外国国旗、国徽、军旗相联系的，判断为与外国国旗、国徽、军旗相同或者近似，不得作为商标使用和注册。但是，经该国政府同意的，一般不适用该禁用规定，申请人必须提交经该国政府同意的书面证明文件，申请人就该商标在相同或类似商品、服务上，在该外国已经获得注册的，视为该外国政府同意。

（三）同政府间国际组织的名称、旗帜、徽记等相同或者近似的

标志足以使公众将其与政府间国际组织的名称、旗帜、徽记等相联系的，判断为与政府间国际组织的名称、旗帜、徽记相同或者近似，不得作为商标使用和注册。但是，经该政府间国际组织同意的，可不适用本禁用规定，申请人必须提交能够证明相关政府间国际组织同意的书面证明文件或者具有明确的其他含义或者特定的表现形式，不会误导公众的，可不适用本禁用规定。

（四）与表明实施控制、予以保证的官方标志、检验印记相同或者近似的

标志与表明实施控制、予以保证的官方标志、检验印记相同或者近似的，禁止作为商标注册和使用。标志足以使公众将其与表明实施控制、予以保证的官方标志、检验印记相联系的，判断为与该官方标志、检验印记相同或者近似。但是，经该官方机构授权的，可不适用本禁用规定，申请人必须提交能够证明已获得官方机构授权的书面证明文件或者具有明确的其他含义或者特定的表现形式，不会误导公众的，可不适用本禁用规定。

（五）同“红十字”“红新月”的名称、标志相同或者近似的

标志与“红十字”“红新月”“红水晶”的名称、图案在视觉上基本无差别的，判断为同“红十字”“红新月”“红水晶”的名称、标志相同。标志足以使公众将其误认为“红十字”“红新月”“红水晶”的名称、图案的，判断为同“红十字”“红新月”“红水晶”的名称、标志近似。但是，具有明确的其他含义或者特定的表现形式，不会误导公众的，可不适用本禁用规定。

（六）带有民族歧视性的

标志本身及其构成要素与民族名称相同或者近似，并丑化或者贬低特定民族的，判断为带有民族歧视性。

（七）带有欺骗性，容易使公众对商品的质量等特点或者产地产生误认的

1. 容易使公众对商品或服务的质量、品质、功能、用途、原料、内容、重量、数量、价格、工艺、技术等特点产生误认的

对使用在指定商品上直接表示商品质量特点或者具有欺骗性，甚至有损公平竞争的市场秩序，或者容易产生不良影响的，国家知识产权局审查亦会驳回。容易使公众对商品的种类、主要原料、成分等特点产生误认的，但是，标识、文字等所指示的含义或物品与商品无行业关联性的除外。

2. 容易使公众对商品或者服务的产地、来源产生误认的

（1）标志由地名构成或者包含地名，申请人并非来自该地，使用在指定商品上，容易使公众发生产地误认的属于《商标法》第10条第2款规定的不得作为商标使用的情形。

（2）标志文字构成与我国县级以上行政区划的地名或者公众知晓的外

国地名不同，但字形、读音近似足以使公众误认为该地名，从而发生商品产地误认的。

（3）标志由我国县级以上行政区划的地名之外的其他地名构成或者含有此类地名，使用在其指定的商品上，容易使公众发生商品产地误认的。

（4）标志包含国家名称，但申请人并非来自该国，使用在其指定的商品上，容易使公众发生商品产地误认的。

（5）标志包含企业名称，而该企业名称与申请人名义存在实质性差异的，容易导致公众误认的。此处，企业名称包括全称、简称、中文名称、英文名称以及名称的汉语拼音等，且以容易使公众将其作为指代企业主体身份的标识为判断要件。

（6）标志或者其构成要素与公众人物姓名、肖像等相同或者近似的，未经许可，容易导致公众对商品或者服务来源等产生误认的，一般适用本规定。姓名包括户籍登记中使用的姓名，也包括别名、笔名、艺名、雅号、绰号等。

（7）与具有一定知名度的教育院校、体育组织、环保组织、慈善组织等机构的名称、标志相同或者近似，未经该机构许可，容易导致公众对商品或者服务来源产生误认的。

（8）与重要赛事、重要展会、重大考古发现名称（含规范简称）、标志等相同或者近似的，未经主办方或主管单位授权，容易导致公众误认的。

（八）有害于社会主义道德风尚或者有其他不良影响的

1. 有害于社会主义道德风尚的

此处的"社会主义道德风尚"，是指我国人民共同生活及其行为的准则、规范以及在一定时期内社会上流行的良好风气和习惯，主要排除与社会主义核心价值观、正确的人身观价值观不符的用语、词汇等作为商标的情形。

2. 具有政治上不良影响的

（1）与我国党和国家领导人姓名相同或者近似的。

（2）与公众知晓的其他国家、地区或者政治性国际组织领导人姓名相同或者近似的。

（3）有损国家主权、尊严、形象或者危害国家安全、破坏国家统一的。

（4）与党的重要理论成就、科学论断、政治论述等相同、近似，或与国家战略、国家政策、党和国家重要会议等相同、近似，易使公众与之产生联想的。

（5）由具有政治意义的数字、事件、地点名称等构成的。

（6）与恐怖主义组织、邪教组织、黑社会组织或黑社会性质的组织名称或者其领导人物姓名相同或者近似的。

（7）其他具有政治不良影响的。

3. 对我国经济、文化、民族、宗教、社会易产生消极、负面影响，损害公共利益，扰乱公共秩序的

（1）与我国整体发展战略关系密切的国家级新区或国家级重点开发区域名称（含规范简称）等相同或者近似，有害于我国经济、社会公共利益的。

（2）与各国法定货币的图案、名称或者标记相同或者近似的。

（3）标志中含有不规范汉字或系对成语的不规范使用，容易误导公众特别是未成年人认知的。判断商标中的汉字是否规范时，对印刷体或普通手写体形式的汉字应当从严。自造字、缺笔画、多笔画或笔画错误的汉字，易使公众特别是未成年人对其书写产生错误认知的，一般应视为不规范汉字。但是，商标中的汉字系书法体或其笔画经图形化、艺术化设计，不易使公众特别是未成年人对其书写产生错误认知的，可不视为不规范汉字。

（4）有害于民族、种族尊严或者感情的。其判断应综合考虑该标志的构成及其指定商品服务。有些与民族或种族有关的文字图形等，其本身可能不会伤害民族、种族感情，如果使用在某些特定商品或者服务上，也可能产生伤害民族、种族感情的后果，应予驳回。但是，标志本身有明确的其他含义的，一般不适用该禁用规定。

（5）有害于宗教信仰、宗教感情或者民间信仰的。此处的“宗教”包括佛教、道教、伊斯兰教、基督教、天主教等，以及上述宗教的不同教派分支，民间信仰主要指妈祖等民间信仰。标识有下列情形的，判断

为有害于宗教信仰、宗教感情或者民间信仰：宗教或者民间信仰对象的名称、图形或者其组合；宗教活动地点、场所的名称、图形或者其组合；宗教的教派、经书、用语、仪式、习俗、专属用品，以及宗教人士的称谓、形象。

（6）与我国各党派、政府机构、社会团体等单位或者组织的名称、标志相同或者近似的。此处的党派包括中国共产党和被统称为民主党派的八个政党，即中国国民党革命委员会、中国民主同盟、中国民主建国会、中国民主促进会、中国农工民主党、中国致公党、九三学社、台湾民主自治同盟；此处的名称包括全称、简称、缩写等；此处的标志包括徽章、旗帜等。

（7）与我国党政机关、军队、警察等职务、职级、职衔名称相同的，易与上述特定主体产生联系，引起混淆或误导，损害公共利益、扰乱公共秩序的。此处的党政机关通常包括中国共产党机关、人大机关、民主党派机关、政协机关、行政机关、审判机关、检察机关等。行政机关的职务、职级，军队的行政职务、军衔等。但是，标志含有我国党政机关、军队、警察等职务、职级、职衔名称相同或者近似的文字，具有其他含义，不会与特定主体产生联系或混淆，不会误导公众的除外。

（8）与我国突发公共事件特有词汇相同或者近似，扰乱公共秩序的。此处突发事件是指突然发生，造成或者可能造成严重社会危害，需要采取应急处理措施予以应对的自然灾害、事故灾难、公共卫生事件和社会安全事件。

（9）与我国政治、经济、文化、社会发展关系密切的国家重大工程、重大科技项目等名称相同或者近似、由该申请人注册使用易对我国社会公共利益和公共秩序产生消极、负面影响的。

（10）与我国烈士姓名相同或者含有烈士姓名，容易使公众将其与烈士姓名产生联想的。对于与烈士姓名相同或者含有烈士姓名的标志，应当结合该标志的构成要素、指定的商品服务、申请人所在地域与该烈士的关联程度等因素，综合判断该标志的注册和使用是否可能损害烈士的名誉、荣誉或产生其他不良影响。

（11）与政治、经济、文化、民族、宗教等公众人物的姓名相同或者近似，足以对我国政治、经济、文化、民族、宗教等社会公共利益和公共秩序产生消极、负面影响的。上述姓名包括户籍登记中使用的姓名，也包括公众熟知的别名、笔名、艺名、雅号、绰号等。

（12）其他对我国经济、文化、民族、宗教、社会公共利益和公共秩序易产生不良影响的。

（九）含有地名的商标

1. 含有县级以上行政区划地名的商标

标志由县级以上行政区划的地名构成，或者含有县级以上行政区划的地名，通常不得作为商标。

2. 含有公众知晓的外国地名的商标

标志由公众知晓的外国地名构成，或者含有公众知晓的外国地名的，不得作为商标，但是，商标由公众知晓的外国地名和其他文字构成，整体具有其他含义且使用在其指定商品上不会使公众对商品产地产生误认的除外。

3. 商标所含地名与其他具备显著特征的要素相互独立，地名仅起到真实表示申请人所在地作用的除外；地名作为集体商标、证明商标组成部分的除外

4. “地市级以上行政区划地名 + 公共事业名称”的标志

标志由“地市级以上行政区划地名 + 公共事业名称”组成，申请人及申请标志同时具备以下条件的，可予以初步审定：（1）申请人主体应当依法登记，资产投入主体是国有资产管理部门的国有企业，提交商标注册申请应获得上级主管部门的授权。（2）标志名称应与申请人企业名称的简称一致，构成形式为“行政区划地名 + 公共事业名称”或者“行政区划地名 + 公共事业名称 + 其他要素”。（3）申请指定使用的商品或者服务对应的行业为关系国计民生的公共事业。（4）申请标志在实际中经过了长期的使用，与申请人主体在相关公众中形成了唯一对应关系。[1]

[1] 商标审查审理指南（2021）［M］. 北京：知识产权出版社，2022.

实务探讨

“湘西古方”商标驳回复审案

“湘西古方”商标（以下称申请商标）于2016年1月15日提出注册申请，指定使用在第5类“药茶”等商品上。经审查，以申请商标中“湘西”系我国县级以上行政区划名称，不得作为商标使用，违反了《商标法》第10条第2款的规定为由驳回申请商标注册申请。申请人不服上述驳回决定，依法提出驳回复审。

经审理认为，申请商标虽含有“湘西”二字，但与“古方”相结合整体已形成强于地名的其他含义，未构成《商标法》第10条第2款规定之情形。但申请商标易使消费者对商品的原料、配方产生误认，违反了《商标法》第10条第1款第（七）项的规定，遂向申请人发出审查意见书。申请人在规定期限内提交了书面意见，称“湘西古方”只是一种称呼和工艺，不会令消费者存在对原材料产生误认的情形，请求对申请商标予以初步审定。

湘西古方

决定结果指出，申请商标虽含有“湘西”二字，但与“古方”相结合整体已形成强于地名的其他含义，未构成《商标法》第10条第2款规定之情形。但申请商标整体作为商标指定使用在“药茶”等商品上，易使消费者对商品的原料、配方等特点产生误认，已构成《商标法》第10条第1款第（七）项所指之情形，故对申请商标在全部复审商品上的注册申请予以驳回。

实务探讨

“冰墩熊 TemperamentBear 及图”商标驳回复审案

“冰墩熊 Temperament Bear 及图”商标（以下称申请商标）于2019年10月30日提交注册申请，指定使用在第42类计算机软件设计等服务上。

商标局审查认为，该商标与某有限公司在类似服务项上已注册的第7060557号“童年网 TONG NIAN 及图”商标（以下称引证商标）近似，违反《商标法》第30条的规定。申请人对驳回决定不服申请复审。

商标局经审理认为，申请商标与北京2022年冬奥会吉祥物“冰墩墩”近似，作为商标注册使用，易造成不良社会影响，违反《商标法》第10条第1款第（八）项的规定。申请人在规定期限内提交了意见，请求初步审定申请商标的注册申请。

经复审认为，申请商标与引证商标在呼叫、图形设计细节、整体外观等方面尚可区分，未构成使用在同一种或者类似服务上的近似商标。申请商标与北京2022年冬奥会吉祥物“冰墩墩”近似，作为商标注册使用，易造成不良社会影响，申请商标的注册申请违反《商标法》第10条第1款第（八）项的规定。

《商标法》第10条第1款第（八）项规定，有害于社会主义道德风尚或者有其他不良影响的标志不得作为商标使用。“社会主义道德风尚”是指我国人民共同生活及其行为的准则、规范以及在一定时期内社会上流行的良好风气和习惯，“其他不良影响”是指商标的文字、图形或者其他构成要素对我国政治、经济、文化、宗教、民族等社会公共利益和公共秩序产生消极的、负面的影响。

“冰墩墩”是北京2022年冬季奥运会吉祥物，于2019年9月17日正式亮相。2019年9月16日，北京2022年冬奥会和冬残奥会组委会将“冰墩墩”“BING DWEN DWEN”“冰墩墩三维标志”作为商标申请注册。“冰墩墩”的专有权归属北京冬奥组委。本案申请商标申请日期为2019年10月30日，晚于“冰墩墩”形象发布时间。

商标局认为，争议商标与北京2022年冬奥会吉祥物“冰墩墩”图形原型均为熊猫，呼叫相近，其作为商标注册使用，易造成不良社会影响，申请商标的注册申请违反《商标法》第10条第1款第（八）项的规定，该案被国家知识产权局收录为2021年度商标异议和评审典型案例。

五、商标缺乏显著特征检索

（一）仅有本商品的通用名称、图形、型号

“本商品”是指商标注册申请指定的具体商品或者服务。“通用名称、图形、型号”是指国家标准、行业标准规定的或者约定俗成的名称、图形、型号，其中包括全称、简称、缩写、俗称，经注册登记的植物新品种也为通用名称。判断是否属于本商品或者服务的通用名称、图形、型号有两个途径：第一，依照法律规定或者国家标准、行业标准；第二，在相关公众的认知中是否已约定俗成或已普遍使用。一般以全国范围内相关公众的通常认识为判断标准。对于历史传统、风土人情、地理环境等原因形成的相关市场较为固定的商品或者服务，在相关市场内通用的称谓、图形、型号，也可以判断为通用名称、图形、型号。

“仅”是指申请注册的商标中除本商品或者服务的通用名称、图形、型号以外并无其他构成要素。

商品或者服务的通用名称、图形、型号因其在行业内或公众中被广泛使用，显然不具有区别不同生产者和经营者的商品或者服务的功能，不具备显著特征。此类标志应由本行业的生产者或经营者在其生产或经营活动中共同使用，而不应由某个生产者或经营者独占使用，允许此类标志作为商标注册，容易引起争议，从而扰乱公平竞争的市场秩序，故应予禁止注册。需要注意的是，本项强调“仅有本商品的通用名称、图形、型号”的标志不得作为商标注册，如果标志的设计不是“仅有本商品的通用名称、图形、型号”，而是与其他具有显著特征的要素组合在一起，则不能直接判断该标志缺乏显著性，其整体是否具备显著特征需综合判断。

（二）仅直接表示商品的质量、主要原料、功能、用途、重量、数量及其他特点的

“仅直接表示”是指申请商标仅由对指定商品或者服务的质量、主要原料、功能、用途、重量、数量及其他特点，具有直接说明性和描述性的标志构成，或者商标虽然包含其他构成要素，但整体上亦构成仅直接表示的情形。判断“仅直接表示”必须结合商标指定的商品或者服务、相关公众的认知习惯等因素，不能机械地以其包含直接说明性和描述性要素进行判断，商

标整体上是对指定的商品或者服务特点的描述的，才会被禁止注册。

“质量”是指商品或者服务的优劣程度等。“主要原料”是指商品的主要成分或主要加工、半加工的材料。“功能”“用途”是指商品或者服务所发挥的作用等。“重量”是指商品或者服务的轻重，一般以重量单位来表示。“数量”表示商品或者服务的多少。“其他特点”是指对商品或者服务的价格、尺码、风味、使用方法、内容、生产工艺、技术特点、销售场所等的说明或描述。

直接表示商品或者服务的质量、主要原料、功能、用途、重量、数量及其他特点的标志通常无法将商品或者服务来源区别开来，故缺乏商标显著特征。而且，此类标志系有关行业的生产者和经营者经常用来描述其商品或者服务，应由本行业公用，不宜被某一家独占使用，允许此类标志作为商标注册，容易引起争议，从而扰乱公平竞争的市场秩序，故应予禁止注册。

如果一件标志的设计不是仅含上述“仅直接表示商品的质量、主要原料、功能、用途、重量、数量及其他特点的”部分，而是与其他具有显著特征的要素组合在一起，则不能直接判断该标志缺乏显著性，其整体是否具备显著特征需综合判断。

（三）其他缺乏显著特征的

其他缺乏显著特征的标志，是指前述两项规定以外的、依照社会通常观念，作为商标使用在指定商品或者服务上通常难以起到区分商品或服务来源的作用，不具备商标的显著特征的标志。

（四）经过使用取得显著特征的商标

前款所列标志经过使用取得显著特征，并便于识别的，可以作为商标注册。如《商标法》第 11 条第 1 款所指的标志经使用已成为相关公众识别该使用人提供的商品或者服务的标志的，应当依据《商标法》第 11 条第 2 款的规定，判断其可以作为商标注册。

依照《商标法》第 11 条第 2 款的规定，判断某个标志是否经过使用取得显著特征，应当综合考虑下列因素：（1）相关公众对该标志的认知情况；（2）该标志在指定商品或者服务上实际使用的时间、使用方式、同行业使用情况；（3）使用该标志的商品或者服务的销售量、营业额及市场占有率；（4）使用该标志的商品或者服务的广告宣传情况及覆盖范围；（5）使该标志取得显著特征的其他因素。

判定某个标志是否属于经使用取得显著特征的标志，应以相关公众的认知为准。如当事人主张该标志经使用取得显著特征，应当提交相应的证据材料加以证明。用以证明该标志使用情况的证据材料，应当能够显示所使用的商标标志、商品或者服务、使用日期及该标志的使用人。该标志的使用包括商标注册申请人及商标被许可使用人的使用。

申请注册经使用取得显著特征的标志，应当与实际使用的标志基本一致，不得改变该标志的显著特征；且应当限定在实际使用的商品或者服务上。如在该标志与其他标志共同使用的情况下，应将该标志与其他标志的显著特征加以区别，对该标志本身是否经使用具有显著特征做出判断。

判定某个标志是否属于经使用取得显著特征，在驳回复审案件，不予注册复审案件中，应当以审理时的事实状态为准；无效宣告案件原则上以系争商标申请注册时的事实状态为准，以审理时的事实状态作为参考。

实务探讨

“轻轻松上上课”商标驳回复审案

“轻轻松上上课”商标（以下称申请商标）由某公司于2017年9月5日提出注册申请，指定使用在第41类“视频制作；关于培训、科学、公共法律和社会事务的文件出版；教育”等服务上。后以申请商标使用在指定服务项目上，缺乏显著性，不得作为商标注册，违反了《商标法》第11条第1款第（三）项为由驳回其注册申请。2018年6月19日，申请人不服上述驳回决定，依法提出复审。

轻轻松上上课

经审理认为，申请商标“轻轻松上上课”不易使相关公众将其作为区分服务来源的标识加以识别，缺乏商标应有的显著特征，已构成《商标法》第11条第1款第（三）项规定之情形，故对申请商标在复审服务上的注册申请予以驳回。

六、商品和服务类似查询

《商标法》第30条和第31条，商标注册异议理由核心在于如何判断相同/近似商标、相同/类似商品服务。相同商品是指名称相同的商品，或者名称不同但在功能、用途、主要原料、生产部门、销售渠道、消费对象等方面相同或者基本相同，相关公众一般认为是同一事物的商品。相同服务是指名称相同的服务，或者名称不同但在服务的目的、内容、方式、对象、场所等方面相同或者基本相同，相关公众一般认为是同一方式的服务。类似商品是指在功能、用途、主要原料、生产部门、销售渠道、消费对象等方面基本相同或者有密切联系的商品。类似服务是指在服务的目的、内容、方式、对象、场所等方面基本相同或者有密切联系的服务。

相同或者类似商品或者服务的判断，以《商标注册用商品和服务国际分类》《类似商品和服务区分表》作为参考。对于《类似商品和服务区分表》未涵盖的商品，应当基于相关公众的一般认知力，综合考虑商品的功能、用途、主要原料、生产部门、消费对象、销售渠道等因素判断是否构成同一种或者类似商品。对于《类似商品和服务区分表》未涵盖的服务，应当基于相关公众的一般认知力，综合考虑服务的目的、内容、方式、对象、场所等因素判断是否构成同一种或者类似服务。

（一）商品和服务国际分类检索

国际分类是指世界知识产权组织提供的《类似商品和服务区分表》——基于尼斯分类文本，将商品和服务分为45个类别，第1－34类为商品，第35－45类为服务。《类似商品和服务区分表》采用层次代码结构，第一层是商品和服务类别，用中文第一类、第二类……表示，共45个类别，第二层是商品和服务类似群，代码采用四位数字，前两位数字表示商品和服务类别，后两位表示类似群号，如“0304”表示第三类商品的第4类似群；第三层是商品和服务项目，代码采用六位数字，前两位表示商品和服务类别，后四位数字为商品或服务项目编码，如120092表示第12类第92号商品。[1]

[1] 类似商品和服务区分表［S］. 北京：知识产权出版社，2021.

1. 商品分类原则

（1）商品为制成品，原则上按功能或用途进行分类；

（2）商品为多功能的组合制成品，应依据主要功能或用途进行分类；

（3）商品为原料、未加工品或半成品，原则上按其组成的原材料进行分类；

（4）商品按其组成的原材料分类时，如果是由几种不同原材料制成，原则上按其主要原材料进行分类；

（5）商品是构成其他产品的一部分，且该商品在正常情况下不能用于其他用途，则该商品原则上与其所构成的产品分在同一类；

（6）用于盛放商品的专用容器，原则上与该商品分在同一类。

2. 服务分类原则

比照《类似商品和服务区分表》所列标准名称，依据服务所属的行业，并结合服务的目的、内容、方式、对象等因素进行综合判断。

其中，出租服务、咨询服务、特许经营服务可依据以下原则分类：

（1）出租服务，原则上与通过出租物所实现的服务分在同一类别；

（2）提供建议、信息或咨询服务，原则上与提供服务所涉及的事物归于同一类别；

（3）特许经营服务，原则上与特许人所提供的服务分在同一类别。

（二）类似群检索方法

类似商品指商品在功能、用途、所用原料、销售渠道、消费对象等方面具有一定的共同性。类似服务指服务的目的、内容、方式、对象等方面具有一定的共同性，如果使用相同、近似的商标，易使相关公众认为其存在特定联系，使消费者误认为是同一企业提供的服务。

当然，《类似商品和服务区分表》的类似商品和服务，是商标主管部门为了商标检索、审查、管理工作的需要，总结多年来的实践工作经验，并广泛征求各部门的意见，把某些存在特定联系、容易造成误认的商品或服务组合到一起编制而成的。但《类似商品和服务区分表》不可能穷尽所有的类似商品和服务项目。

类似群内的商品和服务项目原则上是类似商品和服务。若该类似群内的商品和服务项目并不全部判定为类似，则按照类似关系将商品和服务项目分为若干部分，用中文（一）（二），同一部分的商品和服务项目原则上判为类似，不同部分间的商品和服务项目原则上不判为类似。对于某些特殊情况，该类似群后面用加“注”的形式详细说明，类似的商品和服务之间交叉检索。

类似群由四位阿拉伯数字表示，其体现的是大类下的群组。在检索查询过程中，此项并非必须填写的项目，该项若不填写会在整个大类的所有群组中进行数据匹配。填写上类似群号后会在具体填写的类似群中进行数据匹配，类似群号填写最多不超过 5 项。

对于移类项目，如果交叉检索，则在移入的类别进行加注说明。为保持类似群号的连续性，《类似商品和服务区分表》保留商品或服务项目已经全部移除的无效类似群，在类似群号前用“#”标注以示区别。

（三）类似商品或服务的检索

商品或服务国际分类参照世界知识产权组织提供的《商标注册用商品和服务国际分类》。国家知识产权局在此基础上根据中国的实际情况及实践工作经验制定《类似商品和服务区分表》。《类似商品和服务区分表》中的类似商品和服务，是商标主管部门为了商标检索、审查、管理工作的需要，总结多年来的实践工作经验，并广泛征求各部门的意见，把某些特定联系、容易造成误认的商品或服务组合到一起编制而成的。

《类似商品和服务区分表》不能穷尽所有的类似商品和服务项目，每隔一段时间进行修订，目前使用的是基于尼斯分类第十二版（2023 文本）。《类似商品和服务区分表》可以作为商标审查人员、商标代理人员、商标注册申请人、教学科研人员判断类似商品或服务的参考，也可以作为行政机关和司法机关在处理案件时作为判断类似商品或者服务的参考，但是并非唯一标准。判断商品和服务是否类似，应该根据相关公众对商品或服务的一般认识判断，在实践中还需要结合实际案件和情况进行综合判断。

七、商标相同、近似检索

商标近似性检索查询属于商标检索类别的基础查询，该查询功能不仅是商标申请前的近似性比对判断依据，也是商标管理监控的重要数据来源。近似检索查询的数据为基础数据，该部分数据的有效性及价值需要具备一定的经验基础，才能将大量的商标数据转化为我们需要参考的在先权利基础、商标注册成功的可能性等有价值的数据。

商标相同是指商标在视觉效果上或者声音商标在听觉感知上完全相同或者基本无差别。所谓基本无差别，是指商标虽有个别次要部分不完全相同，但主要部分完全相同或者在整体上几乎没有差别，在一般注意力下相关公众或者普通消费者很难在视觉或听觉上将两者区分开来。商标近似是指文字、图形、字母、数字、三维标志、颜色组合和声音等商标的构成要素在发音、视觉、含义或排列顺序等方面虽有一定区别，但整体差异不大。文字商标的近似应主要考虑“形、音、义”三个方面，图形商标应主要考虑构图、外观及着色；组合商标既要考虑整体表现形式，还要考虑显著部分。

（一）判断原则和方法

判断商标相同或者近似时，首先应判断指定使用的商品或者服务是否属于同一种或者类似商品（服务）；其次应从商标本身的“形、音、义”和整体表现形式等方面，以相关公众的一般注意力和认知力为标准，采用隔离观察、整体比对和主要部分比对的方法，判断商标标志本身是否相同或者近似。同时考虑商标本身的显著性、在先商标知名度等因素判断是否易使相关公众对商品或者服务的来源产生混淆。

1. 隔离观察、整体比对和主要部分比对方法

隔离观察指的是进行商标近似判断时，应当在比对对象隔离的状态下分别进行。但判断商标时比对只能是直接的、非隔离的，因此，隔离观察在判断中要求的是应当尽可能以消费者选购商品的真实场景判断两商标是否会引起混淆。整体比对是基础，但同时需考虑商标的主要部分或显著识别部分，如果两商标的主要部分或显著识别部分相同或者近似，也容易导致相关公众混淆。

2. 相关考虑因素

商标标志的近似程度是影响混淆可能性的最根本因素和基础事实。在商标近似排除中，判断相同、近似主要考虑商标标志本身的近似程度。在其他程序中，则在判断商标标志相同、近似的基础上，还应考虑以下因素，综合判断商标使用在同一种或类似商品或者服务上是否易使相关公众

对商品或者服务的来源产生混淆。

三维标志商标、颜色组合商标、声音商标、集体商标、证明商标相同、近似的判断，适用其他相应部分的规定。

（1）在先商标的显著性。判断是否易导致来源混淆，应考虑在先商标的显著性。商标显著性的强弱与相关公众是否产生混淆有着密切的联系。商标的显著性越强，其作为商标的识别功能就越强。在先显著性强的商标，即使标志发生变化，也可能导致相关公众混淆。

（2）在先商标的知名度。判断是否易导致来源混淆，应考虑在先商标的知名度。具有知名度的商标，经使用已与商品或者服务的来源产生较密切的联系。当在后申请商标完整包含他人在先具有较高知名度的商标时，有可能导致相关公众认为属于同一来源或存在关联。

（3）相关公众的注意程度。判断是否易导致来源混淆，应考虑相关公众购买商品或者服务的注意程度。商品或者服务的价格、商品的购买渠道或服务的提供方式等，都会影响相关公众的注意力，对于普通日用品，相关公众的注意力较低，对不同商标的差异辨识度较弱。但对于价值比较高的产品，相关公众施以的注意力相对更高。

（4）商标申请人的主观意图。判断是否易导致来源混淆，应考虑商标申请人的主观意图，商标申请人有明显的恶意，在其他因素相同时，则更有可能造成相关公众混淆。

（5）其他相关因素。除上述因素外，仍存在其他可能导致来源混淆的情况，如商标申请人所处地域、商标的使用方式、商标申请人与引证商标权利人是否属于同行业等。

（二）商标相同的检索

1. 文字商标

文字商标相同，是指商标使用的语种相同，且文字构成、排列顺序完全相同。因字体、字母大小写或者文字排列方式有横排与竖排之分使两商标存在细微差别，或者仅改变汉字、字母、数字等之间的间距、颜色，仍判断为相同商标。

2. 图形商标

图形商标相同，是指商标图形在视觉上基本无差别，易使相关公众对商品或者服务的来源产生混淆误认。因图形的大小、颠倒等表现形式的差别，不影响相同商标的判断。

3. 组合商标

组合商标相同，是指商标的文字构成、图形外观及其排列组合方式基本相同，使商标在呼叫和整体视觉上基本无差别，易使相关公众对商品或者服务的来源产生混淆。因字体、字母大小写、繁简体、文字比例、文字排列、图形的大小、颠倒等方式存在细微差别的，不影响相同商标的判断。

（三）商标近似的检索

1. 文字商标

（1）中文商标的汉字构成相同，仅字体或设计、注音、排列顺序不同，易使相关公众对商品或者服务的来源产生混淆的，判断为近似商标。

（2）中文商标的显著识别部分汉字构成相同，仅排列顺序不同，易使相关公众对商品或者服务的来源产生混淆的，判断为近似商标。

（3）商标文字由字、词重叠而成，易使相关公众对商品或者服务的来源产生混淆的，判断为近似商标。

（4）商标文字或显著识别部分文字读音相同或者近似，且字形或者整体外观近似，易使相关公众对商品或者服务的来源产生混淆的，判断为近似商标。

（5）商标文字构成、读音不同，但商标字形近似，易使相关公众对商品或者服务的来源产生混淆的，判断为近似商标。

（6）商标文字构成或者读音不同，但含义相同或者近似，易使相关公众对商品或者服务的来源产生混淆的，判断为近似商标。

（7）中文商标由三个或者三个以上汉字构成，仅个别汉字不同，整体无含义或者含义无明显区别，易使相关公众对商品或者服务的来源产生混淆的，判断为近似商标。

（8）商标由一个至两个外文字母或者数字构成，仅字体或设计不同，商标整体外观近似，易使相关公众对商品或者服务的来源产生混淆的，判断为近似商标。

（9）外文商标由三个或者三个以上字母构成，仅个别字母不同，整体无含义或者含义无明显区别，易使相关公众对商品或者服务的来源产生混淆的，判断为近似商标。

（10）商标由两个外文单词构成，仅单词顺序不同，含义无明显区别，易使相关公众对商品或者服务的来源产生混淆的，判断为近似商标。

（11）商标文字仅在形式上发生单复数、动名词、缩写、比较级或最高级、词性、添加冠词、添加连词、添加介词等变化，但表达含义基本相同，易使相关公众对商品或者服务的来源产生混淆的，判断为近似商标。

（12）商标仅由他人在先商标的显著识别部分及本商品或者服务的通用名称、型号或者直接表示商品或者服务的质量、主要原料、功能、用途、重量、数量及其他特点的文字组成，易使相关公众对商品或者服务的来源产生混淆的，判断为近似商标。

（13）商标仅由他人在先商标的显著识别部分及某些表示商品生产、销售或使用场所的文字组成，易使相关公众对商品或者服务的来源产生混淆的，判断为近似商标。

（14）两商标存在起修饰作用的形容词或者副词、名词以及其他在商标中显著性较弱的文字的区别，所表述的含义基本相同或者相近，易使相关公众对商品或者服务的来源产生混淆的，判断为近似商标。

（15）两商标或者其中之一由两个或者两个以上相对独立的部分构成，其中显著部分近似，易使相关公众对商品或者服务的来源产生混淆的，判断为近似商标。

（16）商标完整地包含或者摹仿他人在先具有较高知名度或者显著性较强的文字商标，易使相关公众认为属于系列商标而对商品或者服务的来源产生混淆的，判断为近似商标。

（17）商标包含汉字及其对应拼音，与含单独相同拼音的商标，易使相关公众对商品或者服务的来源产生混淆的，判断为近似商标。

2. 图形商标

（1）商标图形的构图和整体外观近似，易使相关公众对商品或者服务的来源产生混淆的，判断为近似商标。图形近似主要从构图要素、整体视觉效果、整体外观等方面进行判断，图形近似性判断主观性比较强，一般需要整体比对结合隔离比对法同时进行。

（2）商标完整地包含他人在先具较高知名度或者显著性较强的图形商标，易使相关公众认为属于系列商标而对商品或者服务的来源产生混淆的，判断为近似商标。图形包含的形式可以是商标主要构成要素、主要组成部分、主要识别部分等可能造成相关公众误认的情形。

3. 组合商标

（1）商标汉字部分相同或近似，易使相关公众对商品或者服务的来源产生混淆的，判断为近似商标。

（2）商标外文、数字部分相同或近似，易使相关公众对商品或者服务的来源产生混淆的，判断为近似商标。

（3）商标的中文与其他不同语种文字的主要含义相同或基本相同，易使相关公众对商品或者服务的来源产生混淆的，判断为近似商标。

（4）商标图形部分相同或者近似，易使相关公众对商品或者服务的来源产生混淆的，判断为近似商标。

（5）商标文字、图形不同，但排列组合方式或者整体描述的事物基本相同，使商标整体外观或者含义近似，易使相关公众对商品或者服务的来源产生混淆的，判断为近似商标。

4. 普通商标与集体商标、证明商标相同、近似的检索

普通商标与集体商标、证明商标相同、近似的判断适用文字商标、图形商标判断方法。需要指出的是，同一申请人不能在相同或者类似商品或者服务上注册两种不同类型的相同或者近似商标。因为集体商标、证明商标与普通商标在功能作用、使用方式、使用条件、注册人和使用人的权利、义务等方面均有所不同，在相同或者类似商品或者服务上同时注册两种不同类型的商标，仍易引起公众对商品或者服务的来源及其品质等方面的误认，应予以驳回。

5. 三维标志、声音商标、颜色商标相同、近似检索

（1）三维标志商标与平面商标相同、近似的检索。

仅由三维形状构成的三维标志商标，与他人在先的平面商标在整体视觉效果上相同或者近似，易使相关公众对商品或者服务的来源产生混淆的，判断为相同或者近似商标。

由三维形状和其他平面要素组合而成的三维标志商标，若其具有显著

特征的三维形状部分与他人在先的平面商标在整体视觉效果上相同或者近似，或者其具有显著特征的平面要素部分与他人在先的平面商标相同或者近似，易使相关公众对商品或者服务的来源产生混淆的，均判断为相同或者近似商标。

（2）声音商标的相同、近似检索。

①声音商标之间相同、近似检索。两声音商标的听觉感知或整体音乐形象相同或者近似，易使相关公众对商品或者服务来源产生混淆误认，或者认为二者之间存在特定联系的，判断为相同或者近似商标。

②声音商标与其他类型商标相同、近似检索。声音商标中语音对应的文字或其他要素，与可视性商标中含有的文字或其他要素读音相同或者近似，易使相关公众对商品或者服务来源产生混淆误认，或者认为二者之间存在特定联系的，判为相同或者近似商标。

（3）颜色商标相同、近似的检索。

颜色组合商标相同近似的判断，应以其申请注册的颜色组合要素，及其《商标注册申请书》中说明的具体使用方式为依据。判断时需要对颜色组合要素进行检索，在判断是否相同、近似时，应当结合颜色组合商标的使用方式，主要从整体视觉效果上进行判断。

①颜色组合商标之间相同、近似的检索。构成颜色组合商标的颜色及其排列组合的方式相同或者近似，且在商业活动中的具体使用方式无明显差别，整体视觉效果区别不明显，易使相关公众对商品或者服务的来源产生误认的，判断为相同或者近似商标。但是，排列组合方式不同，或在商业活动中的具体使用方式不同，整体视觉效果差别较大，不易使相关公众对商品或者服务的来源产生误认的，不判定为相同或者近似商标。

②颜色组合商标与其他类型商标之间相同、近似的检索。一般情况下，根据申请人提供的商标说明，颜色组合商标的颜色排列组合方式及其在商业活动中的具体使用方式使其整体视觉效果与其他类型商标的整体视觉效果差别较大，不易使相关公众对商品或者服务的来源产生误认的，不判断为相同或者近似商标；特定情况下，颜色组合商标与其他类型商标相同或者近似，是指构成颜色组合商标的颜色与其他类型商标所指定的颜色

相同或者近似，且以申请人说明的使用方式使用所呈现的整体视觉效果与其他类型商标的整体视觉效果基本无差别或差别不大，易使相关公众对商品或者服务的来源产生误认的，判断为相同或者近似商标。[1]

八、国家知识产权局商标局检索应用

国家知识产权局检索查询类型主要包括两种，即自动查询和选择查询。自动查询系按照系统默认规则进行近似检索，选择查询系按照用户填写查询规则进行近似检索。区分不同的关键词检索方式，接下来以“汉字”“拼音”“英文”“数字”“字头”“图形”进行检索查询。

（一）汉字

在查询方式项下选择“汉字”可对包含汉字要素的商标进行检索查询，在商标名称栏可以输入1～20个字符的汉字进行检索查询。在汉字查询方式项下采用选择查询的类型将会有完全相同、部分相同、任意位置加汉字、变汉字、减汉字、含在其他商标中、内含其他商标、换序、逆序、读音相同10个选项可以勾选，勾选不同的选项会就相应的规则进行数据匹配。汉字查询方式下的自动查询通常会勾选除含在其他商标中、读音相同两项以外的其余选项进行数据匹配。

（二）拼音

商标行政主管机关在对汉字商标录入数据库时，会对汉字商标同时录入汉语拼音要素。选择拼音查询方式通常是通过汉语拼音检索查询出汉字商标，该查询方式在商标名称栏可以输入1～20个字符的大写字母进行检索查询，且每个汉字的拼音之间要用空格分开，如“QING DAO PI JIU”。在拼音查询方式下自动查询类型与选择查询类型效果相同，只有一个拼音商标相同选项。

（三）英文

在查询方式项下选择“英文”可对包含英文字母要素的商标进行检索查询，在商标名称栏可以输入3～26个字符的英文字母进行检索查询。在英文查询方式项下采用选择查询的类型将会有完全相同、部分相同、任意

---

[1] 商标审查审理指南（2021）［M］. 北京：知识产权出版社，2022.

位置加字母、变字母、减字母、含在其他商标中、内含其他商标、换序、逆序、百分之二十相似、读音相同11个选项可以勾选，勾选不同的选项会就相应的规则进行数据匹配。英文查询方式下的自动查询通常会勾选除任意位置加字母、读音相同、含在其他商标中、百分之二十相似4项以外的其余选项进行数据匹配。

（四）数字

在查询方式项下选择“数字”可对包含数字要素的商标进行检索查询，在商标名称栏可以输入1～20个字符的数字进行检索查询。在数字查询方式项下采用选择查询的类型将会有完全相同、部分相同、变任一个数字、换序、含在其他商标中、内含其他商标6个选项可以勾选，勾选不同的选项会就相应的规则进行数据匹配。数字查询方式下的自动查询通常会勾选除含在其他商标中、部分相同、内含其他商标3项以外的其余选项进行数据匹配。

（五）字头

字头是由一个或者两个英文字母构成的商标要素。在查询方式项下选择“字头”可对包含字头要素的商标进行检索查询，在商标名称栏可以输入一个或者两个英文字母进行检索查询，基本不区分字母大小写，输入大写或者小写字母的查询结果基本相同。在字头查询方式项下采用选择查询的类型将会有换序相同、完全相同两个选项可以勾选，勾选不同的选项会就相应的规则进行数据匹配。字头查询方式下的自动查询通常会同时勾选上述换序相同、完全相同两个选项进行数据匹配。

（六）图形

在查询方式项下选择“图形”可对包含图形要素的商标进行检索查询，在图形编码栏可以选择不超过5项图形编码进行检索查询（见图4－18）。图形要素编码有29项大分类，包括“1 天体，自然现象，地图”“2 人类”“3 动物”“26 几何图形和立体”“27 书写体，数字”“28 各种文字”“29 颜色”等。每项图形要素大分类下又分为若干层子项，如“2 人类”项下包含“2.1 男人”“2.3 女人”等，“2.1 男人”项下又包含“2.1.1 男人头，男人半身像”“2.1.3 宗教人物、穿法衣或袍褂的男人”“圣诞老人”等（见图4－19、图4－20）。实务操作时根据实际商标标志直接勾选相应文字表述栏后会直接在图形编码栏生成对应的数字图形要素编码。在图形查询方式项下采用选择查询的类型将会有包含任意编码检索（并集）、包含全部编码检索（交集）两个选项可以点选，二者只能点选其一，点选不同的选项会就相应的规则进行数据匹配。图形查询方式下的自动查询通常会点选包含任意编码检索（并集）选项进行数据匹配。当图形编码栏只有一项图形要素编码时，点选包含任意编码检索（并集）、包含全部编码检索（交集）二者其一时检索查询结果相同；当图形编码栏有两项或以上多项（最多5项）图形要素编码时，点选包含任意编码检索（并集）时得到的查询结果是只要匹配到符合某一项图形要素编码的图形全部体现在查询结果中，而点选包含全部编码检索（交集）时只会在查询结果中体现出全部符合图形要素编码的图形标志。如在图形编码栏选择了“1.3.1 朝阳或夕阳”“3.1.1 狮”两项图形要素编码，点选包含任意编码检索（并集）时得到的查询结果是只要包含狮或者朝阳或夕阳其一的图形要素的商标全部体现在查询结果中，此时若点选包含全部编码检索（交集）得到的查询结果只会显示同时包含狮和朝阳或夕阳两项要素的商标，点选不同的选项得到的查询结果数量通常会较大。

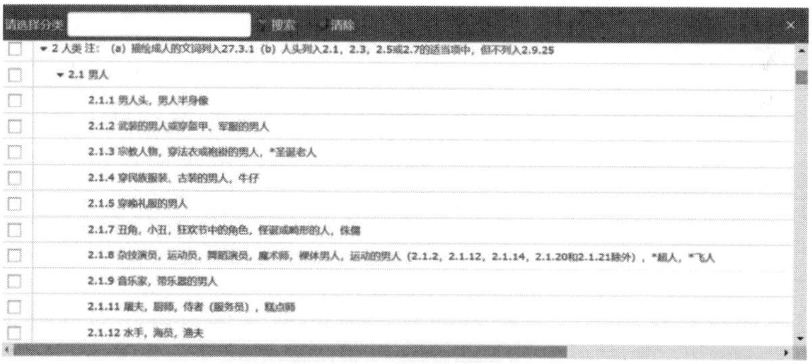

图 4-18　图形要素分类勾选界面

1.3.1

3.1.1

2.1.2

图 4－19　单要素图形商标

1.3.1；3.1.1

1.15.11；2.7.19；4.5.3；5.1.1；6.1.2

1.1.1；3.13.1；5.11.1；6.3.11；26.4.12；A6.3.14

图 4－20　多要素图形商标

实务探讨

“YBF GOLD LE AF BUFORD 及图”商标驳回复审案

“YBF GOLD LE AF BUFORD 及图”（以下称申请商标）由某公司于 2020 年 5 月 29 日提出注册申请，指定使用在第 35 类商品 3501－3503；3506；3509 群组的：广告；特许经营的商业管理；进出口代理；药品零售或批发服务；替他人推销；商业企业迁移的管理服务；复印服务。国家知识产权局于 2020 年 12 月 30 日作出《商标部分驳回通知书》决定：(1) 初步审定在第 35 类“职业介绍，会计，自动售货机出租”上使用诉争商标的注册申请，予以公告。(2) 驳回在第 35 类“广告，特许经营的商业管理，进出口代理，药品零售或批发服务，替他人推销，商业企业迁移的管理服务，复印服务”上使用诉争商标的注册申请。

商标局认为，诉争商标指定使用的广告、药品零售或批发服务等全部复审服务与引证商标核定使用的广告、药用制剂零售或批发服务等服务属于同一种或类似服务。诉争商标英文部分与引证商标文字构成相同或相近，诉争商标与各引证商标已构成近似标识，若共存于上述同一种或类似服务上易使相关公众对服务来源产生混淆误认。因此，诉争商标在复审服务上与引证商标已构成《商标法》第30条、第31条所指使用在同一种或类似服务上的近似商标。该公司提交的证据不足以证明诉争商标经使用具有知名度并且足以与各引证商标相区分。依照《商标法》第30条、第31条和第34条的规定，决定诉争商标在复审服务上的注册申请予以驳回。

九、国际商标注册检索

国际商标注册通常是指国内申请人到中国以外的国家或地区申请注册商标。国际商标注册一般有三种形式：单一国家申请注册、区域联盟申请注册以及马德里商标国际注册。单一国家申请注册，即依照各国法律单独向某一国家或地区商标主管机构提出商标注册申请；区域联盟申请注册，即向某一区域联盟共同的商标主管机构提出商标注册申请，其效力能够覆盖区域内的各个成员方，目前国际上主要的区域联盟商标主管机构有欧盟知识产权局、非洲知识产权组织等；马德里商标国际注册，即根据《商标国际注册马德里协定》或《商标国际注册马德里协定有关议定书》的规定，在马德里联盟成员方间所进行的商标注册，马德里联盟是指由马德里协定和马德里议定书所适用的国家或政府间组织所组成的商标国际注册特别联盟。相对于单一国家申请注册等形式，马德里商标国际注册具有覆盖范围广、手续方便快捷、费用相对低廉的优点。

基于商标近似检索查询用于探明在先权利障碍之目的，在进行国际商标注册时的检索查询工作不论采用单一国家申请注册、区域联盟申请注册还是马德里商标国际注册的形式，均应到目标国家或地区商标主管机构建立的查询系统中分别进行检索查询。国际商标注册检索基本方法以及近似判断的标准与国内商标检索基本相近。

（一）马德里商标注册申请条件

申请注册马德里国际商标的，必须在国内已有基础商标。基础商标可以是已在中国获得注册的商标，也可以是已在中国提出注册申请并被受理的商标。

（二）商标申请注册的情况，马德里国际商标商品/服务信息

（1）列明的商品/服务信息不能超出国内申请/注册包含的商品/服务的范围；

（2）应按照商品/服务的国际分类分组排列，每一组应列明类别序号；

（3）商品/服务应表达准确；

（4）马德里商标国际注册申请可以就一个或多个指定的缔约方作出相同/不同的商品/服务清单的限定。

（三）世界知识产权组织网站检索

世界知识产权组织（https：//www. wipo. int/portal/en/index. html）可查询的指定国家和地区共有54个，包括欧盟商标和马德里国际商标。登录世界知识产权组织管理的“GLOBAL BRAND DATABASE”检索界面（https：//www. wipo. int/branddb/en/），数据库中包括多种检索路径，以“QUICK SEARCH”为例，检索界面如图4－21所示，左侧进行商标注册国家和地区、商标注册尼斯分类、商标申请日期等关键信息分类筛选。

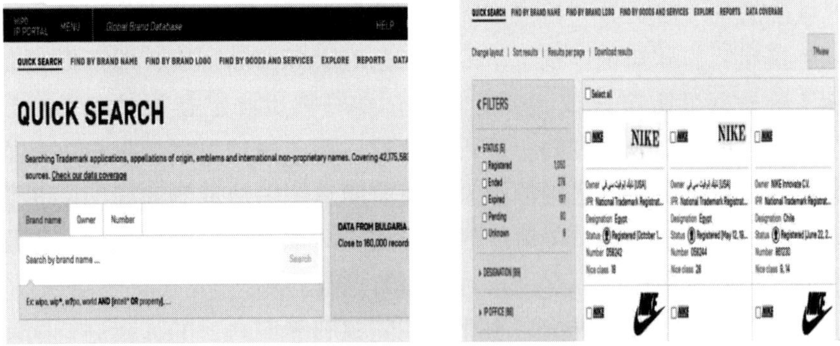

图4－21　WIPO商标检索

自2019年4月起，WIPO在该数据库推出基于人工智能的图形检索技术，依靠商标的形状和颜色来确定商标图形的相似性，分析国际商标注册马德里体系及其他商标局的图形元素分类数据，使得潜在近似商标的查找结果更精确。

第三节 商标异议阶段检索

商标异议程序旨在加强社会公众对商标审查工作的监督，弥补审查工作的不足，强化商标权利意识，给予注册在先的商标权人及其他利害关系人保护自身权益的机会，杜绝权利冲突后患的发生。商标异议程序可实现打击非法抢注、恶意攀附等不正当商标注册，也可被用于打压竞争对手。

一、商标异议简述

（一）商标异议申请主体

任何人认为初步审定公告的商标违反《商标法》第4条、第10条、第11条、第12条、第19条第4款规定的，可以在法定期限内向商标注册部门提出异议。在先权利人、利害关系人认为初步审定公告的商标违反《商标法》第13条第2款和第3款、第15条、第16条第1款、第30条、第31条、第32条规定的，可以在法定期限内向商标注册部门提出异议。

其中，在先权利包括但不限于在先商标权、字号权、著作权、外观设计专利权、姓名权和肖像权。仅因商标的申请注册而受到影响，与在先权利不具有直接利害关系的主体，不宜认定为利害关系人。判断异议人是否为利害关系人，原则上以提出异议时为准，包括自然人、法人或者其他组织。

利害关系人是指商标的申请注册可能损害或削弱其相关在先权利，使其利益受到侵犯的主体，包括但不限于：

（1）在先商标权及其他在先权利的被许可使用人；

（2）在先商标权及其他在先权利的合法继受人；

（3）在先商标权的质权人；

（4）在先商标权及其他在先权利人的控股股东；

（5）就相关人身权提交了特别授权文件的被授权人；

（6）其他有证据证明与在先商标权及其他在先权利有利害关系的主体。

（二）商标异议提起时间

异议法定期限为自初步审定公告之日起3个月内。按照《商标法实施条例》第12条规定，异议期限起算日从初步审定公告之日的次日开始计算，初审公告当日不计算在期限内。异议期限以商标初步审定公告最后一月的相应日为期限届满日，该月无相应日的，以该月最后一日为期限届满日，期限届满日是节假日的，以节假日后的第一个工作日为期限届满日。

其中，异议人向商标局提交异议申请的日期：直接递交的，以递交日为准；通过邮寄的，以寄出的邮戳日为准，邮戳日不清晰或者没有邮戳的，以商标局实际收到日为准；通过邮政企业以外的快递企业递交的，以快递企业收寄日为准，收寄日不明确的，以商标局实际收到日为准，但当事人能够提出实际收寄日证据的除外。

异议人提出异议应当有明确的异议理由、事实和法律依据。异议理由应当用文字明确表述，以便于对方当事人答辩和商标局审理。如没有明确的异议理由、事实和法律依据，将导致该异议申请不予受理。异议申请人需要补充证据材料的，应当在异议申请书中声明，并应自提交异议申请之日起3个月内提交，未声明的视为放弃提交补充材料。

（三）商标异议理由

商标异议理由与商标申请阶段的注册条件是一致的，法律依据包括《商标法》第10条、第11条、第12条、第30条、第31条、第32条、第44条等。其中，不同的商标异议主体可基于不同的理由申请商标异议。

1. 在先权利人、利害关系人异议理由

（1）《商标法》第13条第2款和第3款，就相同或者类似商品申请注册的商标是复制、摹仿或者翻译他人未在中国注册的驰名商标，容易导致混淆的，不予注册并禁止使用。就不相同或者不相类似商品申请注册的商标是复制、摹仿或者翻译他人已经在中国注册的驰名商标，误导公众，致使该驰名商标注册人的利益可能受到损害的，不予注册并禁止使用。

（2）《商标法》第15条，未经授权，代理人或者代表人以自己的名义将被代理人或者被代表人的商标进行注册，被代理人或者被代表人提出异议的，不予注册并禁止使用。就同一种商品或者类似商品申请注册的商标与他人在先使用的未注册商标相同或者近似，申请人与该他人具有前款规定以外的合同、业务往来关系或者其他关系而明知该他人商标存在，该他人提出异议的，不予注册。

(3)《商标法》第16条第1款，商标中有商品的地理标志，而该商品并非来源于该标志所标示的地区，误导公众的，不予注册并禁止使用；但是，已经善意取得注册的继续有效。

(4)《商标法》第30条，申请注册的商标，凡不符合本法有关规定或者同他人在同一种商品或者类似商品上已经注册的或者初步审定的商标相同或者近似的，由商标局驳回申请，不予公告。

(5)《商标法》第31条，两个或者两个以上的商标注册申请人，在同一种商品或者类似商品上，以相同或者近似的商标申请注册的，初步审定并公告申请在先的商标；同一天申请的，初步审定并公告使用在先的商标，驳回其他人的申请，不予公告。

(6)《商标法》第32条，申请商标注册不得损害他人现有的在先权利，也不得以不正当手段抢先注册他人已经使用并有一定影响的商标。

2. 其他主体异议理由

(1)《商标法》第4条，自然人、法人或者其他组织在生产经营活动中，对其商品或者服务需要取得商标专用权的，应当向商标局申请商标注册。不以使用为目的的恶意商标注册申请，应当予以驳回。

(2)《商标法》第10条规定，以下标志不得作为商标使用，包括国家名称、国旗、国徽、国歌、军旗、军徽、军歌、勋章等相同或者近似的，以及同中央国家机关的名称、标志、所在地特定地点的名称或者标志性建筑物的名称、图形相同的，带有民族歧视性的，带有欺骗性，容易使公众对商品的质量等特点或者产地产生误认的以及有害于社会主义道德风尚或者有其他不良影响的等。

(3)《商标法》第11条规定，仅有本商品的通用名称、图形、型号的，仅直接表示商品的质量、主要原料、功能、用途、重量、数量及其他特点的等缺乏显著特征的标志，不得作为商标注册。

（4）《商标法》第 12 条规定，三维标志仅由商品自身的性质产生的形状、为获得技术效果而需有的商品形状或者使商品具有实质性价值的形状不得注册。

（5）《商标法》第 19 条第 4 款，商标代理机构除对其代理服务申请商标注册外，不得申请注册其他商标。

（四）商标异议的后果

《商标法》第 35 条规定，对初步审定公告的商标提出异议的，国家知识产权局应当听取异议人和被异议人陈述事实和理由，经调查核实后，自公告期满之日起 12 个月内做出是否准予注册的决定，并书面通知异议人和被异议人。有特殊情况需要延长的，经批准，可以延长 6 个月。国家知识产权局做出准予注册决定的，发给商标注册证，并予公告。异议人不服的，可以依照《商标法》第 44 条、第 45 条的规定向国家知识产权局请求宣告该注册商标无效。国家知识产权局做出不予注册决定，被异议人不服的，可以自收到通知之日起 15 日内向国家知识产权局申请复审。国家知识产权局应当自收到申请之日起 12 个月内做出复审决定，并书面通知异议人和被异议人。有特殊情况需要延长的，经批准，可以延长 6 个月。被异议人对国家知识产权局决定不服的，可以自收到通知之日起 30 日内向人民法院起诉。人民法院应当通知异议人作为第三人参加诉讼。国家知识产权局在依照前款规定进行复审的过程中，所涉及的在先权利必须以人民法院正在审理或者行政机关正在处理的另一案件的结果为依据的，可以中止审查。中止原因消除后，应当恢复审查程序。

实务探讨

第 32315366 号“图形”商标驳回复审案

驳回理由为申请商标使用在指定商品上，缺乏显著性，不具备商标识别作用，违反了《商标法》第 11 条第 1 款第（三）项的规定。

国家知识产权局决定，申请商标是由蛋壳状三维标志、红蓝白三种颜色和外文“Kinder”组合而成的立体商标，其中带有指定颜色的蛋壳状三维标志使用在“巧克力”商品上具有显著特征，外文“Kinder”使用在复审商品上亦具有显著特征。同时，申请人提交的证据可以证明该三维标志商标自进入中国市场起，通过广泛宣传和大力推广，使得该商标在“巧克力”商品上已具有一定知名度，并与申请人形成唯一对应关系。综上，申请商标在上述商品上具有显著性，并通过实际使用进一步增强了其识别性，可以起到区分商品来源的作用。申请商标指定使用在巧克力商品上的注册申请予以初步审定。申请商标指定使用的“甜食”商品涉及范围较广，且不明确，同时在案证据不足以证明其在甜食商品上经使用已产生显著性。综上，申请商标在甜食商品上的注册申请予以驳回。

二、异议理由之驰名商标检索

《商标法》第13条规定，为相关公众所熟知的商标，持有人认为其权利受到侵害时，可以依照该法规定请求驰名商标保护。就相同或者类似商品申请注册的商标是复制、摹仿或者翻译他人未在中国注册的驰名商标，容易导致混淆的，不予注册并禁止使用。就不相同或者不相类似商品申请注册的商标是复制、摹仿或者翻译他人已经在中国注册的驰名商标，误导公众，致使该驰名商标注册人的利益可能受到损害的，不予注册并禁止使用。由于驰名商标比普通注册商标的保护范围要宽，申请注册商标与驰名商标的相同近似，异议检索筛查的范围理应更广泛。

（一）驰名商标的认定渠道

依据《驰名商标认定和保护规定》第5条、第6条、第7条规定，当事人向商标局提出异议程序，商标不予注册复审案件和请求无效宣告案件及投诉商标违法行为中，依照《商标法》第13条规定请求驰名商标保护的，可以向商标评审委员会提出驰名商标保护的书面请求并提交其商标构成驰名商标的证据材料。

实务中，驰名商标的查询目前可通过商标管理程序、商标行政争议案件和司法案件三种渠道。

（1）通过商标管理程序认定。通过所在省、自治区、直辖市市场监督管理局报送有关材料，由各省级市场监督局将经过初审并签署意见的有关申请材料，以邮寄方式及时报送国家知识产权局商标局，由国家知识产权局商标局认定该商标是否驰名。当事人也可以向商标局请求认定其商标驰名，提交其商标构成驰名商标的证据材料。

（2）通过商标行政争议案件认定。商标行政争议过程中，当事人认为其商标构成驰名商标的，可以在商标异议、不予注册复审、无效宣告商标行政争议案件中向国家知识产权局商标局请求认定驰名商标，同时提交其商标构成驰名商标证据材料。

（3）通过司法案件认定。人民法院在审理商标纠纷案件中，根据当事人的请求和案件的具体情况，可以对涉及的注册商标是否驰名依法作出认定。

（二）驰名商标的检索

驰名商标遵循个案认定、被动保护的原则，驰名商标的认定，处于发展变化状态，国家知识产权局官网不提供直接对驰名商标的查询功能。实务中，可参考具体驰名商标认定的历史记录，检索有关商标使用情况、了解为相关公众熟知程度等，辅助判断是否构成驰名商标。部分地方市场监督管理局不定时公开地方政府认定的"驰名商标"，可参考某些驰名商标专门数据库了解情况。另外，部分查询软件提供"驰名商标"情况检索功能，也可通过查询"中国裁判文书网"等公开文书渠道，以特定名称、主体对象、《商标法》第13条条文内容等检索特定主体的驰名商标。

实务探讨

商务印书馆"新华字典"案

商务印书馆创立于1897年，在辞书、汉译名著、古籍、学术著作、教辅图书等领域持续出版书籍，已出版《辞源》《新华字典》《现代汉语词典》《英华大词典》等中外文辞书先后荣获"中国出版政府奖""全国百佳图书出版单位""全国优秀出版社""全国版权示范单位""国际白金星质量奖""中华全国老字号"等荣誉。自1957年起商务印书馆已连续出版《新华字典》通行版本至第11版，经过长期使用、宣传，为相关公众熟知，在市场享有广泛声誉。

商务印书馆发现某出版社擅自生产和销售打着"新华字典"名义的辞书，部分字典与商务印书馆在先出版的《新华字典》（第11版）特有的包装装潢高度近似。

商务印书馆认为该出版社的行为侵害了其“新华字典”未注册驰名商标，构成不正当竞争，应依法停止涉案商标侵权和不正当竞争行为。商务印书馆在本案诉讼中明确主张认定“新华字典”为未注册驰名商标。

法院结合商务印书馆提交以下证据进行认定，主要证据有《新华字典》的编纂及出版历程、商务印书馆出版的《新华字典》销售、使用及所获荣誉等情况、商务印书馆出版的《新华字典》（第11版）与某某被诉侵权产品包装装潢情况、某某被诉侵权产品的情况、辞书出版行业使用“新华字典”名称及辞书相关装潢设计的情况等。

法院认定“新华字典”具备商标的显著特征，“新华字典”已经在相关消费者中形成稳定的认知联系，具有指示商品来源的意义和作用，具备商标的显著特征。遵循在先案例（2011）民提字第55号民事判决及（2013）民申字第371号民事裁定中确立的裁判标准，认定“新华字典”具有商标的显著特征，能够发挥商品来源的识别作用；“新华字典”构成未注册驰名商标，从相关公众对涉案“新华字典”的知晓程度来看，“新华字典”已经在全国范围内被相关公众广为知晓。从商务印书馆使用“新华字典”持续的时间和销售数量来看，宣传所持续的时间、程度和地理范围来看，“新华字典”已经获得较大的影响力和较高的知名度。从“新华字典”受保护的记录来看，“新华字典”多次受到保护。综合以上因素，可以认定“新华字典”构成未注册驰名商标；“新华字典”作为商务印书馆的未注册驰名商标给予保护不会破坏出版行业正常的经营管理秩序，不会损害知识的传播；某出版社因擅自使用《新华字典》（第11版）知名商品的特有装潢而构成不正当竞争。

三、异议理由之恶意商标注册申请

《商标法》第4条规定的不以使用为目的的恶意商标注册申请，是指申请人并非基于正常生产经营活动的需要，提交大量商标注册申请，缺乏真实使用意图，不正当占用商标资源，扰乱商标注册秩序的行为。恶意注册商标不仅损害他人的合法权益，同时也扰乱市场经济秩序及商标管理秩序。2021年《商标审查审理指南》与2019年12月1日生效的《规范商标申请注册行为若干规定》列举了恶意商标注册申请常见情形。

根据《商标审查审理指南》规定，《商标法》第4条“不以使用为目的的恶意商标注册申请”，当事人提出相反证据的除外，主要包括以下情形：

（1）商标注册申请数量巨大，明显超出正常经营活动需求，缺乏真实使用意图，扰乱商标注册秩序。

（2）大量复制、摹仿、抄袭多个主体在先具有一定知名度或者较强显著性的商标，扰乱商标注册秩序。

（3）对同一主体具有一定知名度或者较强显著性的特定商标反复申请注册，扰乱商标注册秩序。

（4）大量申请注册与他人企业字号、企业名称简称、电商名称、域名，有一定影响的商品名称、包装、装潢，他人知名并已产生识别性的广告语、外观设计等商业标识相同或者近似标志。

（5）大量申请注册与知名人物姓名、知名作品或者角色名称、他人知名并已产生识别性的美术作品等公共文化资源相同或者近似标志。

（6）大量申请注册与行政区划名称、山川名称、景点名称、建筑物名称等相同或者近似标志。

（7）大量申请注册指定商品或者服务上的通用名称、行业术语、直接表示商品或者服务的质量、主要原料、功能、用途、重量、数量等缺乏显著性的标志。

（8）大量提交商标注册申请，并大量转让商标，且受让人较为分散，扰乱商标注册秩序。

（9）申请人有以牟取不当利益为目的，大量售卖，向商标在先使用人或者他人强迫商业合作、索要高额转让费、许可使用费或者侵权赔偿金等行为。

（10）其他可被判断为有恶意的申请商标注册行为的情形。

需注意，申请人基于防御目的申请与其注册商标标识相同或者近似的商标，或申请人为具有现实预期的未来业务预先适量申请商标，两种情形不属于不以使用为目的的恶意商标注册。“基于防御目的的申请与其注册商标标识相同或近似的商标”，指商标注册人在其主营业务以外的商品或者服务上申请注册与其核心品牌相同或者近似的商标，以防止他人攀附或者污损其在主营业务、核心品牌上已经形成的商誉。“为具有现实预期的未来业务，预先适量申请商标”，指考虑到实际商业活动中，相关商品或者服务从商业策划到实际宣传、推广、投入市场存在一定的时间差，部分市场主体有提前布局商标注册、预防可能的商标抢注或者规避侵犯在先权益的需求，允许申请人适量申请相关商标。

《规范商标申请注册行为若干规定》第 3 条规定，申请商标注册应当遵循诚实信用原则，不得有下列行为：

（1）属于《商标法》第 4 条规定的不以使用为目的恶意申请商标注册的。

（2）属于《商标法》第 13 条规定，复制、摹仿或者翻译他人驰名商标的。

（3）属于《商标法》第 15 条规定，代理人、代表人未经授权申请注册被代理人或者被代表人商标的；基于合同、业务往来关系或者其他关系明知他人在先使用的商标存在而申请注册该商标的。

（4）属于《商标法》第 32 条规定，损害他人现有的在先权利或者以不正当手段抢先注册他人已经使用并有一定影响的商标的。

（5）以欺骗或者其他不正当手段申请商标注册的。

（6）其他违反诚实信用原则，违背公序良俗，或者有其他不良影响的。

另外，2021 年 3 月，国家知识产权局发布《打击商标恶意抢注行为专项行动方案》，其中对商标恶意抢注、图谋不当利益、扰乱商标注册管理秩序的行为进行列举，主要包括：

（1）恶意抢注国家或区域战略、重大活动、重大政策、重大工程、重大科技项目名称的；

（2）恶意抢注重大自然灾害、重大事故灾难、重大公共卫生事件和社会安全事件等突发公共事件相关词汇、标志，损害社会公共利益的；

（3）恶意抢注具有较高知名度的重大赛事、重大展会名称、标志的；

（4）恶意抢注行政区划名称、山川名称、景点名称、建筑物名称等公共资源的；

（5）恶意抢注商品或服务的通用名称、行业术语等公共商业资源的；

（6）恶意抢注具有较高知名度的公众人物姓名、知名作品或者角色名称的；

（7）恶意抢注他人具有较高知名度或者较强显著性的商标或者其他商业标志，损害他人在先权益的；

（8）明显违背《商标法》第10条规定禁止情形以及其他违反公序良俗，对我国政治、经济、文化、宗教、民族等社会公共利益和公共秩序造成重大消极、负面社会影响的；

（9）商标代理机构知道或者应当知道委托人从事上述行为，仍接受其委托或者以其他不正当手段扰乱商标代理秩序的；

（10）其他明显违背诚实信用原则的。

综上，判断是否构成不以使用为目的的恶意，应综合考虑：申请人所在的行业特点、经营范围、经营资质；申请人提交的商标注册申请的数量、类别跨度和时间跨度；提交的商标注册申请标志的具体构成、商标实际使用情况；申请人在先是否存在商标恶意注册及侵犯多个主体注册商标专用权。综合判断其申请是否明显不符合商业惯例、明显超出正当经营需要和实际经营能力以及明显具有牟取不正当利益和扰乱正常商标注册秩序的意图。

不以使用为目的恶意申请注册的商标，不限于申请人本人申请注册的商标，也包括与申请人具有串通合谋行为或者具有特定身份关系或者其他特定联系的自然人、法人或者其他组织申请注册的商标，也包括以合法形式掩盖下的恶意抢注商标的行为。商标转让不影响对商标申请人违反《商标法》第4条情形的判断。

针对上述恶意注册的情形，商标局、商标评审委员会，依职权或者申请，对恶意注册的商标予以驳回或宣告无效，及对恶意申请商标注册的申请人或商标代理机构进行警告或罚款等行政处罚。

对恶意注册的商标的法律规制包括：

（1）对初步审定公告的商标，自公告之日起3个月内，在先权利人、利害关系人认为违反《商标法》第13条第2款、第15条、第32条规定的，或者任何人认为违反《商标法》第4条、第10条规定的，可以向商标局提出异议。商标局做出准予注册决定的，异议人不服的，可以向商标评审委员会请求宣告该注册商标无效。商标局做出不予注册决定，被异议人不服的，可以向商标评审委员会申请复审。

（2）对驳回申请、不予公告的商标，商标注册申请人不服的，可以向商标评审委员会申请复审。

（3）已经注册的商标，由商标局宣告该注册商标无效；其他单位或者个人可以请求商标评审委员会宣告该注册商标无效。当事人对商标局的决定不服的，可以向商标评审委员会申请复审。

（4）已经注册的商标，在先权利人或者利害关系人可以请求商标评审委员会宣告该注册商标无效。

对恶意申请商标注册的申请人或商标代理机构的法律规制包括：

（1）对恶意申请商标注册的申请人，由申请人所在地或者违法行为发生地县级以上市场监督管理部门根据情节给予警告、罚款等行政处罚。有违法所得的，可以处违法所得三倍最高不超过 3 万元的罚款；没有违法所得的，可以处 1 万元以下的罚款。

（2）对恶意申请商标注册的商标代理机构，由行为人所在地或者违法行为发生地县级以上市场监督管理部门责令限期改正，给予警告，处 1 万元以上 10 万元以下的罚款；对直接负责的主管人员和其他直接责任人员给予警告，处 5000 元以上 5 万元以下的罚款。情节严重的，知识产权管理部门可以决定停止受理该商标代理机构办理商标代理业务，予以公告。同时，还可能涉及由知识产权管理部门对商标代理机构负责人进行整改约谈。

实务探讨

“佳丽芙 Jialifu”商标无效宣告案

争议商标

第 17393381 号“佳丽芙 Jialifu”商标（以下称争议商标）由马某于

2015 年 7 月 9 日申请注册，于 2017 年 11 月 21 日核准注册。该商标于 2018 年 8 月 13 日转让至杨某名下。本案申请人某父子公司于 2019 年 4 月 15 日对争议商标提出无效宣告请求。申请人称，争议商标原申请人是经备案的商标代理机构广州市某有限公司的唯一自然人股东，在《商标法》第 19 条第 4 款规定的制约下，该代理机构转而以其唯一自然人股东名义提出商标注册申请，恶意囤积商标并进行转让牟利。依据《商标法》第 19 条第 4 款的规定，申请人请求对争议商标予以无效宣告。

经审理，本案中广州市某有限公司为自然人独资的有限责任公司，系经商标局备案的商标代理机构，争议商标原申请人马某系其唯一股东，马某申请注册商标多达 2000 余件，包含大量与他人知名商标相同或者近似的商标，包括争议商标在内的其名下大量商标由该代理机构代理申请注册。据此可以认定，争议商标原申请人、广州市某有限公司具有抢注他人商标、囤积商标的共同故意，争议商标系该商标代理机构假借其唯一股东之名申请注册，以达到规避法律之目的，争议商标原申请人的行为应视为商标代理机构的行为。综上，争议商标的申请注册违反了《商标法》第 19 条第 4 款规定。

第四节　商标监控检索实务

商标监控检索，是指对商标注册主体（以下简称“被监控主体”）名下商标的情况进行监控，以及竞争对手商标和其他近似商标情况进行监控检索。商标监控检索是商标后期维护管理不可或缺的工作。商标监控检索到的数据划分所处商标注册的不同阶段大致划分为：申请阶段、异议阶段和注册阶段。各阶段可以采取的措施不尽相同，但各阶段可采取的某些措施又可以同时交替进行。

一、商标监控检索

实务中，商标监控是维护商标权利的主要方式之一。通过商标监测，可以获悉各国与权利人商标相同或近似的最新公告商标，既可及时阻止他人抢注商标以避免阻碍企业的品牌发展，也可及时阻止他人“傍名牌”削弱企业的品牌影响力。商标监测目标常见的有以下几种：

其一，发现与自己注册的商标近似的，可能造成商标混淆，造成消费者误认的初审公告商标，及时在公告期内对近似商标提出异议，阻止其注册。该种商标监测业务，主要以自己注册的商标为保护对象，对商标局发布的初审商标公告进行监测。

其二，观察竞争对手商标的法律状态，还可以了解同行业其他企业的经营、发展动态，及时调整经营策略。商标监控除针对不同的商标注册阶段外，主要体现在对于购买、受让等继受取得的商标进行监测。

其三，在商标购买、许可、转让关键环节，及时掌握商标动态，第一时间得知商标续展时间、被异议、被“撤三”、被争议等商标异常情况，及时作出反应。要尽早发现潜在风险，在初审公告期可提出异议，提前消除相同或近似商标可能对商标权人造成的潜在危害。

商标监测项目较多，需要熟悉检索平台，掌握检索技巧，结合多种因素综合判断，如果缺乏资源，短时间内完成有一定难度，实务中商标监测可采取以下途径完成：

（1）自行不定期监控对比持有的商标与商标局的《商标公告》（每月四期，每期数千条）中的商标数据，发现近似商标或对自己品牌商标可能造成影响的商标并进行异议，对自己的商标进行保护。该种方式，表面上节约成本，但效率低、漏洞大、监测效果差，实际风险成本高、错漏率大。

（2）知识产权代理公司、律师事务所协助商标监测。实务中，相关机构建立了专业的商标代理团队，具备商标监测专业知识与技巧，可在专业软件的辅助下达到相对较好的监测效果。

二、商标申请阶段的监控检索实务

在商标注册前，一般要先对申请的商标进行查询，看有无相同或近似的在先注册商标，从而判断该商标注册的风险。企业可对新申请的商标进行监测，商标申请后，通过对商标进行新申请监测，可以及时发现商标查询结果中，有没有可能影响到申请人的商标申请：如果没有影响商标注册的数据，直接等待商标局的审查即可；如果出现可能影响商标正常注册的数据，应及时通知委托人存在的潜在风险，必要时停止对申请商标的广告投入宣传，降低损失。

商标申请阶段的监控检索重点是，检索是否存在已提交的相同或近似的商标，攀附高知名度的商标、商号，丑化抢注商标、商号等行为。商标申请阶段的监控检索方法与商标申请前的近似性检索类似近似。近似性检索主要是查看处于有效状态的商标并进行对比，商标申请阶段的监控检索查看近期他人申请注册而尚未进入初步审定公告的商标动态，但对处于该阶段的商标无须立即采取措施，商标申请不等于初审公告或注册，如果该商标被驳回，继续跟踪后续复审的情况，如果该商标通过初审公告，则进入商标异议阶段的监控检索流程。纵观全部的商标监控检索，实质上商标申请阶段的检索，是全部检索阶段的关键所在。

实务探讨

第14502514号"男人咳嗽声"（声音商标）商标驳回复审案

第14502514号"男人咳嗽声"（声音商标）商标（以下称申请商标）由腾讯科技（深圳）有限公司（即本案申请人）于2014年5月4日提出注册申请，指定使用在第42类云计算等服务上。商标局以该商标为男人的咳嗽声"咳咳"，用在指定服务项目上缺乏显著性，违反了《商标法》第11条第1款第（三）项等规定为由驳回其注册申请。2015年5月25日，申请人不服商标局的上述驳回决定，依法向商标评审委员会提出复审。

商标评审委员会经审理认为，申请商标为男人咳嗽的声音，指定使用在云计算等服务上不易被作为商标识别，缺乏商标应有的显著特征，属于《商标法》第11条第1款第（三）项所指的情形。申请人提交的使用证据未涉及申请商标在云计算等服务上的使用，不能证明申请商标经使用已具有显著性。综上，申请商标在复审服务上的注册申请予以驳回。

《商标法》第11条第1款第（三）项规定，其他缺乏显著特征的标志不得作为商标注册。该条具体是指除《商标法》第11条第1款第（一）、（二）项以外的依照社会通常观念本身或者作为商标使用在指定商品上不具备表示商品来源作用的标志。本条属于兜底条款，借鉴了国际条约和其他国家的立法经验，为属于《商标法》第11条第1款第（一）、

（二）项规定情形之外的其他缺乏显著特征的标志禁止获得商标注册提供了法律适用的依据。本案涉及对声音商标的显著特征审查。声音商标实质审查采用与可视性商标一致的审查标准，包括禁用条款审查、显著特征审查、相同或近似审查等。但考虑到声音商标的表现形式、使用方式等，通常情况下，声音商标需要经过长期使用，才能取得显著特征。

实务探讨

中国首例声音商标历时31个月注册成功

2016年5月14日，“中国国际广播电台广播节目开始曲”商标注册申请注册公告完成正式发证，成为我国首例注册成功的声音商标，该声音标识作为中国国际广播电台广播节目的开始曲于1998年7月1日正式启用，全长40秒。声音商标与其他类型商标不同，字体、颜色、形状等都是可视化的，声音商标注册申请还需要以曲谱的形式表达。

“中国国际广播电台广播开始曲”声音商标申请注册经历了一波三折，根据商标局要求补正3次。有的补正是针对声音商标本身的，比如创作主旨、意义、作用、彰显的理念或对曲谱本身做一个乐理上的分析。第三次补正要求补充使用证据，及标识的影响力。

经过全台上下长达三周多的努力，十余个中心（室）参与了使用证据的收集工作，最终收集到历年广播节目音频、节目单、获奖证书、听众来信、问卷调查等证据达近千份。最后精心筛选出317份音频、书面材料，经整理、编号、刻录后提交。之后又花费一周多时间，针对商标局关于国内使用情况与影响力等问题补充提交了50多份第三方收听数据调查报告。

中国国际广播电台提出，这段开始曲使用时间是自1998年开始，但提供的资料却多半是近10年的，认为时间不够长，证据不够充分。最终在朝语部找到一份1998年7月中旬一期节目的音频资料。

中国国际广播电台的广播开始曲核准注册，全国首例声音商标注册申请，首例通过初步审核予以公告，首例通过核准注册。

三、商标异议阶段的监控检索实务

下面以“诗词大会”商标异议案为例进行说明。

实务探讨

“诗词大会”商标异议案

异议人：中央电视台。

被异议人：某有限公司。

被异议商标：诗词大会。

异议人主要理由：《中国诗词大会》作为异议人的电视栏目名称，具有较强独创性，经过宣传和使用，在公众中享有较高的知名度和影响力，被异议商标侵犯其现有的在先权益，违反《商标法》第32条的规定。

经审查，商标局认为，被异议商标“诗词大会”指定使用商品为第16类“期刊、杂志（期刊）、新闻刊物、报纸”。经查明，异议人《中国诗词大会》栏目自开播以来一直拥有很高的收视率，具有较高的知名度和影响力。《中国诗词大会》栏目知名度的取得是异议人创造性劳动的结晶，其所带来的商业价值和商业机会也是异议人投入大量劳动和资本所获得的。因此，“中国诗词大会”作为知名栏目名称，其承载的权益应当作为在先权益得到保护。被异议商标与该电视栏目名称的显著识别部分“诗词大会”文字构成相同，其注册与使用不当利用异议人基于其电视栏目名称而享有的商业信誉，损害异议人合法权益。依据《商标法》第32条、第35条规定，被异议商标不予注册。

该案焦点在于被异议商标的注册是否损害异议人《中国诗词大会》栏目的相关权益，违反《商标法》第32条关于“申请商标注册不得损害他人现有的在先权利”的规定。《最高人民法院关于审理商标授权确权行政案件若干问题的规定》第18条规定，“在先权利”包括当事人在诉争商标申请日之前享有的民事权利或其他应予保护的合法权益。

该案是将知名电视栏目名称纳入《商标法》第32条“在先权利”保护范畴的典型案例。“在先权利”包括法律应当予以保护的在先权益。虽然相关司法解释仅列举作品名称和作品中的角色名称可作为法益予以保护，但并非穷尽式列举。由于法益的内容和边界具有模糊性，因此在具体案件审理中，应当结合案件事实，确认是否属于应当予以保护的法益及其保护范围。

四、已注册商标的监控实务

（一）已注册商标的维护

商标权有一定的保护期限，需要关注商标有效期限时间节点，及时续展注册。对于一标多类的注册商标，续展时允许申请人申请续展其中的部分类别。续展申请直接递交的，以递交日为准；邮寄的，以寄出的邮戳日为准；邮戳日不清晰或者没有邮戳的，以商标注册部门实际收到日为准。

经审查，续展申请存在下列情形之一的，不予核准：

（1）申请人并非商标注册人且无其他利害关系的；

（2）已办理了相同内容的续展申请的；

（3）注册商标已丧失商标专用权的；

（4）超出法定期限提交续展申请的；

（5）撤回续展申请的；

（6）其他不应核准续展的情况的。

企业可能基于保护主商标、避免混淆误认等不同目的注册多枚或多类商标，如防御商标与联合商标。尤其是在建立商业识别性的过程中需付出较多成本，企业虽然拥有多枚注册商标，但实际重点使用的可能仅少数几枚核心商标。此种情形下，建立对核心商标的保护，需要采取防御与进攻相结合的方式：一方面，注重保护自身核心商标，避免知名商标被跨类注册、抢注、淡化等；另一方面，注重对后续申请的商标进行主动攻击，如及时采取无效。

（二）已注册商标的监控措施

注册阶段的商标监控检索，主要是因商标异议期限已满没有监控到或者商标注册较早没有监控，或部分商标注册时间较早，近似商标对企业存在较高风险，或者企业需要延伸产品类别，在先存在的相同或近似商标需要进行跟踪了解。已经注册的商标监控主要有四种措施：

其一，依据监控对象建立常规监控检索。利用前期商标申请阶段的监控检索筛查的数据，作为异议监控的重点对象，一方面，利用申请阶段检索筛查相关数据在公告查询页面进行跟踪、检索；另一方面，利用申请阶段检索筛查的重点监控对象的商标注册号进行直接跟踪、检索。实务中，商标权利人、代理机构等可建立自己的监控常规检测表格，实现有效维护自身商标的目的。

其二，依据商标名称建立常规监控。在商标公告查询页面直接输入需要检索的商标名称，同时选定商标类别、公告类型等限定条件进行检索。

其三，注重查缺补漏，不定期使用交叉检索方法进行监控。有一些近似商标可能无法直接通过上述方法进行初审公告检索，这就需要结合商标近似查询的功能和重点监控对象信息综合分析后进行筛查，再将具体的信息输入商标公告页面进行初审公告检索。

其四，积极对申请阶段、注册阶段的商标进行主动防御，如其他主体恶意注册、在先存在权利障碍的合法商标、商号或域名等。

（三）已注册商标的防御措施

商标注册及注册后保护的监控程序，可在商标注册成功后起到保护、监控和后续维护商标权的作用，既可更好地维权，保护自身品牌的发展，做好商标布局，严防假冒产品，也可实现监控竞争对手，了解对方状态，警惕不正当竞争行为。实务中，对已注册商标的监控与维护措施有三种：无效宣告程序、启动连续三年不使用撤销程序、协商购买或签署共存协议。

1. 提起无效宣告程序

《商标法》第44～47条属于商标评审阶段进行商标无效的主要依据。任何个人和组织都可以依据《商标法》第44条第1款规定对注册商标提出无效宣告申请，在先权利人、利害关系人可以依据《商标法》第45条第1款规定对注册商标提出无效宣告申请。

依照《商标法》第44条第1款提出申请的无效宣告案件，不受时限限制。申请宣告国际注册商标无效的，应当自国际注册申请的驳回期限届满后提出；若驳回期限届满时仍处在驳回复审或者异议相关程序的，应当自准予注册决定生效后提出。

依照《商标法》第45条第1款提出申请的无效宣告案件，自注册之日起五年内。对恶意注册的，驰名商标所有人不受五年期限限制。申请宣告国际注册商标无效的，应当自国际注册申请的驳回期限届满之日起五年内提出。若驳回期限届满时仍处在驳回复审或者异议相关程序的，应当自准予注册决定生效之日起五年内提出申请。

当然，无效宣告申请人撤回无效宣告申请后，不得以相同的事实和理由再次提出无效宣告申请，已经作出无效宣告裁定的，任何人不得以相同的事实和理由再次提出无效宣告申请。

实务探讨

“施崋洛及图”商标无效宣告案

第3746575号“施華洛及图”商标（以下称争议商标）由杨某（本案原被申请人）于2003年10月9日申请注册，后于2006年1月21日获准注册，核定使用在第41类“婚纱摄影、婚纱录影、摄影”等服务上，经续展现在专用权有效期内；2019年由商标局核准转让予北京某有限公司（本案被申请人）。

申请人于2018年4月27日对争议商标提出无效宣告申请，主要理由为：第一，申请人在本案中提出了新的理由及新证据，并未违反一事不再理的规定。第二，申请人是国际知名的水晶珠宝供应商，在争议商标申请日前，申请人“施华洛世奇”“SWAROVSKI”商标获得了极高知名度，为消费者熟知，争议商标是对申请人第385013号“施华洛世奇”商标（以下称引证商标）的恶意抄袭和模仿，损害申请人利益。依据2001年《商标法》第13条第2款、第41条第1款等规定，请求宣告争议商标无效。

原被申请人答辩称：争议商标经使用在婚纱摄影行业具有较高知名度，争议商标指定服务与引证商标核定使用商品不属于类似商品和服务；争议商标并无抄袭、模仿他人商标的恶意。原被申请人请求维持争议商标注册。

根据申请人提交的证据与国家知识产权局查明的事实可知，在争议商标申请注册之前，申请人的“施华洛世奇”“施华洛”等品牌商品有数十家国内知名报刊、网站等媒体进行宣传报道，且引证商标在人民法院相关判决书中亦被认定已为相关公众所熟知，在原商标评审委员会作出的多件无效宣告裁定中亦有此认定。故本案认定引证商标指定使用在“宝石”商品上已为相关公众所熟知，争议商标构成对引证商标的复制、模仿；争议商标核定使用的婚纱摄影等服务与引证商标核定使用的宝石等商品存在一定关联性；原被申请人在实际使用中具有攀附申请人高知名度商标的主观故意，已在法院生效判决中予以确认。争议商标使用在指定服务上易使消费者误认为其指定服务来源于申请人或与申请人之间存在密切关联，损害申请人权益。最终判定争议商标的注册违反了2001年《商标法》第13条第2款的规定。本案的典型意义在于关于“一事不再理”原则在评审案件中的适用与关于超五年适用复制、模仿、翻译为相关公众所熟知商标的条款中恶意的判定。

2. 启动商标连续三年不使用撤销程序

商标使用是指将商标用于商品、商品包装或者容器以及商品交易文书上或将商标用于广告宣传、展览以及其他商业活动中用于识别商品来源的行为，对商标使用的判定贯串商标注册、审查、侵权纠纷处理等各个环节。商标的使用是商标功能实现的前提，只有发挥商标的识别来源功能，才能构成商标的使用，是商标专用权得以维持和保护的必要条件。商标的价值体现在使用过程中，其所承载的商誉是通过商标的使用而获得的。

商标的使用需满足以下要件：一是商标使用人是商标权利人或经权利人授权的主体；二是商标使用在指定或核定使用的商品或者服务；三是规范使用商标标志；四是商标使用地点为中国境内，包括在中国境内从事商品的生产、加工、销售或提供的相关服务；五是使用应为公开、真实、合法的商业性使用。

撤销连续三年停止使用的注册商标，立法目的在于激活商标资源、清理闲置商标，撤销只是手段，并非惩罚商标注册人。商标权人自行使用、许可他人使用以及其他不违背商标权人意志的使用，均可判断属于实际使用的行为。实际使用的商标与核准注册的商标虽有细微差别，但未改变其显著特征的，视为注册商标的使用。没有实际使用注册商标，仅有转让或许可行为，或者仅有商标注册信息的公布或者对其注册商标享有专有权的声明等的，不宜判断为商标使用。

如果商标权人因不可抗力、政策性限制、破产清算等客观事由，未能实际使用注册商标或者停止使用，或商标权人有真实使用商标的意图，并且有实际使用的必要准备，但因其他客观事由尚未实际使用注册商标的，均可判断有正当理由。实践中，使用证据的检索对于商标显著性识别、持续保有商标权及侵权判定等都极其重要。

3. 可以与商标权利人协商购买或签署共存协议

部分企业通过协商购买或意图签署共存协议，消除商标在先权利障碍。商标共存是指两家不同的企业在商品或服务上使用相似商标，而并不必然相互妨碍其商业活动。是否允许在后申请商标与在先已经注册的商标共存应当结合案件具体情况，重点考虑以下内容：

（1）是否属于相同商品上的相同商标；

（2）商标共存的内容是否清晰具体；

（3）商标标识是否存在差异；

（4）相关商标的使用情况；

（5）是否涉及重点公共利益。

关于共存协议的效力，我国法律并未明确规定，目前实务中对共存协议的态度并不完全统一，目前司法、行政程序均持比较保守的态度。商标共存协议在商标驳回复审程序、驳回复审诉讼程序、无效宣告程序均可提交。

商标购买属于典型的商标转让行为，对于注册申请阶段的商标、已注册商标以及权利主体注销后的商标都可转让。注册申请阶段的商标包括：申请阶段、申请驳回后复审程序中的商标、初审公告后处于异议程序中的商标、异议后处于不予注册复审程序中的商标以及进入诉讼程序的注册申请中的商标，但是如下商标不得转让：

（1）申请中的商标已经驳回且生效的；

（2）注册商标已经被无效且生效的；

（3）注册商标被撤销且已经生效的；

（4）期满未续展的注册商标或者宽展期未续展的注册商标；

（5）被人民法院冻结的注册商标；

（6）处于质押登记期内的注册商标；

（7）其他不得转让的事由。

需特别注意：一方面，商标转让应遵守“一并转让”原则。《商标法》第42条规定，转让注册商标的，转让人和受让人应当签订转让协议，并共同向商标局提出申请。受让人应当保证使用该注册商标的商品质量。转让注册商标的，商标注册人对其在同一种商品上注册的近似的商标，或者在类似商品上注册的相同或者近似的商标，应当一并转让。对容易导致混淆或者有其他不良影响的商标转让，商标局不予核准，书面通知申请人并说明理由。转让注册商标经核准后，予以公告。受让人自公告之日起享有商标专用权。另一方面，商标权主体已经消灭的商标转让。商标权人为自然人的，其死亡后，受让人应提供享有合法继承该受让商标权的文件材料；商标权人为企业的，其注销后，受让人应提供企业注销证明、清算证明、股东身份证明等相关文件材料。

思考题

1. 《类似商品和服务区分表》的使用方法 。

2. 思考商标注册全流程，各阶段检索重点是什么？

3. 以常见商标为例，以国家知识产权局商标局网为例完成其初步检索。

4. 检索本章实务探讨案例商标决定文书及其他商标信息。

第五章　版权信息检索

图书、期刊、论文、科技报告、图片、音乐、视频等，大多数情况下是作品，又承载了著作权权属信息与作品内容信息，广泛存在于我们的工作学习与生活之中。网络信息资源检索、商标信息检索等与著作权检索也有千丝万缕的联系，本章专门对与著作权相关的检索进行介绍。

第一节　著作权信息检索概览

作品具有信息属性，加之著作权的无形性与著作权载体的可复制性特征，使得著作权信息检索与利用普遍存在。本节简要介绍著作权客体与著作权实务工作中常见的检索类型。

一、著作权客体

著作权的客体为作品，人人可能成为著作权人，人人可能成为作品信息检索与利用的主体。容易产生误认的是，凡是我们能检索到的信息皆为作品，根据信息论创始人申农的界定，信息是减少不确定性的因素，《著作权法》第3条指出，“本法所称的作品，是指文学、艺术和科学领域内具有独创性并能以一定形式表现的智力成果”，作品作为智力成果表达，是能够减少不确定性的因素，属于信息的重要组成部分。反之则不成立，因为信息还包括作品之外的信息，如动物发出的信息、大自然形成的信息等。

（一）作品

根据《著作权法》规定，作品包括文字作品、口述作品、音乐、戏剧、曲艺、舞蹈、杂技艺术作品、美术、建筑作品、摄影作品、视听作品、工程设计图、产品设计图、地图、示意图等图形作品和模型作品、计算机软件等类型，上述作品表现形式多样，这会导致作品信息资源的多样性。我国《著作权法》于2020年第三次修改，将“法律法规规定的其他作品类型”改为“符合作品特征的其他智力成果”，我国从作品类型法定向作品类型开放模式转变，[1]这要求检索者理解作品特征，能判断何种客体受著作权保护，提高自身信息检索能力尤其是类案检索的能力，持续关注作品类型开放下的著作权法理论与司法实践，避免走入认识误区，引发侵权风险。

《著作权法》第4条规定，著作权人和与著作权有关的权利人行使权利，不得违反宪法和法律，不得损害公共利益。国家对作品的出版、传播依法进行监督管理。要注意，作品并不因为内容违法、损害公共利益而不受著作权法保护。符合作品要求的客体一经完成自动取得著作权，国家依法禁止或限制其传播。该类客体也属于著作权客体涵盖的范畴。

（二）不受著作权保护的客体

根据著作权法的基本原理，著作权法只保护表达而不保护思想，因此在实践中要分析检索结果，排除著作权法不保护的公式、操作、方法等。

不受著作权法保护的客体还包括法律、法规，国家机关的决议、决定、命令和其他具有立法、行政、司法性质的文件，及其官方正式译文；单纯事实消息；历法、通用数表、通用表格和公式。2020年《著作权法》将“时事新闻”修改为“单纯事实消息”，进一步明确“单纯事实消息”不受保护，而针对单纯事实消息撰写的新闻作品受著作权法保护，故对作品检索时不能忽略新闻作品。

二、著作权权利限制与例外

在信息社会，作品产生速度前所未有，传播范围不受时间、地点、空间等限制，国家公共文化机构为社会公众提供了多元化的检索与利用途径，助推社会主义文化的繁荣发展，我们可以凭借较强的信息素养获取利用作品，但在利用作品时不能突破法律界限，需注意权利保护期、合理使用、法定许可等有关规定。

（一）作品的保护期

根据著作权法规定，自然人的作品，其发表权、经济权利的保护期为

[1] 王迁.《著作权法》修改：关键条款的解读与分析（上）[J]. 知识产权，2021（1）：20－35.

作者终生及其死亡后五十年，截止于作者死亡后第五十年的 12 月 31 日；如果是合作作品，截止于最后死亡的作者死亡后第五十年的 12 月 31 日；法人或者非法人组织的作品、著作权（署名权除外）由法人或者非法人组织享有的职务作品，其发表权的保护期为五十年，截止于作品创作完成后第五十年的 12 月 31 日，经济权利保护期为五十年，截止于作品首次发表后第五十年的 12 月 31 日，但作品自创作完成后五十年内未发表的，著作权法不再对其保护；视听作品，其发表权的保护期为五十年，截止于作品创作完成后第五十年的 12 月 31 日。

时间比较久远的作品，一旦过了保护期，公众可以公知公用。值得注意的是，作者的署名权、修改权、保护作品完整权的保护期不受限制，即使过了经济权利保护期，也不得有改头换面署其他人姓名等违法行为，不得随意歪曲篡改作品甚至贬损作者声誉。

（二）权利的限制

在某些特定情况下使用已经发表的作品，可不经著作权人许可，不向其支付报酬，但应当指明作者姓名或者名称、作品名称，并且不得影响该作品的正常使用，也不得不合理地损害著作权人的合法权益，主要包括个人学习研究使用、在介绍评论中适当引用、课堂教学使用、国家机关执行公务使用、公共场所艺术作品的使用等合理使用法定情形。

法定许可是指在某些法定情形下使用已经发表的作品，可不经著作权人同意，但应向著作权人支付报酬，说明作者姓名、作品名称和出处，不得侵犯著作权人依照著作权法享有的其他权利。主要包括：（1）作品刊登后，除著作权人声明不得转载、摘编的外，其他报刊转载或者作为文摘、资料刊登。（2）为实施义务教育和国家教育规划而编写出版教科书，在教科书中汇编已经发表的作品片段或者短小的文字作品、音乐作品或者单幅的美术作品、摄影作品、图形作品。（3）录音制作者使用他人已经合法录制为录音制品的音乐作品制作录音制品。（4）广播电台、电视台播放他人已发表的作品。

三、著作权检索类型

新作品完成后，著作权产生，为了更好地保护作品，我们可自愿选择对作品进行登记，产生版权登记信息，取得版权登记证书。假如有人提起侵权诉讼，我们积极应对的同时，可能需要获取对方当事人作品内容信息及作品版权登记信息以进行比对分析、检索有无公有领域的在先相关信息，初步判断侵权与否，有时需要检索大量信息以论证相关领域之思想表达的界限等。我们一方面要掌握版权登记等信息的检索途径，另一方面要熟悉有关信息资源平台，以检索获取作品内容等信息，如检索图书、期刊论文、图片、视频、音频等。另外有时需要获取附着作品的商品相关信息等。著作权检索类型主要包括权属检索、相似性检索及侵权抗辩检索。

（一）权属检索

作品系完成即产生著作权，部分作品无法通过公开渠道检索，不同于专利、商标等注册公示权利原则，著作权某些作品的公示性不强，部分实务界人士容易忽视检索的重要性。如无相反证明，在作品上署名的公民、法人或者其他组织为作者。若检索出相反证据，可能产生至关重要的影响。

无论是对权利人的初始固定、公示作品的权属状态，抑或避免著作权转让、许可过程中出现权利瑕疵、引发纠纷等，作品的权属检索都极其重要。部分作品权属信息公示性较强，如带有 ISBN 的正式出版书籍、带有 ISSN 的期刊刊载的文章与已经进行版权登记的作品等。

（二）相似性检索

著作权侵权的判断原则为“接触 + 实质性相似”，其中实质性相似认定，属于判定侵权环节的核心。相似性检索，既包括对作品具体内容的检索或作品架构表达的检索，也包括简单的初步比对检索。相似性检索对于作品独创性认定、侵权判定、侵权抗辩事由审查都有所帮助，比如在先作品的参照与借鉴。不同类型的作品实质性相似认定标准不同，检索侧重点有所不同。部分作品属于片段式截取、模仿类，如视听作品、音乐作品、舞蹈作品的片段等，直接检索视听作品、音乐作品、舞蹈作品的原始内容比对即可。对于文字作品、图形作品等，实务中存在专门的网站、比对软件辅助判断。对于计算机软件等，可能需要通过计算机软件源程序、文档等文件分别检索比对，进而判断是否构成实质性相似。

（三）侵权抗辩检索

著作权法以保护著作权人权利、鼓励作者创作、促进社会主义文化与科学事业发展繁荣为目标，在作品利用过程中，不可避免地将公有领域的用语与表达为我们创作新作品所用，又产生了源自本人而非抄袭的独创性表达，形成新作品，要求在创作过程中要审慎使用有在先著作权权利人的各类信息，注意哪些人类智力成果表达未超过保护期、未经许可不得使用，哪些可以不经许可但需支付报酬使用等。结合《著作权法》第 24 条、第 25 条等，检索作品使用情形是否属于法律规定的法定许可、合理使用等，在必要时，还可对有关表达是否为公有领域的内容进行多方面的检索与验证，尽可能检索判断是否存在侵权抗辩事由的客观事实。

第二节　版权登记管理信息检索

著作权人可自愿选择版权登记，方便后期提供著作权权属初步证明材料，相关部门的信息平台提供了信息公示与信息查询的通道，这些信息的获取可辅助确认著作权归属，在关键时刻可能起到重要作用。本节主要对与版权登记、版权管理等相关的信息进行介绍。

一、中国版权保护中心

（一）中国版权保护中心概况

中国版权保护中心是国家设立的综合性著作权社会管理和社会服务机构，是我国国家版权登记机构，我国唯一的计算机软件著作权登记、著作权质权登记机构。1998 年，原新闻出版署（国家版权局）组建中国版权保护中心，将计算机软件和其他各类作品著作权登记、涉外音像制品合同登记、涉外录音录像作品著作权认证、侵权作品鉴定、著作权法律咨询服务等工作移交中国版权保护中心负责。2015 年，中国版权保护中心和中华版权代理中心合并为中国版权保护中心（中华版权代理中心），2018 年，中国版权保护中心（中华版权代理中心）转隶到中共中央宣传部。❶

根据《作品自愿登记试行办法》，作品登记申请者应当是作者、其他享有著作权的公民、法人或者非法人单位和专有权所有人及其代理人。作

---

❶ 中国版权保护中心（中华版权代理中心）简介［EB/OL］.（2020 - 01 - 22）［2021 - 03 - 01］. https：//www. ccopyright. com. cn/index. php？ optionid =977.

品实行自愿登记，作品不论是否登记，作者或其他著作权人依法取得的著作权不受影响。著作权登记的作品，取得作品登记证书后，可作为初步证明文件，不能当然认定为登记者为著作权人，如没有其他证据或依据，登记信息及证书将对纠纷的解决起到至关重要的作用。我国《著作权法》第3条规定的各类作品均可申请登记，在版权纠纷中，版权登记是作品的权利人维护合法权益的重要手段，可以通过中国版权保护中心（http://www.ccoprigyht.com.cn/）进行版权登记、查询版权登记。

（二）全国作品登记信息数据库管理平台

2011年10月，国家版权局下发《关于进一步规范作品登记程序等有关工作的通知》。为强化版权公共服务功能，完善作品登记制度，逐步实现作品登记工作统一管理的目标，该《通知》从作品登记申请受理、审查、时限、证书内容、登记表证格式、信息统计等方面做了详细规定。国家版权局在全国作品登记工作中将统一登记程序、统一作品登记证书格式内容、及时统计作品登记信息，并建立全国作品登记信息数据库，以便统一公告、查询等。中国版权保护中心承担全国作品登记信息统计、查询及公告的任务，其“全国作品登记信息数据库及公告查询”系统，形成全国作品登记数据库（如图5－1所示），并作为国家登记档案信息对外公示，提供登记信息查询及相关数据的统计，为国家版权管理机构提供权威的版权登记数据，用户可在中国版权保护中心及其官网（http://qgzpdj.ccopyright.com.cn/registrationPublicity.html）查询版权登记情况。

《国家版权局关于进一步规范作品登记程序等有关工作的通知》要求《作品登记申请表》和《作品登记证书》应载有作品登记号，作品登记号格式为地区编号—年份—作品分类号—序号（8位起始）。在选择输入登记号字段检索时，要求输入准确登记号，如官方示例“国作登字－2013－M－1791”。根据表5－1所示地区编号列表，示例中“国作登字”对应的是国家版权局，根据表5－2所示“作品/制品类型及分类号”，M为口述作品。用户可以选择从图5－1所示全国作品登记信息数据库管理平台输入登记号、著作权人/权利人、作品名称等进行检索，命中检索结果信息包含登记号、作品名称、作品类型、著作权人等内容。用户也可以切换到登记公示页面进行检索。

表 5－1　地区编号列表

北京市：京作登字	安徽省：皖作登字	云南省：滇作登字
上海市：沪作登字	福建省：闽作登字	陕西省：陕作登字
天津市：津作登字	江西省：赣作登字	甘肃省：甘作登字
重庆市：渝作登字	山东省：鲁作登字	青海省：青作登字
河北省：冀作登字	河南省：豫作登字	西藏自治区：藏作登字
山西省：晋作登字	湖北省：鄂作登字	广西壮族自治区：桂作登字
辽宁省：辽作登字	湖南省：湘作登字	内蒙古自治区：蒙作登字
吉林省：吉作登字	广东省：粤作登字	宁夏回族自治区：宁作登字
黑龙江省：黑作登字	海南省：琼作登字	新疆维吾尔自治区：新作登字
江苏省：苏作登字	四川省：川作登字	国家版权局：国作登字
浙江省：浙作登字	贵州省：黔作登字	

表 5－2　作品/制品类型及分类号

作品/制品类型及分类号		
文字 A	杂技 N	工程设计图、产品设计图 J
口述 M	美术 F	地图、示意图 K
音乐 B	建筑 O	模型 P
戏剧 C	摄影 G	其他作品 L
曲艺 D	电影 H	录音制品 S
舞蹈 E	类似摄制电影方法创作作品 I	录像制品 V

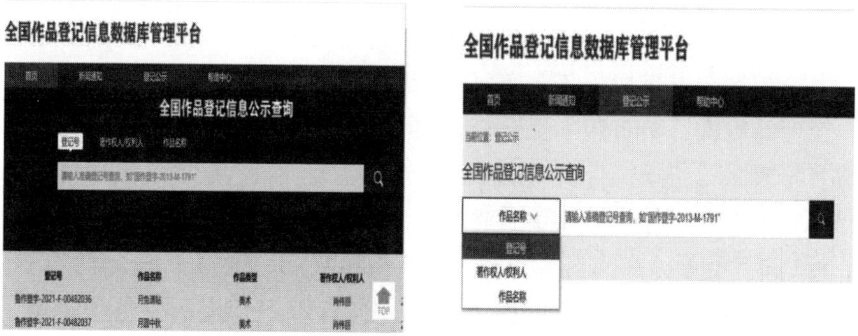

图 5－1　全国作品登记信息数据库管理平台

《作品自愿登记试行办法》规定，国家版权局负责外国以及我国台湾地区、香港地区和澳门地区的作者或其他著作权人的作品登记工作。各省、自治区、直辖市版权局负责本辖区的作者或其他著作权人的作品登记工作。在实践中，各省区也建立版权信息登记、公告、查询平台，作品登记机关是国家版权局和各省、自治区、直辖市版权局，为便利著作权人，提高服务效率，部分作品登记机关委托办理作品登记业务的机构具体办理。著作权人可以按照《作品自愿登记试行办法》和各办理机构受理作品登记申请的要求，直接到办理机构（无办理机构的可到登记机关）申请作品登记。登记机构要完善作品登记信息统计及报送制度，建立作品登记数据库，联网的即时传送，尚未联网的要将本地区作品登记情况以电子版方式在每月的最后一天前报送中国版权保护中心，进入国家登记档案。国家版权局将在指定的报刊和网站上对作品登记情况进行统一公告和查询。各作品登记机关出具的作品登记证书均为国家版权局统一监制，加盖由各登记机关单位名称和作品自愿登记专用章字样组成的印章，具有同等效力。

近年来，社会公众版权保护意识逐渐提升，作品登记数量不断增长，各省、自治区、直辖市也在积极推动著作权数据库信息系统的开发与利用，如河北省版权信息数据库平台、天津市作品著作权登记系统等，除了包含版权基本信息的检索，平台还从作品登记确权入手，在作品登记、许可转让、价值转化等环节设置了技术措施，有利于著作权人创作、许可、交易、收益、再创作的良性循环，助力版权全链条保护与价值转化。[1]

二、中宣部数据中心

中国版本图书馆成立于1950年，是我国唯一一家负责出版物征集、典藏、管理的机构，负责版本文化资源的整理、发掘、抢救和保护，承担出版物书号发放、条码制作、在版编目审核、版本征集催缴等职能。2018年，中国版本图书馆转隶中央宣传部，副牌更名为“中央宣传部出版物数据中心”，中央宣传部出版物数据中心（https：//pdc. capub. cn/）是我国唯一的国家级出版物数据生产服务机构，拥有版本管理的完整数据链，有

---

[1] 姚杰，王旭泽，王潇，等．河北省政府新闻办“河北省版权信息数据库平台上线”新闻发布会全程实录［EB/OL］．（2018－04－26）［2022－05－20］．http：//heb. hebei. com. cn/system/2018/04/26/018767874. shtm.

书号实名申领数据（ISBN 数据）、图书在版编目数据（CIP 数据）、馆藏出版物样本数据（以下简称“馆藏数据”）、出版社年检数据和网络文学作品标识数据等核心数据库。❶

通过中宣部数据中心，可以检索到图书相关版权数据，如图 5－2 所示，支持 CIP 核准号、ISBN 号、书名、作者、出版社、关键字等信息检索。个人用户，检索结果只能显示 10 条数据，建议使用搜索栏进行多条件联合检索。联合检索时，需在不同搜索条件间添加空格。例如“著作权 北京大学出版社”。也可通过高级检索页面有针对性地检索。

图 5－2　中宣部数据中心出版物检索

一般情况下，凡是装订成册并配有国际标准书号（ISBN）的图书，均应实施图书在版编目数据（CIP）数据标准。但部分图书类型是可不申请图书在版编目数据 CIP 的，如用户通过 CIP 检索这部分图书，将未见检索结果。这部分图书主要有：

（1）中小学课本、教材、练习册及假期作业（不含中小学教学参考书）。

（2）低幼读物（不含幼儿园教师用书及家长辅导用书）。

---

❶ 中国版本图书馆（中央宣传部数据中心）［EB/OL］.［2022－06－01］. https：//pdc. capub. cn/about. html#/index.

（3）小于64开本（含）的连环画册。

（4）未装订成册的图片、画页、明信片、知识卡片、歌片、曲谱、字帖、地图、游览图、教学挂图、年画等。

（5）单种印行的各种技术标准、规程、规范（不含汇编本及使用说明）。

（6）笔记本形式的手册，如纪念册等。

（7）各种形式的挂历、台历等。

另外，CIP数据由出版社通过CIP系统上传，可能存在出版社漏传的情况。

三、著作权集体管理组织

著作权集体管理，是指著作权集体管理组织经权利人授权，集中行使权利人的有关权利并以自己的名义与使用者订立著作权或者与著作权有关的权利许可使用合同、向使用者收取使用费、向权利人转付使用费、进行涉及著作权或者与著作权有关的权利的诉讼、仲裁等。我国目前著作权集体管理组织主要有中国文字著作权协会、中国音乐著作权协会、中国音像著作权集体管理协会、中国摄影著作权协会、中国电影著作权协会。

根据著作权法相关规定，著作权集体管理组织根据授权向使用者收取使用费。著作权集体管理组织应当将使用费的收取和转付、管理费的提取和使用、使用费的未分配部分等总体情况定期向社会公布，并应当建立权利信息查询系统，供权利人和使用者查询。权利信息查询系统应当包括著作权集体管理组织管理的权利种类和作品、录音录像制品等的名称、权利人姓名或者名称、授权管理的期限。权利人和使用者对著作权集体管理组织管理的权利的信息进行咨询时，该组织应当予以答复。国家著作权主管部门应当依法对著作权集体管理组织进行监督、管理。如未建立权利信息查询系统，由国务院著作权管理部门责令限期改正。

（一）中国文字著作权协会

中国文字著作权协会于2008年10月24日成立，由中国作家协会、国务院发展研究中心等12家单位和陈建功等500多位我国各领域著名的著作权人共同发起。管理的作品具体为报纸、期刊、图书、电子出版物和数字化制作等文字作品，涉及的权利主要有信息网络传播权、广播权、汇编

权、表演权以及法定许可等。❶

如图 5－3 所示，用户可在中国文字著作权协会官网（http：//www. prccopyright. org. cn/default. aspx）进行稿酬查询、作者信息备案、认领作品等。

图 5－3 中国文字著作权协会信息检索

（二）中国音乐著作权协会

中国音乐著作权协会（以下简称“音著协”）由国家版权局和中国音乐家协会于 1992 年 12 月 17 日共同发起成立。音著协音乐作品许可业务范围主要包括机械复制、出版音像制品、制作卡拉 OK 点唱机、举办现场演出活动、餐厅、酒吧、宾馆、歌厅、飞机客舱、火车车厢等公共场所播放背景音乐，广播电台、电视台播放音乐作品、信息网络传播等使用行为。音著协作品资料部管理会员的音乐作品及相关资料，发挥着“信息数据库”的作用。

音著协于 1994 年 5 月加入国际作者和作曲者协会联合会（CISAC）。在 CISAC 框架下，音著协已与 70 多个国家和地区的同类组织签订了相互代表协议。2007 年 6 月，音著协成为国际影画乐曲复制权协理联会（BIEM）成员。

2009 年 3 月，音著协被批准成为国际标准音乐作品编码，即 ISWC 编码中国大陆地区唯一代理机构。该编码具有在世界范围内、在所有音乐载体及传播方式中识别每首音乐作品的唯一性的特征。音著协会员名单和作

❶ 协会简介［EB/OL］.［2022－07－01］. http：//www. prccopyright. org. cn/staticnews/2010－01－28/1001 28145635437/1. html.

品资料已分别汇入国际权利人数据信息系统（IPI）和国际标准音乐编码（ISWC），从而将中国音乐著作权人的作品纳入国际识别系统。一旦中国作品在海外被使用，其权益便可及时得到保护。

中国音乐著作权协会官网（http：//www. mcsc. com. cn/）首页有公示信息栏目，如图5－4所示，提供了分配通知、使用费认领、管理作品检索、会员名录等信息服务。免费向社会公众提供音乐作品名称、作曲者、作词者等相关信息检索，其检索较易操作，检索结果包含海外会员的部分作品。

图5－4　中国音乐著作权协会信息检索

2021年8月20日，由音著协开发的“音乐著作权大集成服务系统”（Integrated System of Music Copyright，iSMC系统）在音著协官网上线（http：//www. mcsc. com. cn/ismc/）。iSMC系统将数字化技术与著作权管理实践结合，依托覆盖全球范围的音乐作品著作权信息管理大数据系统和横贯各主要行业的音乐使用监测大数据系统，打造音乐作品信息数据和著作权服务一体化的集成平台，为中外音乐著作权人、音乐使用者乃至国家和社会提供便捷高效的一体化著作权服务，一站式解决作者入会、作品登记、作品检索、许可管理、使用费分配等问题。音乐著作权大集成服务系统，包括著作权信息管理大数据系统、音乐使用监测大数据系统、会员服务系统、使用费分配系统、MORP数字音乐著作权注册系统、使用者服务系统等子系统等。

著作权信息管理大数据子系统与国际作者作曲者协会联合会（CISAC）著作权信息数据库全面接轨，在世界范围内对音乐著作权进行数字化管理。音乐使用监测大数据系统子系统对音乐使用情况进行统计、监测，为使用费分配等提供辅助支持。其数据来自广播电台、电视台提供的音乐使用报告，还包括音著协与国际知名音乐监控公司合作自动识别广播使用的海量音乐作品数据信息。会员服务系统子系统为会员提供个人信息查询、作品登记与使用费分配查询等服务。使用费分配子系统将每首音乐使用报表与著作权信息管理大数据系统中的著作权信息进行匹配，用于许可使用费的分配。

MORP 数字音乐著作权注册子系统是音著协根据我国著作权登记制度建立的音乐作品著作权在线注册系统。该子系统可为音乐作词者、作曲者提供音乐作品在线自愿登记服务，作者可通过 MORP 数字音乐著作权注册平台上传作品，方便用户音乐检索并确认著作权信息。音乐版权检索页面如图 5－5 所示，其主要针对音著协的会员作品和版权注册系统的作品提供检索服务。社会公众可以通过该平台对已注册音乐作品的基本信息进行检索和浏览。所有的音著协会员和注册系统的会员也可以通过登录的方式查看作品信息。

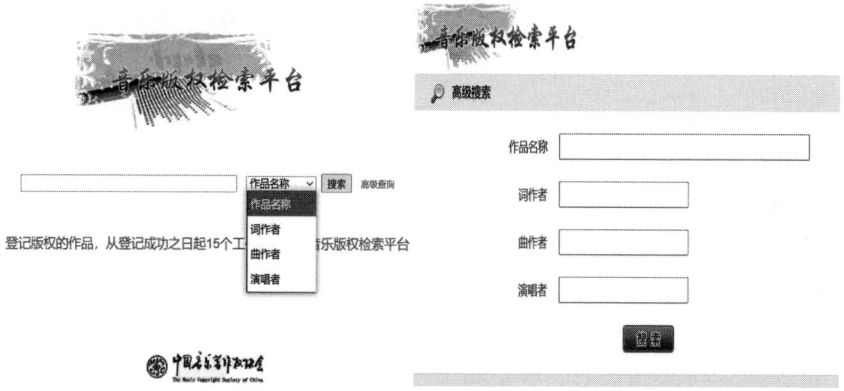

图 5－5 音乐版权检索界面

使用者服务系统子系统是音著协方便音乐作品使用者在线检索协会管理的音乐作品、在线申请音乐作品著作权许可的服务系统。音乐作品使用者可在线申请演唱会、音乐会等现场表演和图书、音像制品等复制音乐作品的著作权许可。内容安全审核系统子系统通过对作品内容与敏感词库进行比对，给出安全审核意见并可导出歌词审核结果，对歌词内容进行安全审核与监控，可对需要使用歌词安全监控的国家有关监管单位、音乐平台等提供程序接口。

从音著协官网首页可以进入歌曲信息检索（http：//search. mcsc. com. cn/），如图 5 -6 所示，其中的歌曲信息均来自互联网，并非协会作品登记的数据，不作为协会授权和分配依据。歌曲信息检索可以进行词曲作者、表演者、专辑名、作品名多条件组合检索，检索结果详情页面以歌手、专辑、歌曲、语种、曲风等为维度展示信息，歌词结果逐行进行歌词展示。

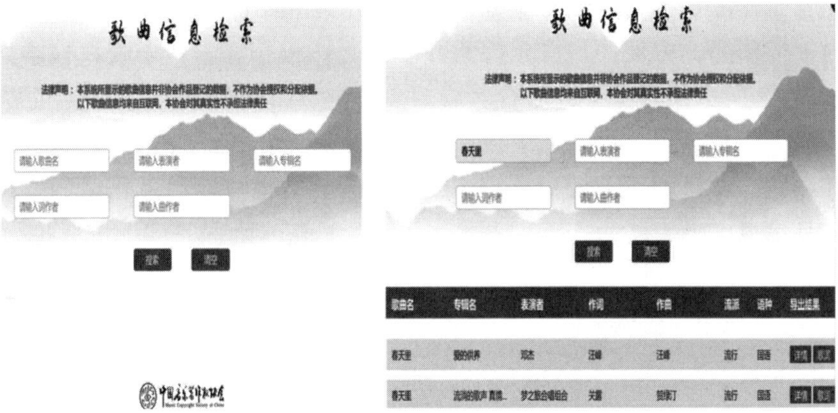

图 5 -6　歌曲信息检索平台

（三）中国音像著作权集体管理协会

中国音像著作权集体管理协会（官网 https：//www. cavca. org/）成立于 2008 年，是我国音像著作权集体管理组织，其在授权方面获得了广泛的代表性，涵盖目前卡拉 OK 市场使用的绝大多数作品。涉及的权利类别包括表演权、放映权、广播权、出租权、信息网络传播权、复制权、发行权等。

中国音像著作权集体管理协会按照卡拉 OK、广播电视台、商业场所、互联网平台等用户分类进行服务，如图 5 -7 所示，提供了权利人入会、权利公示等功能。权利公示作品库是依照《著作权集体管理条例》建立的权利信息查询系统，收录音乐类视听作品或录像制品，权利人授权中国音像著作权集体管理协会管理的权利种类主要为放映权、复制权，授权管理期限以会员与协会签订授权合同为准，期满自动顺延。凡在作品库中公示的作品均在授权有效期。

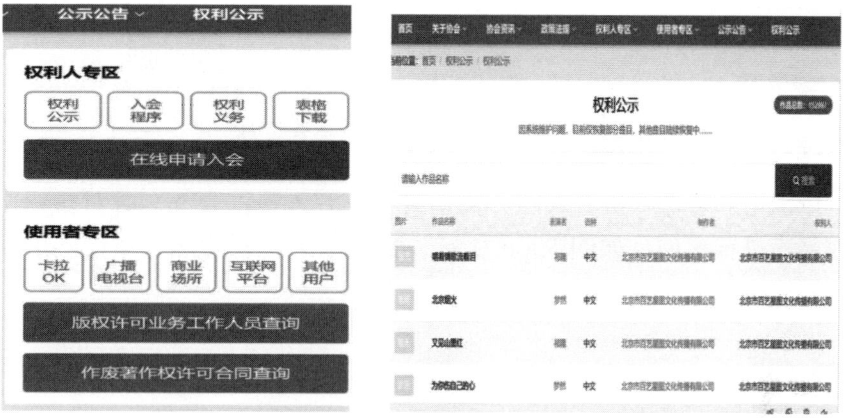

图5－7　中国音像著作权集体管理协会信息检索

（四）中国摄影著作权协会

中国摄影著作权协会于2008年成立，是由中国摄影家协会联合全国性摄影团体和著名摄影家发起的摄影著作权管理机构。其积极维护摄影家的权益，向国家立法机关建议修改《著作权法》，推动教科书使用摄影作品的版税支付等。

中国摄影著作权协会除对提供会员服务外，发布稿酬认领公告信息，公告的作品多数来自教科书中使用的摄影作品；按照时政、体育与健身、航空与航天、建筑与雕塑、人物、历史、风光、文化与艺术、文物与遗址、日常生活、交通与运输、工业与农业、卫生与健康、动物、植物、昆虫与微生物和其他等类别对摄影作品进行划分，方便作者核实摄影作品权利归属。

（五）中国电影著作权协会

中国电影著作权协会（官网 http：//www.cfca－c.org/index.php，见图5－8）是中国电影作品权利人的著作权集体管理组织。中国电影版权保护协会于2009年7月由行业维权组织转变为著作权集体管理组织，2009年10月，经民政部审批，正式更名为中国电影著作权协会。

图 5 –8　中国电影著作权协会官网

中国电影著作权协会官网为使用者、权利人提供服务，可对登记作品在作品库进行查询。如图 5 –9 所示，检索结果包含片名、年代、出品单位、导演等信息。

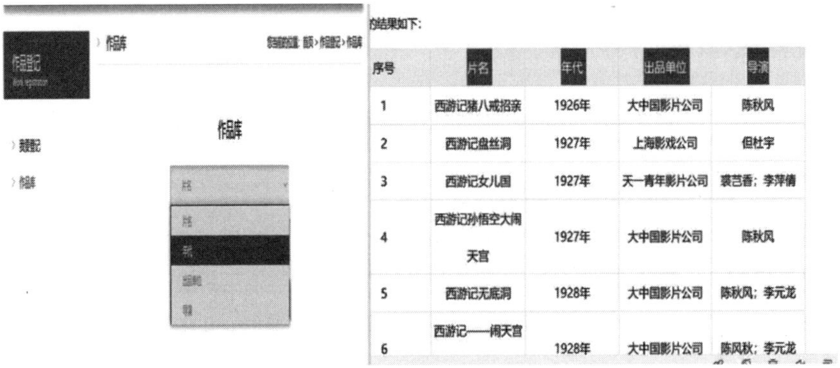

图 5 –9　中国电影著作权协会作品检索

四、其他版权登记信息检索

著作权与商标、专利的权属认定方法不同，且著作权公示亦并非权利生效要件，要避免实践过程中作品重复许可、转让，损害一方当事人利益。检索著作权相关合同或其备案等，可以更加明确合同双方约定的内容，减少作品使用的交易成本、降低交易风险，避免侵权纠纷的发生，并有助于权利人追究侵权人的侵权责任。

（一）版权合同/备案登记信息检索

著作权人通过签订转让、许可、质押合同等方式行使著作权，属于商业主体进行著作权利用的常见模式。《著作权法实施条例》第 25 条规定，与著作权人订立专有许可使用合同、转让合同的，可以向著作权行政管理部门备案。专有许可使用、转让合同的备案一般由省级著作权行政管理部门管理，各地主管机构不同，尚缺乏统一的管理部门。著作权人转让或许可他人使用作品的著作权，与受让方或被许可方签订著作权转让合同、著作权专有许可使用合同或非专有许可使用合同的，可以申请著作权合同备案。目前，根据申请人提交的材料，登记机关对著作权合同约定转让或许可的权利内容进行登记。不同管理机关可能对于备案管理材料要求不同。如以《上海市著作权合同备案办法》为例，主管机关系上海市版权局负责著作权合同备案，与著作权人订立著作权合同的本市居民、法人或者其他组织，可以申请著作权合同备案。实务中，对著作权合同检索核验查询等，可对管理机关、使用类型、作品类型等字段进行检索。

（二）版权质权登记信息检索

为方便开展相关担保融资业务，自 2022 年 9 月 26 日起，征信中心统一登记系统（https：//www. zhongdengwang. org. cn/）开始提供包括 6 个试点城市在内的全国范围著作权质权登记信息的统一查询服务。具体可依照《全国著作权质权登记信息统一查询操作指引》，以普通用户、个人常用户、机构常用户的身份登录登记系统，如图 5－10 所示，即可进行查询。担保人可为法人、非法人组织及自然人。

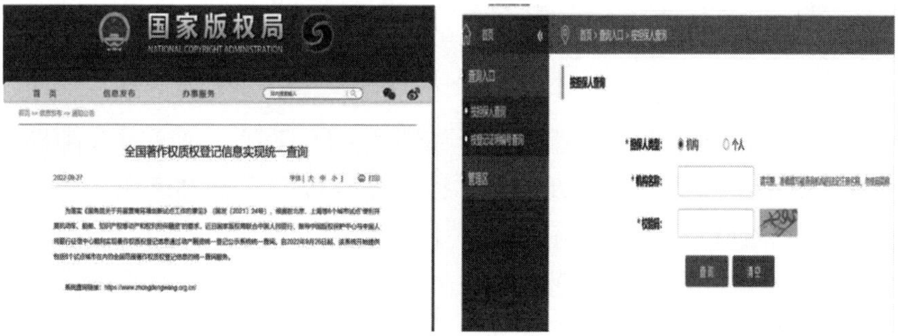

图 5－10　全国著作权质权登记信息

全国著作权质权登记信息可以通过对“担保人名称”与“登记证明编号”精确查询获取。需要注意以下问题：

（1）登记系统提供按担保人查询登记的功能，查询结果将展示所有在登记期限内的登记信息。

（2）查询人填写的机构名称或个人身份证件号码等要准确、完整。担保人为机构的，名称中某些符号和特定词语的输入与否，不影响查询结果。[1] 其中特定词语包括公司、责任、有限、股份、集团、发展、学、校、院、incorporation、co、company、corp、corporation、inc、limited、liability、ltd、partnership（英文字母不区分大小写）等。

第三节　版权作品国内信息源

对于作品内容独创性认定、作品侵权相似性比对等，无不需要还原作品内容，可通过对各类作品的信息源检索获取作品。对作品内容检索，确认其是否公之于众，作品一旦公开发表，对在先接触的判断也起到重要作用，除了传统纸质作品信息源，目前用户常用的是网络信息环境下的著作权相关信息源。本节内容主要基于网络环境下信息资源获取平台，选取读秀学术搜索、全国图书馆参考咨询联盟、CNKI 数据库等展开介绍。

一、读秀学术搜索

读秀可检索图书、报刊、专利、标准等多种类型学术资源。如果要检索的资源不是图书、知识等，而是专利、标准等，可以在“更多”中找到相应的频道，进行检索。下面仅以图书检索及文献获取为例进行简要介绍。

（一）图书简单检索

这里的简单检索又称快速检索，如图 5－11 所示，可通过分类导航列表逐级对图书进行浏览，也可在简单搜索框直接限定全部字段、书名、作者或主题词等进行“中文搜索”或“外文搜索”。

如选择全部字段输入“著作权法”进行检索，如图 5－12 所示，检索出书名、主题词、丛书名、目次等包含“著作权法”的相关结果。可根据检索需求与检索目的来调整检索策略，若需要得到较为精准的检索结果，还需要进一步缩减，如在左侧导航栏进行年代、学科、作者等的限定检索

---

[1] 中国人民银行征信中心动产融资统一登记公示系统［EB/OL］.［2022－12－12］. https：//www. zhongdengwang. org. cn/index. do.

或有针对性地对某一检索字段如书名包含“著作权法”的内容进行检索。

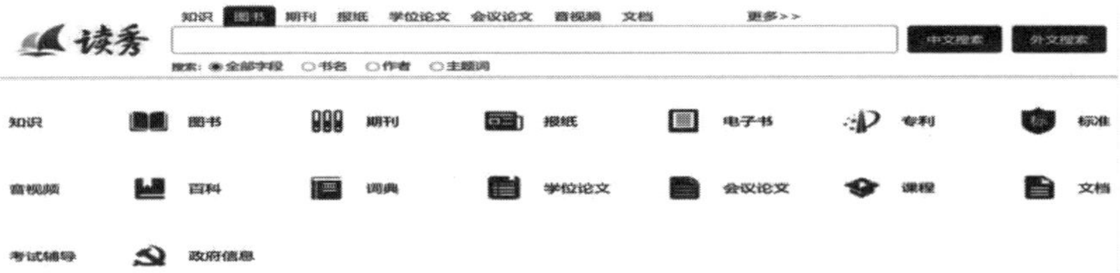

图 5 – 11　读秀简单检索界面

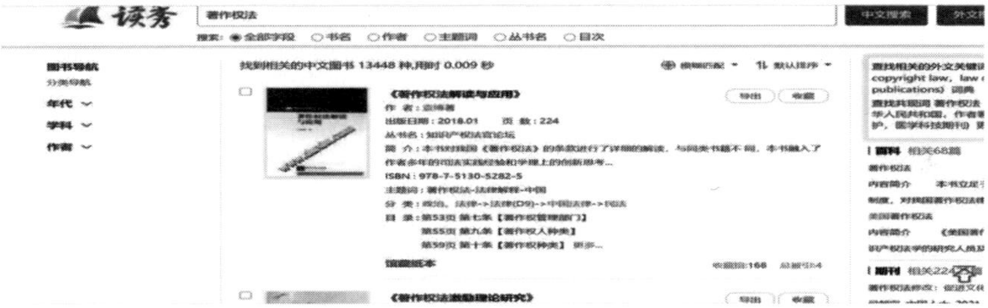

图 5 – 12　检索示例

读秀图书频道首页，左侧导航栏设有图书“分类导航”链接，如图 5 – 13 所示，点击“分类导航”，显示按照中国图书馆图书分类法设置的分类。点击一级分类或二级分类的链接，显示属于相应类别的图书及其子分类的链接。如点击一级分类“政治、法律”，则可浏览“政治、法律”类别的图书。

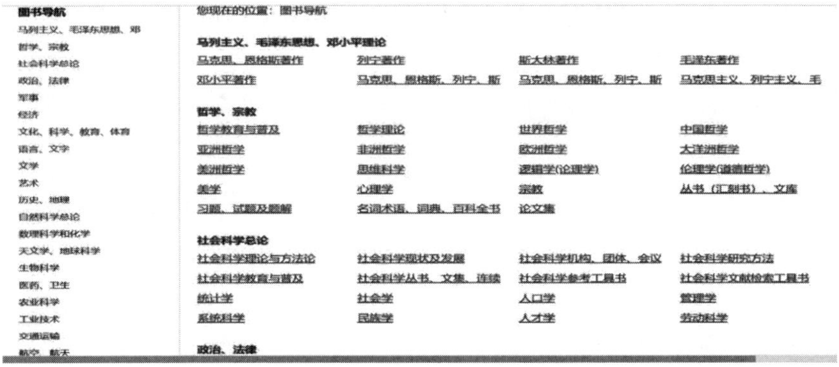

图 5 – 13　分类导航界面

（二）图书高级检索

高级检索界面提供了书名、作者、主题词、出版社、ISBN、分类、年代等多个检索字段，可在某一检索字段检索框中输入图书的相应信息，也可输入多个检索字段相关内容进行组配检索，输入完毕后点击“高级搜索”，如图5－14所示，更准确地定位到图书。字段选取不同，可能检索结果数量有较大差异，如输入ISBN等唯一标识码，若数据库收录有该作品资源，可检索出确定结果。输入中图分类号而不做其他限定，如输入D923.4知识产权类或其上位类D政治法律类等进行检索，可能会有批量检索结果出现，如检索结果过度冗余，可再次在高级检索界面输入其他字段如关键词等内容进行限定缩检，得到更为精确的结果。

图5－14　高级检索界面

（三）图书专业检索

点击图书频道首页简单检索框右侧的“专业搜索”链接可切换至图书专业检索页面。按照检索框下方的检索规则说明使用即可，如图5－15所示，输入“(T=著作权法|K=著作权法)*(2019<=Y<=2021)”可检索书名或关键词含有“著作权法”，且出版年限范围为2019—2021年的图书信息，注意以上符号均为半角符号。

高级检索、简单检索、专业检索三者可进行快速切换，比如高级检索界面可切换为中文图书专业检索，还可以直接切换跳转到中文专利、标准等信息资源的专业检索。

（四）文献获取

检索结果页图书标题后有“馆藏纸本”按钮，或在图书的详细信息页面中有“本馆馆藏纸书”链接，如图 5－16 所示，可点击该链接直接进入本单位图书馆系统。如在检索结果标题后有“阅读部分”按钮，可点击该链接选择在线“试读”或进行“文献传递”。

图 5－15　专业检索界面

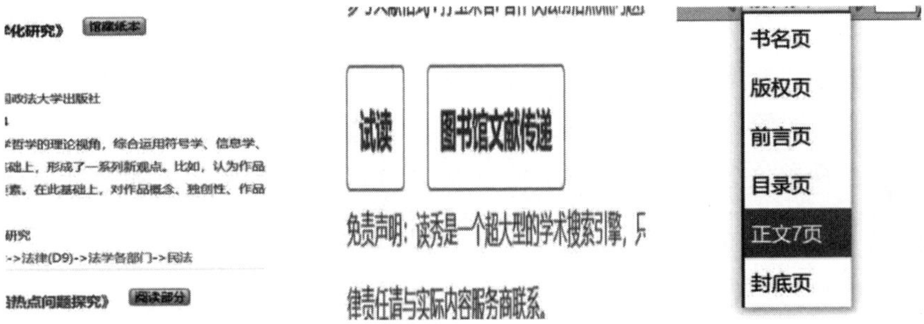

图 5－16　文献获取

在文献传递中，为保护著作权，图书的单次咨询不超过 50 页，同一图书每周的咨询量不超过全书的 20%，达到该咨询量后，将不能对本图书进行同一次咨询传递，等本次咨询链接失效后可再次咨询。文献传递结果有效期为 20 天。

二、全国图书馆参考咨询联盟

全国图书馆参考咨询联盟（http：//www. ucdrs. superlib. net/）是由广东省立中山图书馆牵头，300 多家成员馆，上千名参考咨询员参与的向全社会免费提供文献资源的服务平台，可提供网上参考咨询和文献远程传递

服务。❶

全国图书馆参考咨询联盟目前有图书、期刊、报纸、学位论文、会议论文与开放学术资源、国家标准、行业标准、专利等中文信息资源。另外，还有部分期刊、学位论文、会议论文等外文资源。

（一）图书检索

1. 用户注册登录

选择图书频道，在检索框输入关键词，点击“中文搜索”或“外文搜索”。同时，可以在搜索框下方选择全部字段、书名或作者等进行限定。也可通过右侧的高级检索更精确地查找图书，需先进行个人用户注册、登录，方可免费接受服务。

2. 检索技巧及示例

下面以王迁教授《著作权法》“黑棍小人案”里所涉及的《福尔摩斯探案集》为例，进行检索并获取《跳舞的小人》图书信息页面及图片。

因图书书名确定，可限定全部字段，如图 5－17 所示，在检索框中输入“福尔摩斯探案集”点击“中文搜索”进行检索，检索结果页面中，我们可通过左侧的“年代和学科”聚类、上方的“在结果中搜索”、每本图书的“查看相关分类结果”的分类链接（高级检索结果仅能通过此方法缩小）三种方式缩小检索范围。

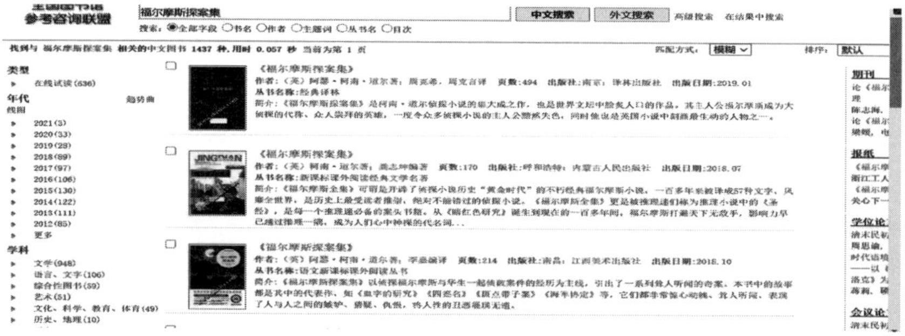

图 5－17　检索示例

❶ 全国图书馆参考咨询联盟服务指南［EB/OL］.［2022－02－01］. http：//www. ucdrs. net/admin/union/service. jsp.

从检索结果页面点击红色字体“福尔摩斯探案集”书名或封面进入图书详细信息页面。

进入检索结果具体详情页面，如图 5－18 所示，关于本版本《福尔摩斯探案集》的题名、作者、页数、封面、出版社、出版时间、主题词等详细信息将一一罗列。点击检索框下方“试读”链接文字按钮或页面右侧获取途径“试读”下方版权页、前言页、目录页、正文页蓝色文字标签，即可进入试读界面。

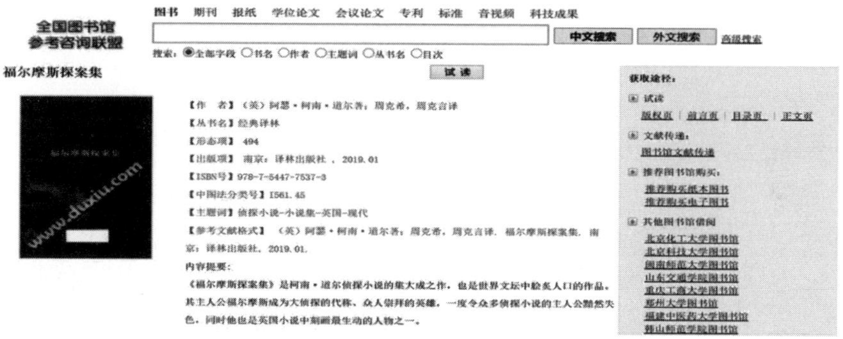

图 5－18　检索示例详情页面

试读详情页如图 5－19 所示，可以通过上方的一排按钮来进行放大、缩小、文字摘录、截取图片等各种操作。不难发现，“跳舞的小人”在目录中显示起始于第 280 页，而试读页并没有提供该部分内容。

图 5－19　检索示例试读详情页

可以返回图 5－18 所示检索结果详情页，在页面右侧点击“获取途径”第二部分“图书馆文献传递”，将会出现如图 5－20 所示内容。本检索需求页为起始于280页的部分内容，根据咨询规定，每本图书单次咨询不超过50页，同一图书每周的咨询量不超过全书的20%，所有咨询内容有效期为20天，可按照以上要求输入50页的信息获取需求，输入接收所传递文献的有效邮箱及验证码，确认提交。需注意：回复邮件可能会被当作未知邮件或垃圾邮件，若您没有收到回信，请查看一下不明文件夹或垃圾邮件箱，如遇长时间没收到文献的情形，请确认是否出现邮箱填写错误等情况。

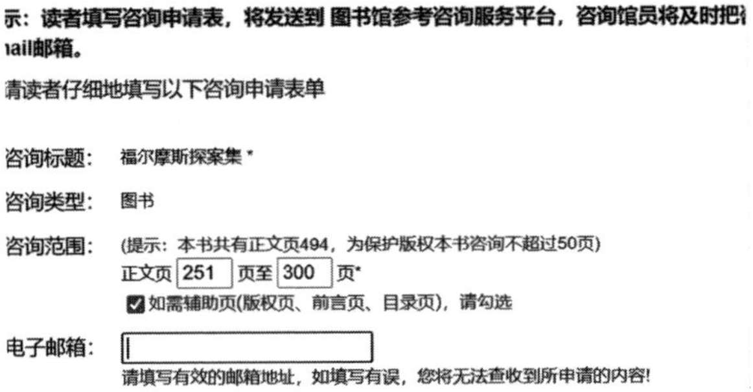

图 5－20　文献传递

邮箱获取文献后，定位到“跳舞的小人”部分，因我们需要获取图片，可选择“截取图片”抓取并保存图片，如需要对文字进行摘录，可截取相应区域，选取文字摘录进行转化，具体操作如图5－21所示。

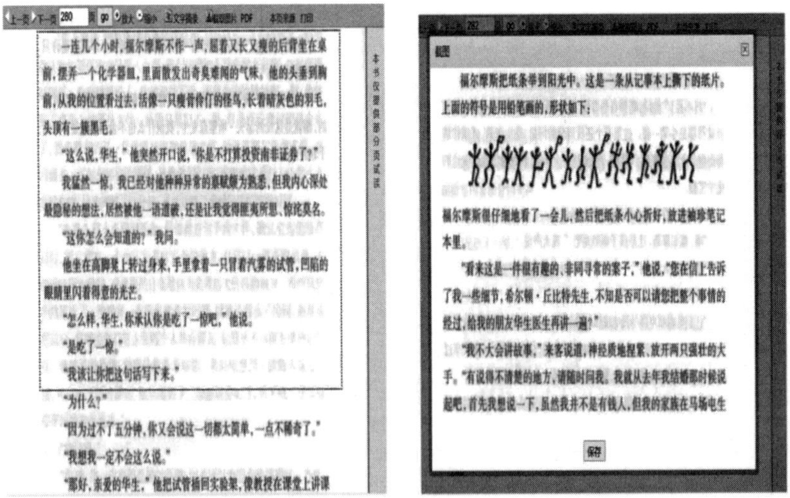

图 5－21　截取图片

（1）点击“文字摘录”或“截取图片”按钮，然后用鼠标左键标示出选取的文字范围（注意将文字全部选中）；

（2）点击“确认”；

（3）文本摘录、图片截取成功。

可将该文献资料在线打印，在下拉框内选择打印页数。如图 5－22 所示，在该页面也可查看本页来源即该文献资料的出处、作者、文内页码等信息。

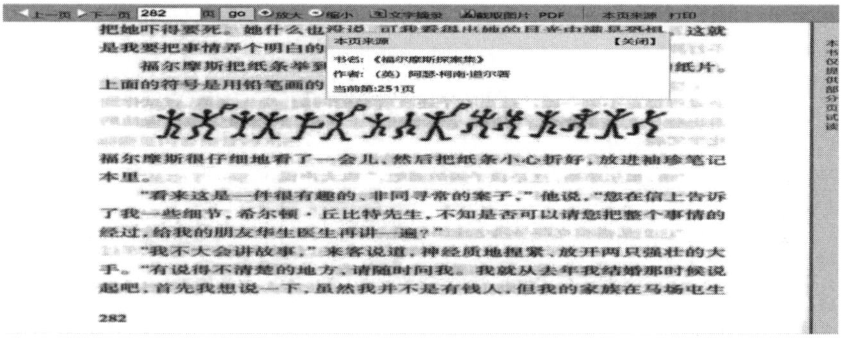

图 5－22　在线打印

（二）注意事项

全国图书馆参考咨询联盟用户在使用咨询服务时要遵守法律法规等，严禁连续、系统、集中、批量地进行传递或使用软件工具批量下载。所获得的文献仅供用户本人用于学习研究，严禁将所获得的文献提供第三人以及利用所获文献资料进行营利性活动或非法牟利等。[1]

三、CNKI 中国知网

CNKI 中国知网（www. cnki. net）可提供包括期刊、学位论文、会议论文、年鉴、报纸、图书、标准、专利、科技报告等文献类型的检索，是统一导航、统一检索方式、统一知网节为基础的资源平台。[2]

---

[1] 全国图书馆参考咨询联盟服务指南［EB/OL］．［2023－02－01］．http：//www. ucdrs. net/admin/union/service. jsp.

[2] cnki 全球学术快报 2. 0 使用手册．Cnki 总库设计与管理部［EB/OL］．［2023－02－01］．http：//piccache. cnki. net/index/helper/manuals. html#frame2－1－2.

（一）检索入口

中国知网在 2017 年 10 月 25 日对首页新版本进行更新，提供了文献检索、知识元检索和引文检索三个入口。

中国知网的文献检索功能不同于传统的搜索引擎，它利用知识管理的理念，结合搜索引擎、全文检索、数据库等技术，具有丰富的检索功能及检索结果排序、分组、导出及可视化分析功能；知识元检索通对文章段落中的中心思想词语进行标引，可检索获得文献部分段落章节内容，包括知识问答、百科全书、各类词典及手册等近万种工具书，涵盖哲学、社会科学、文化教育、自然科学、工程技术、医学文学、艺术等领域，另有学术图片库等检索。

（二）检索方式

知网检索方式包括一框式检索、高级检索和专业检索等，其各检索结果页面一般包含导航区、检索区、检索结果区等，文献检索一框式检索与高级检索默认使用主题检索。

1. 一框式检索

一框式检索也称简单检索、快捷检索等，方便快捷，但其检索结果精准度可能不够。如图 5－23 所示，用户选择限定主题、关键词、篇名、全文、作者、被引文献、分类号及文献来源等 16 种检索字段，输入检索词，点击“检索”按钮，即可得出检索结果。

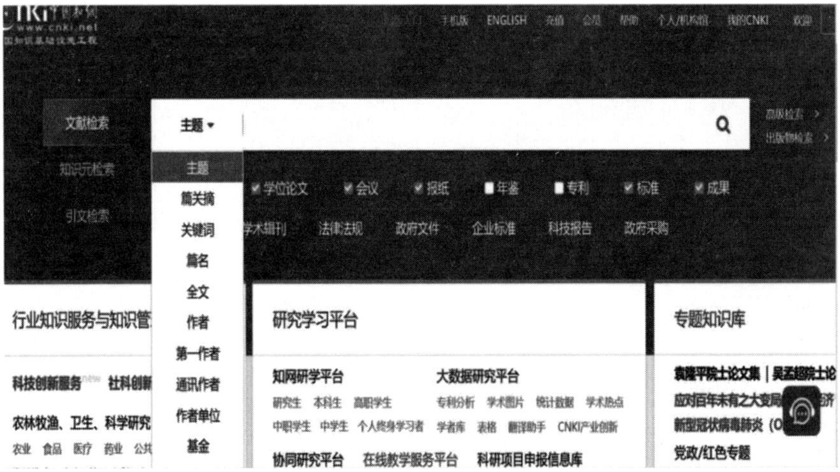

图 5－23　一框式检索

如果想得到更精确的检索结果，用户可选择检索结果排序方式或设置检索条件等，点击“检索”按钮，进一步筛选检索结果。如果检索结果还有较大的冗余，如图 5－24 所示，还可通过“在结果中检索”，或选择一框式检索、高级检索和专业检索后，再进行二次检索。二次检索是在当前检索结果内进行的检索，当检索结果太多时，可通过二次检索得到更精确的检索结果。如果想得到更为精准的结果，亦可以尝试高级检索或专业检索等方式。

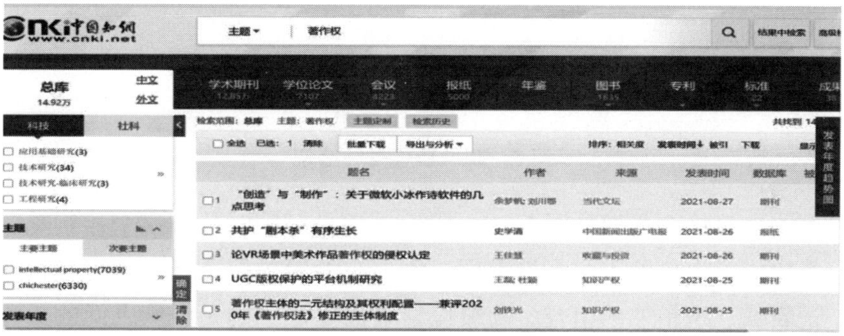

图 5－24 在结果中检索

2. 高级检索

同一框式检索相比，高级检索结果冗余少，命中率高，但对检索技能要求较高。高级检索支持多字段逻辑组合，可完成较复杂的检索，满足检索需求。如图 5－25 所示，高级检索便于用户构造检索式，相对于一框式检索更为灵活，用户可通过“＋”“－”来增加或减少检索条件，利用检索词的逻辑关系（并含、或含和不含）确定检索式，同时输入多个主题、关键词或篇名等多角度进行检索。进一步选择作者、作者单位、文献发表时间、文献来源和支持基金等缩小检索范围，提高查准率。多字段组合检索的运算优先级，按从上到下的顺序依次进行。CNKI 改版后，依然设置有旧版链接入口，如用户不习惯高级检索界面的使用，可点击“旧版”链接按钮进行切换。

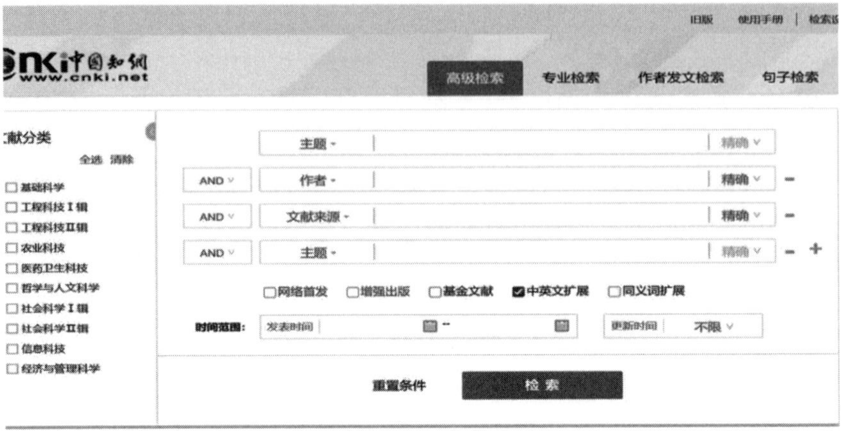

图 5－25　新版高级检索

旧版高级检索界面如图 5－26 所示，用户可同时选择多个检索项，同行一个检索项中可输入两个检索词，每一个检索项两个词之间可进行逻辑与、逻辑或、逻辑非的组合。高级检索中需要注意的是同行之间的关系组合具有优先运算功能，检索时系统会先运算行内逻辑关系，再按先后顺序运算各行之间的逻辑关系。

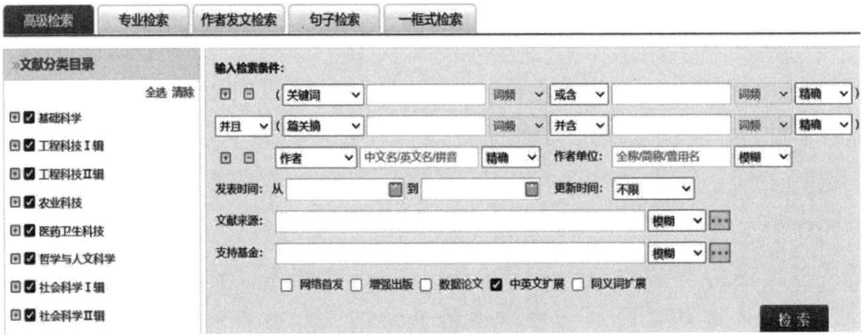

图 5－26　旧版高级检索

3. 专业检索

专业检索比高级检索功能更强大，但需要用户根据系统的检索语法，使用逻辑运算符编制检索式进行检索，适用于熟练掌握检索技术的专业检索人员，信息情报专业人员查新、信息分析等工作，用户如果能够掌握，将较大提高自身的信息获取技能。专业检索界面如图 5－27 所示，专业检索需注意以下几点：

（1）专业检索提供 SU =“主题”，T1 =“题名”，KY =“检索词”，AB =“摘要”，FT =“全文”，AU =“作者”，FI =“第一责任人”，AF =“机构”，JN =“中文刊名”“英文刊名”，RF =“引文”，YE =“年”，FU =“基金”，CLC =“中图分类号”，SN =“ISSN”，CN =“统一刊号”，18 =“ISBN”，CF =“被引频次”等检索字段的检索。

（2）符号和英文字母都必须使用英文半角字符。

（3）“AND”“OR”“NOT”三种逻辑运算符的优先级相同；如要改变组合的顺序，请使用英文半角圆括号“（　）”将条件括起；逻辑运算符“与”“或”“非”，“and”“or”“not”前、后均需留一个空格。

（4）运算符“=”前、后不能有空格，而“#”和“$”运算符前、后均需留一个空格。

图 5－27　专业检索

4. 分类导航检索

分类导航检索是指通过数据库提供的各种导航逐层点击逐步缩小范围，最后检索出某一最小单元中的所有文献信息。分类导航检索如图 5－28 所示，根据学科属性将中国期刊全文数据库所收录的学科分为 10 大专辑、168 个专题，各专题下又细分类目。用户利用导航查找某一单元文献，只要根据学科属性分类层层点击即可快速查找到所需文献。例如，查找“民法”的相关文献，需在检索导航中依次点击“社会科学Ⅰ辑”→“民商法”→“民法”，点击“民法”类目后即可得到大量相关文献，检索结果可按主题分组浏览，如需知识产权相关内容，可进一步筛选相关分组或者在高级检索界面构建检索式在结果中检索。分类导航检索方式的特点是检索者不必输入任何检索词，只需通过点击即可得到检索结果，可控制检索的学科范围，其检索结果又比较全面，保证了检索的查全率。这种检索适合不熟悉课题学科分类，或者希望全面获取某一专题文献的用户使用。分类导航检索通过逐层缩小范围得出庞大的检索结果，相对于检索者的要求来说，其查准率是不高的，用户还可以在检索结果中进行二次检索来进一步获取所需文献。

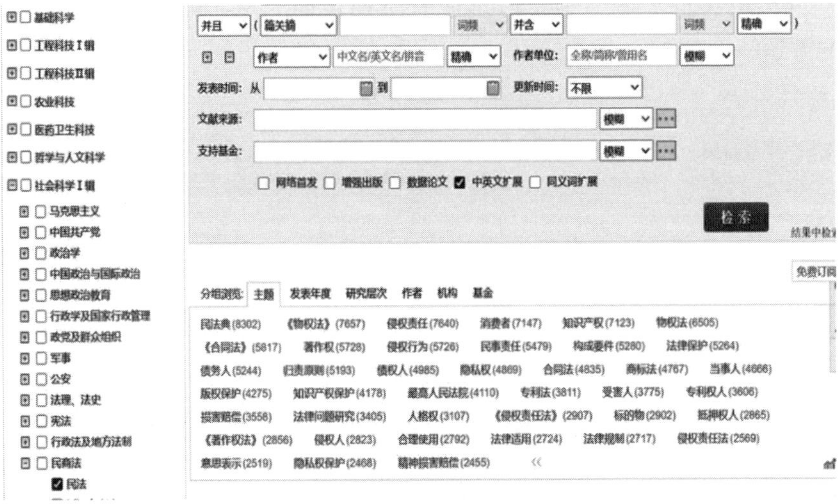

图 5－28　分类导航检索

5. 智能辅助检索

智能辅助检索是指通过数据库的辅助系统，帮助用户发现同义、相关检索词，查找同名作者的其他文献，以及智能查找该文献的相关文献等。平台提供智能推荐和引导功能，根据输入的检索词自动提示，可根据提示进行选择，更便捷地得到精准结果。如主题词智能提示输入检索词，自动进行检索词补全提示。作者智能引导输入检索词，进行检索引导，可根据需要进行勾选，精准定位所要查找的作者。使用推荐或引导功能后，不支持在检索框内进行修改，修改后可能得到错误结果或得不到检索结果。

一框式检索有智能推荐和引导功能，高级检索的主题、篇名、关键词、摘要、全文等检索项推荐的是检索词的同义词、上下位词或相关词。例如，通过输入“信息检索”，在所得检索结果界面，有若干系统智能识别的检索词，可以扩充用户对检索词的认识范围，帮助用户查检是否有漏检现象。

（三）检索技巧

1. 利用分类导航限定检索范围

在输入检索词前根据检索课题的学科属性，首先在分类导航系统中选择合适的专题和类目，再选择检索途径和检索词，使检索结果更贴近要求，减少检索结果的冗余。注意不要将学科属性作为检索词使用，如检索情报学方面的文献，“情报学”应作为学科范围在分类导航中选择，然后将所需具体问题的检索词限定在“主题”字段中进行查找，将“情报学”作为检索词输入检索，容易造成漏检。

2. 根据需要，合理选择检索途径

数据库提供多种检索入口，读者可充分利用数据库提供的这些途径从不同角度配合检索，以达到查全与查准的较好效果。其中作者、机构、刊名、基金、ISSN 等是描述文献外部特征的检索入口，具有专指性，从这些入口检索查全率高，相互组配检索查准率较高。例如，检索数据库收录的某一作者的所有文献，选择作者途径，检索词输入作者姓名，单击“检索”即检出该作者的所有文献。由于有同姓名因素，所以查准率可能不高。但是，如果结合“机构”途径检索，即输入所检作者的工作单位，检索结果会更接近检索要求。另外，机构检索时，注意过去有些作者因没有注明其单位而漏检。分类检索可以查找某一类目或同时查找多个类目的文献，根据检索目的及需求对所需的类目进行选择，点击检索即可查到相应类目的所有文献。

在检索实践中，文献检索有篇名、关键词、主题词、文摘、全文等途径，科技文献篇名的特点是能够反映文献论述的主题，缺点是信息反映不足；关键词反映文献论述的主题较全，但数据库收录的关键词是原文作者提供的，有一定的不规范性和不完整性，且有些文献并没有提供关键词，因此利用关键词途径检索时，容易造成漏检；文摘提供了较多的信息，可以作为篇名和关键词的补充；全文往往是在利用以上途径检出文献过少时才选择，一般使用不多。由于主题检索是在中国知网标引出来的主题字段中进行检索，该字段内容包含一篇文章的所有主题特征，同时在检索过程中嵌入了专业词典、主题词表、中英对照词典、停用词表等工具，并采用关键词截断算法，将低相关或微相关文献进行截断，其综合了标题、关键词和文摘 3 个字段的优点，在实际检索时若没有特殊要求，一般选择系统默认的“主题”字段。

3. 通过选择检索词，提高检索效果

在确定检索途径后，检索词的选择就具有了特别重要的意义。检索途径是数据库事先已经设定好的，用户只需根据需要选择即可，而检索词需要用户自己选定，难度较大，在很大程度上决定检索结果的效果。该数据库检索是任意词检索，即任何一个字、词、语句都可以作为检索词，检索字段内容中输入的检索词的所有文献都可被检索并显示出来。由于检索词是不经词表规范的自由词，读者可以根据对检索课题的认知自己选择检索词，使用起来很方便。但用户的知识毕竟有限，由于检索词有同义词、近义词、多义词，从而造成漏检和误检的可能性加大，因此检索词的选择要全面考虑，才能避免漏检、误检。首先检索词应尽量选择无法再细分的单元词和具有检索意义的单汉字，用“and”组配检索或二次检索，以减少和避免因输入的检索词与字段内容中原词语法结构不同、组词形式不同造成的漏检；其次应尽可能分析出检索课题包含的所有概念和选全表述同一概念各种词及相关词，将它们分别用“或”用“or”组配检索，减少漏检，提高查全率。

第四节　版权作品国外信息源

著作权与商标权、专利权不同，著作权一经完成自动保护，根据相关国际条约，在他国也可能享有著作权。同时，了解国外常用数据库，对检索科技类论文公开的技术及论文写作等也有帮助，本节简要介绍 Web of

Science 数据库、SDOS 数据库和 Springer Link 数据库的收录范围、检索方法等，可供补充学习与参考。

一、Web of Science 数据库

Web of Science 数据库是由美国科学信息研究所（Institute for Scientific Information Inc.，ISI）公司于 1997 年推出的新一代数据库集成系统，现由科睿唯安（Ciarivate Analytics）负责，并于 2021 年 7 月发布了新版 web of science 平台。该数据库收录了在国际上具有高影响力的期刊及国际会议录，包括自然科学、社会科学、艺术及人文科学等多学科领域。Web of Science 还提供与全文数据库、二次文献、三次文献信息和图书馆馆藏 OPAC 系统等的链接服务，有被引参考文献检索、引证关系图等强大的工具。

（一）Web of Science 数据库的主要内容

Web of science 由 7 个数据库组成，包括 3 个引文数据库、2 个会议录文献引文数据库及 2 个化学数据库，收录了 12 000 多种世界权威的、高影响力的学术期刊，内容涵盖自然科学、工程技术、生物医学、社会科学、艺术与人文等领域。

1. 引文数据库

引文数据库提供文献作者引用的参考文献，可以使用这些参考文献进行被引参考文献检索。通过这种引文检索，用户可以了解引用这些文献的论文所做的研究工作，回溯某一研究文献的起源与历史，或者追踪其最新的进展。

（1）科学引文索引（Science Citation Index Expanded，SCIE）是一个聚焦自然科学领域的多学科综合数据库，被全球学术界公认为最权威的科技文献检索工具。共收录 9 500 多种自然科学领域的高质量学术期刊，覆盖数、理、化、农、林、医、生命科学、天文、地理、环境、材料、工程技术等 178 个学科。

（2）社会科学引文索引（Social Sciences Citation Index，SSCI）是一个聚焦社会科学领域的多学科综合数据库，是全球学术界公认为最权威的社会科学引文数据库。共收录 3 500 多种世界权威期刊，覆盖 58 个社会科学

学科领域，数据最早可以回溯到 1900 年。

（3）艺术与人文引文索引（Arts & Humanities Citation Index，AHCI）是全球知名的专门针对人文艺术领域的文献引文数据库，覆盖音乐艺术、哲学、历史、戏剧、文学与文学评论、语言和语言学、舞蹈、民俗、中世纪和文艺复兴研究、亚洲研究等 28 个学科领域 1800 多种世界权威期刊，数据最早可以回溯到 1975 年。

2. 会议录文献引文数据库

Web of science 中的两个会议录文献引文数据库收录超过 20 万个会议录，涉及 250 多个学科的最重要会议、讨论会、研讨会、学术会、专题学术讨论会和大型会议的出版文献。使用这两个数据库，便于在期刊文献尚未记载相关内容之前跟踪特定学科领域的新概念和新研究。

（1）Conference Proceedings Citation Index – Science（CPCI – S）。此引文索引涵盖所有科技领域的会议录文献。

（2）Conference Proceedings Citation Index – Social Sciences & Humanities（CPCI – SSH）。此引文索引涵盖社会科学、艺术及人文科学的所有领域的会议录文献。[1]

3. 化学数据库

这两个化学数据库包括超过 100 万种化学反应信息及 420 万种化合物。利用这两个数据库可以创建化学结构图以查找化合物和化学反应，也可以通过检索这两个数据库来查找化合物和反应数据。

（1）Index Chemicus（IC）。其包含国际一流期刊所报告的最新有机化合物的结构和关键支持数据。许多记录显示了从原始材料到最终产物的反应流程。IC 是有关生物活性化合物和天然产物最新信息的重要来源。

（2）Current Chemical Reactions（CCR – Expanded）。其包含从 39 个发行机构的一流期刊和专利摘录的全新单步和多步合成方法。每种方法都提供总体反应流程，以及每个反应步骤详细、准确的示意图。

（二）Web of Science 的检索规则

Web of Science 提供基本检索（Search）、被引参考文献检索（Cited

[1] 黄庭颖．新版 Web of Science 平台功能介绍及应用［EB/OL］．［2022 – 04 – 13］．http：//lib. jiangnan. edu. cn/fj/sjkintroduce/WebofScience_intro_202107. pdf.

Reference Search)、化学结构检索(Structure Search)、高级检索(Advanced Search)四种检索入口。基本检索和高级检索是检索系统中使用频率最高的检索功能,被引参考文献检索是专门用于检索某篇文章或某个人作品的被引用情况,化学结构检索是为检索化学方面的文献而提供的化学分子式和结构式检索。Web of Science 检索界面提供了简体中文和英文两种检索界面,用户可根据自身的需要自由选择,但检索词必须是英文。其检索规则如下:

(1)检索词不区分大小写,可以使用大写、小写或混合大小写。

(2)布尔逻辑运算符 AND、OR、NOT 和 SAME 可用于组配检索词,从而扩大或缩小检索范围。布尔逻辑运算符不区分大小写。例如,SAME、Same 和 same 返回的结果相同。

(3)通配符(* ? $)。星号(*)表示任何字符组,包括空字符;问号(?)表示任意一个字符;美元符号($)表示零或一个字符。

(4)短语检索。若要精确查找短语,需要用引号。例如,检索式"intellectual property"将检索包含精确短语 intellectual property 的记录。短语检索仅适用于"主题"和"标题"检索。

(5)使用小括号改变检索的运算顺序。例如,(Pagets OR Paget's) AND(cell* AND tumor*)。

二、Science Direct 全文数据库

Science Direct 全文数据库是爱思唯尔(Elsevier)公司的核心产品。爱思唯尔是荷兰一家著名的跨国科学出版公司,是全球最大的科技与医学文献出版发行商之一。该公司开发的 SDOL(Science Direct OnLine)是基于网络的全文数据库。该数据库收录了 1995 年以来爱思唯尔出版集团所属的同行评议期刊和电子图书,其内容涉及数学、物理、化学、天文学、医学、生命科学、商业及经济管理、计算机科学、工程技术、能源科学、环境科学、材料科学、社会科学等众多学科领域,大部分期刊都是 SCI、EI 等国际公认的权威大型检索数据库收录的各个学科的核心学术期刊,并建立了 SCI、EI 二次文献到爱思唯尔全文的链接。

在 Science Direct 全文数据库首页(https://www.sciencedirect.com/)

第一行功能栏中点击“Journals & Books”，即可进入浏览页面。页面展示了可浏览的期刊和图书种数，并提供以下两种浏览途径。

（1）按文献名称字母顺序。在浏览页面中默认按刊名和书名字母顺序浏览，单击 A－Z 字母列表中的字母链接，显示以该字母开头的期刊和图书名称列表，用户可以按刊名或书名逐卷逐期地直接阅读所需期刊或图书，如图 5－29 所示。

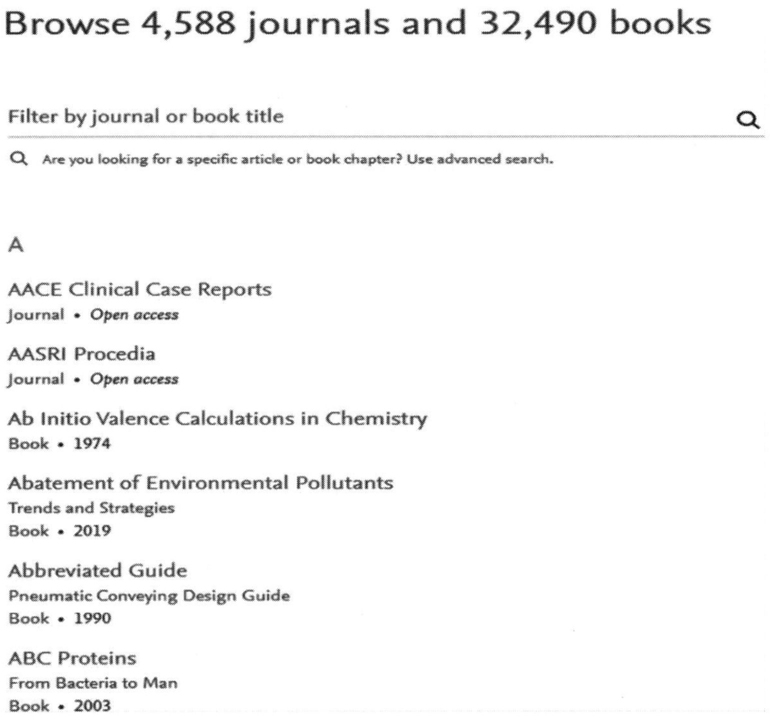

图 5－29　文献名称字母顺序示例

（2）按学科分类顺序。通过对页面左侧导航栏中的大类（Domain）、小类（Subdomain）进行相应的选择设定，可以按学科领域分类浏览期刊和图书。数据库将期刊分为 4 个大类 24 个小类，小类下又分设若干子类。用户可按物理科学与工程（Physical Sciences and Engineering）、生命科学（Life Sciences）、健康科学（Health Sciences）、社会科学与人文（Social Sciences and Humanities）4 个大类进行分类浏览、逐层检索。用户可按类找到所需刊名或书名，然后点击刊名或书名逐卷逐期浏览所需期刊论文或图书。

ScienceDirect 全文数据库提供两种检索途径：快速检索（Quick Search）、高级检索（Advanced Search）。

（1）快速检索。快速检索位于 ScienceDirect 检索首页，用户进入首页后可直接进行快速检索。快速检索提供了简单的检索字段，包括关键词（Keywords）、来源（Journal/book title、Volume、Issue、Page）和作者（Author name）。用户在所提供的字段中输入检索词，点击搜索按钮执行检索命令。

（2）高级检索。在快速检索区右端点击高级检索（“Advanced Search”），进入高级检索界面。高级检索提供了两个检索条件的逻辑组配，可选择布尔逻辑运算符与（AND）、或（OR）和非（AND NOT）来连接两个检索条件。高级检索提供的检索入口包括关键词（Title, abstract or author – specified keywords）、作者（Author）、作者单位（Affliation）、文献篇名（title）、参考文献（references）、国际标准刊号（ISSN）、国际标准书号（ISBN）、全文（full – text）、来源（Journal/book title、Volume、Issue、Page）。点击高级检索页面左侧的检索提示（“Search tips”），将获得详细的检索帮助信息。

三、Springer Link 全文数据库

德国施普林格（Springer – Verlag）出版公司于1842 年创立，是世界上著名的科技出版集团，为目前自然科学、工程技术和医学领域有较高影响力的图书出版社和学术期刊出版社。SpringerLink 于 1996 年正式推出，是一个专为科技及医学研究人员设计的综合数据库，是目前全球最大的科技及医学信息在线数据库，提供多语种、跨产品的出版服务，涵盖施普林格出版的所有在线资源，包括期刊、图书、科技丛书、试验指南以及参考工具书的在线服务。用户可免费使用检索功能，并可浏览每种出版物的目次、文摘及编辑背景资料。

访问 Springer Link 全文数据库首页（https：//link. springer. com/），可通过以下两种途径浏览：按学科浏览、按文献类型浏览。

以文献类型浏览的期刊浏览为例。左侧一栏提供学科、语种方面的限定，可对浏览结果进行缩检。简单列表只对期刊刊名及收录范围进行揭示，需要点击具体刊名浏览期刊的详细信息。详细列表提供期刊主编、出版模式、ISSN、最新卷/期数、最新文章等详细信息。可通过点击“查看所有卷期”（view all volumes and issues）和“查看所有文章”（view all articles）查看该期刊的更多信息。点击文章篇名即可浏览文章正文，提供html及pdf两种格式的全文阅读。

以浏览期刊“*Society*”为例。如图5-30所示，可以看到该刊的收录范围为1963年第1卷至2022年第59卷。点击“*Society*”，即可看到详细信息。如点击最新文章下的首篇篇名即可打开新的页面，进行文章内容的浏览或下载。

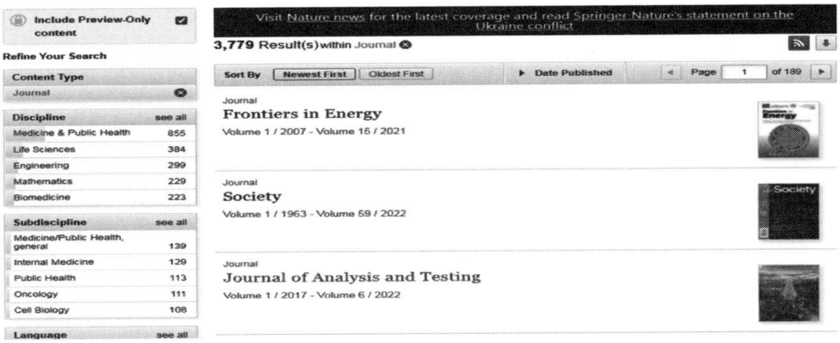

图5-30　浏览期刊“*Society*”查看收录范围

第五节　特定作品类型信息检索

一、计算机软件相关信息检索

相较其他类型作品的著作权，计算机软件虽然也是一经完成自动产生，但其可通过著作权、商业秘密、专利权等多种方式予以保护。部分著作权主体将计算机软件通过著作权方式予以保护，可通过计算机软件的备案登记程序进行登记备案。软件著作权实行的是登记制，只要形式审查时提交的材料符合要求，且不违反《著作权法》的规定即获准登记，一般不需要经过实质审查。

依据《计算机软件保护条例》第 7 条，软件著作权人可以向国务院著作权行政管理部门认定的软件登记机构办理登记。软件登记机构发放的登记证明文件是登记事项的初步证明。办理软件登记应当缴纳费用。软件登记的收费标准由国务院著作权行政管理部门会同国务院价格主管部门规定。计算机软件登记分为：计算机软件著作权登记申请、著作权转让或专有许可合同登记、软件登记事项变更或补充申请、撤销计算机软件登记请求、撤回计算机软件登记申请、撤销或放弃计算机软件登记申请、补发或者换发软件登记证书申请。

一般进行软件著作权登记简要步骤如下：在中国版权保护中心注册账号并进行实名认证。实名认证需要 1 ~ 3 个工作日，依次进行“填写申请表→提交申请文件→登记机构受理申请→审查→取得登记证书”流程。

目前，中国版权中心开通的有“计算机软件著作权登记公告”“计算机软件著作权转让合同登记公告”“计算机软件著作权专有许可合同登记公告”“计算机软件著作权变更补充登记公告”“计算机软件著作权登记撤销公告”“计算机软件著作权质押合同登记公告”“计算机软件著作权质押合同注销登记公告”查询。选择“精准登记号”“著作权人或软件名称”查询选项，可获得相关登记信息：软件的源程序及文档；软件的名称及版本号、开发完成时间、发表时间；软件运行环境（指软件运行的硬件和软件环境）；软件开发使用的编程语言的名称及版本号、源程序总行数；软件的主要功能、用途和技术特点作简要说明。其中，部分信息无法直接通过查询平台获悉，但在具体案件中，可通过司法机关调查令等方式查询中国版权中心登记备案材料。

二、游戏、视听作品等相关检索

游戏、电影或电视剧等视听作品在文化传播市场中较为活跃，也是著作权领域重要作品类型，游戏版号、电视剧及广播电视相关牌照、电影版号作为著作权权属检索与相似性检索的重要信息，有时起到关键的作用。

1. 游戏版号查询

可通过国家新闻出版署官网，通过“办事服务—结果公示”路径，进入“游戏审批结果”页面（https：//www. nppa. gov. cn/nppa/channels/317. shtml）查询游戏信息。按照提示输入企业公司名称或游戏名称进行在线查询，检索结果显示有“游戏名称”“出版单位”“运营单位”“文号”“原游戏名称或文号”（见图5－31）。

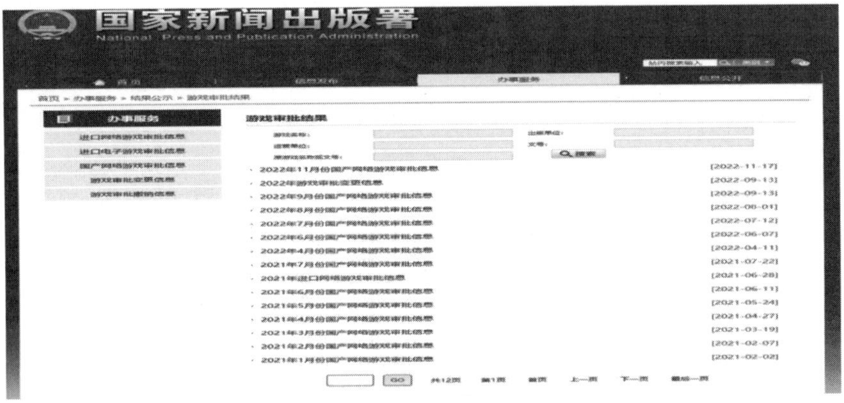

图5－31　游戏审批结果查询

除此之外，也可通过诸多第三方平台，如游戏产业网（http：//www. cgigc. com. cn/isbn/）查询，通过检索“游戏名称”“出版单位名称”“批文号”“游戏版号”查询，显示结果有“游戏名称”“出版单位名称”“著作权人名称”“游戏内容类别”“批文号”“游戏版号”。

2. 电视剧版权查询

电视剧版权主管机关为国家广播电视总局电视剧管理司，主要查询平台系“国家广播电视总局－电视剧电子政务平台”（https：//dsj. nrta. gov. cn/index. shanty），使用电视剧剧名查询，主要公示信息有备案公示、发行许可通告、重大题材立项、重大题材摄制、变更通报等（见图5－32）。

另外部分省市也提供广播电视相关牌照查询，如浙江省广播电视节目制作经营许可证查询，登录 http：//www. zrt. gov. cn/col/col78/index. html，可以查询许可证号、机构名称、法人代表、机构地址和邮编。

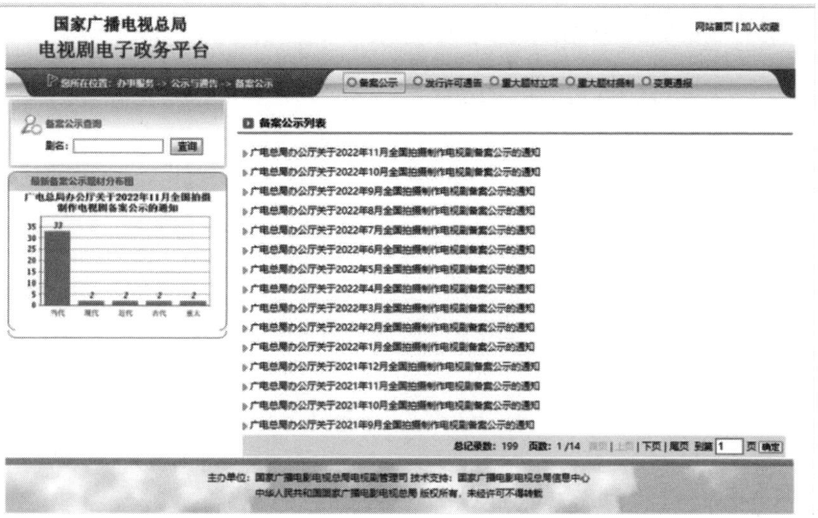

图 5－32 电视剧电子政务平台电视剧版信息查询

3. 电影版号的查询

影视相关行政证件（如《公映许可证》）记载出品单位和摄制单位。广电行政主管部门颁发的证件在其官网上均有公示，便于相关权利人查询，可以增加影片交易的相对方的信赖，减少交易难度和风险。司法实务中，往往出现出品单位和摄制单位不一以致成讼的情况，使行政证件上“出品单位”与“摄制单位”列明的单位完全吻合，避免纠纷。其中，电影版本分为“剧本备案”和“公映许可”两种。

（1）“剧本备案”指的是电影剧本在广电系统的备案，这是电影拍摄的第一步，备案完成后，国家广电总局在其官网进行公示。检索步骤如图 5－33 所示：登录国家电影局官网（https：//www. chinafilm. gov. cn/chinafilm/），找到公示信息，显示有电影备案立项公示、电影公映许可证公示、电影发行经营许可证公示、预警名单、点播放映设备公示、点播计费系统公示、点播院线公示、点播影院公示、电影专项资金资助项目公示等信息。

（2）“公映许可”指电影上映的许可证（龙标），如果电影要在电影院上映，必须取得该许可证，完成后，国家广电总局将会在网站进行公示。

图 5－33　剧本备案信息

思考题

1. 通过 CNKI 数据库练习检索毕业论文相关信息，总结高级检索与专业检索的异同。

2. 检索王迁教授《著作权法》黑棍小人案，在本章学习的数据库中检索该案涉及的作品及相关资料。

3. 思考不同类型作品的检索策略与方法。

第六章　类案检索

案件审理是一个综合运用法律知识、经验法则、裁判技巧、解释法律的裁判过程。裁决的作出必须符合法律法规的规定，但这并不意味着裁判的过程就是简单、机械地适用法律，而不需要做任何价值判断。[1] 我国虽然不是判例法国家，但案例检索尤其是类似案例的检索在司法实践工作中依然重要。

第一节　我国类案检索机制的建立与发展

根据2020年《最高人民法院关于统一法律适用加强类案检索的指导意见（试行）》的解释，所谓类案，是指与待决案件在基本事实、争议焦点、法律适用问题等方面具有相似性，且已经人民法院裁判生效的案件。类案检索机制就是要通过检索已决的类似案件，为待决的个案提供裁判标准和尺度，运用综合价值判断，从而实现个案公平正义。

一、我国的类案检索机制及其相关规定

从20世纪50年代初开始，最高人民法院就通过编选案例来总结审判经验，指导法院审判工作。1985年，《最高人民法院公报》开始刊登具有指导意义的案例，近年来，我国发布的关于类案检索的司法规范性文件主要如下：

（1）2010年11月，最高人民法院发布的《案例指导工作的规定》指出，对全国法院审判、执行工作具有指导作用的指导性案例，由最高人民法院确定并统一发布。最高人民法院案例指导工作办公室每年度对指导性案例进行编纂。其中第7条明确规定“最高人民法院发布的指导性案例，

---

[1] 谷昌豪，高新峰．类案检索如何发挥作用［N］．人民法院报，2019－01－17.

各级人民法院审判类似案例时，应当参照”。

（2）2015 年 6 月，最高人民法院发布《〈关于案例指导工作的规定〉实施细则》，进一步明确要求：“各级人民法院正在审理的案件，在基本案情和法律适用方面，与最高人民法院发布的指导性案例相类似的，应当参照相关指导性案例的裁判要点作出裁判。”

（3）2017 年 8 月，最高人民法院根据《最高人民法院关于完善人民法院司法责任制的若干意见》，结合最高人民法院工作实际，《司法责任制实施意见（试行）》施行，明确要求法官审理案件应全面检索类案和关联案并制作检索报告，有利于发挥类案检索在统一裁判标准等方面越来越重要的作用。

在上述文件中，最高人民法院专门列明“类案与关联案件检索”内容，要求“承办法官在审理案件时，均应依托办案平台、档案系统、中国裁判文书网、法信、智审等，对本院已审结或正在审理的类案和关联案件进行全面检索，制作类案与关联案件检索报告。检索类案与关联案件有困难的，可交由审判管理办公室协同有关审判业务庭室、研究室及信息中心共同研究提出建议”。

（4）2020 年 7 月 27 日，最高人民法院印发《关于统一法律适用加强类案检索的指导意见（试行）》（以下称《指导意见》），将类案检索定位为具有中国特色的、成文法体系下的具体制度，明确了最高人民法院案件需要强制类案检索的情形和范围，旨在实现法律的统一适用，自 2020 年 7 月 31 日起试行。[1]

《指导意见》对什么样的案件构成类案进行了明确界定，要求“承办法官依托中国裁判文书网、审判案例数据库等进行类案检索，并对检索的真实性、准确性负责”，进一步细化了对类案检索的要求及检索方法等具体内容，自此，我国类案检索机制进入相对规范化的阶段。《指导意见》还拓展了检索范围，明确了运用类案检索结果的程序，明确了类案检索报告主要被用于法院内部监督管理，为合议庭、法官会议及审判委员会的讨

---

[1] 刘婧. 加强类案检索统一法律适用 全面落实司法责任制——最高人民法院相关负责人就《关于统一法律适用加强类案检索的指导意见（试行）》答记者问［EB/OL］.（2020－07－27）［2022－08－01］. https：//www. court. gov. cn/zixun－xiangqing－244021. html.

论提供素材和参照。[1]

（5）2020 年 9 月，《最高人民法院关于完善统一法律适用标准工作机制的意见》对类案检索进行了规范和完善，同时规范了对类案检索结果的运用，要求法官在类案检索时，检索到的类案为指导性案例的，应当参照作出裁判，但与新的法律、行政法规、司法解释相冲突或者为新的指导性案例所取代的除外；检索到其他类案的，可以作为裁判的参考；检索到的类案存在法律适用标准不统一的，可以综合法院层级、裁判时间、是否经审判委员会讨论决定等因素，依照法律适用分歧解决机制予以解决。各级人民法院应当定期归纳整理类案检索情况，通过一定形式在本院或者辖区内法院公开，供法官办案参考。

（6）2021 年 11 月 30 日，最高人民法院公布《〈最高人民法院统一法律适用工作实施办法〉理解与适用》，对《实施办法》的制定背景和主要内容进行了简要介绍和说明，以进一步推动统一法律适用，规范裁量权正确行使，保证依法公正高效审判。该《实施办法》于 2021 年 12 月 1 日实施。

二、类案检索的必要性与重要性

类案同判一直是理论界和实务界共同关注的话题。我国是成文法国家，但为了回应类案同判，从 20 世纪 50 年代初开始案例指导工作，由最高人民法院发布的具有指导作用的典型案例，要求法官在审判类似案件时参照这些指导性案例，并可用作裁判文书的说理依据加以引用。案例指导制度是最高人民法院针对我国幅员辽阔，各地经济社会发展不平衡，诉讼纠纷复杂多样，个别地方法院存在“同案不同判”等现象，为及时总结审判工作经验，指导各级人民法院审判工作，统一司法尺度和裁判标准，规范法官自由裁量权，充分发挥典型案例在审判工作中指导性作用的一项具有中国特色的司法制度。所谓案例指导，是指经过有关程序审核，并经有关机构确认的对今后的案件处理能产生一定指导意义的案例，经正式渠道

[1] 高尚．司法类案的判断标准及其运用［J］．法律科学（西北政法大学学报），2020，38（1）：24－35.

公开发布后，对今后其他法官处理同类案件具有一定的指导作用。[1]

从深层的意义上讲，我国是一个成文法国家，成文法体现的是立法者在制定法律时所持的价值观，这种价值观具体作用于法律适用阶段，需借助裁判者的裁判，类案同判体现的是价值观的统一。但是，随着社会发展，案例指导制度已经无法更好地满足司法实践的需要，于是为了实现类案同判，发展出了类案检索机制。

三、需要进行类案检索的案件

根据《最高人民法院关于统一法律适用加强类案检索的指导意见（试行）》第2条与《关于进一步完善“四类案件”监督管理工作机制的指导意见》的规定，人民法院办理的下述“四类案件”，应当进行类案检索：拟提交专业（主审）法官会议或者审判委员会讨论的；缺乏明确裁判规则或者尚未形成统一裁判规则的；院长、庭长根据审判监督管理权限要求进行类案检索的；与本院或者上级人民法院的类案裁判可能发生冲突的；其他需要进行类案检索的。

有关单位或者个人反映审判辅助人员有违纪违法行为，可能或者已经影响司法公正的，参照上述情形监督管理。

四、类案检索的范围和检索结果的应用

（一）类案检索范围

类案检索的范围一般包括：

（1）最高人民法院发布的指导性案例；

（2）最高人民法院发布的典型案例及裁判生效的案件；

（3）本省（自治区、直辖市）高级人民法院发布的参考性案例及裁判生效的案件；

（4）上一级人民法院及本院裁判生效的案件。

除指导性案例以外，优先检索近三年的案例或者案件。已经在前一顺位中检索到类案的，可以不再进行检索。

---

[1] 吴元中．类案检索与类案同判［N］．人民法院报，2021－06－18（6）．

我国现有法律制度下案例体系将案例分为指导性案例和非指导性案例。截至 2022 年 7 月 4 日，最高人民法院已经发布 32 批共计 185 个指导性案例，值得一提的是，第 28 批指导性案例均为知识产权类案例。

（二）检索结果的应用

《最高人民法院关于完善统一法律适用标准工作机制的意见》第 19 条规定，根据不同情况对检索到的类案的应用也有所不同。

（1）检索到的类案为指导性案例的，应当参照作出裁判，但与新的法律、行政法规、司法解释相冲突或者为新的指导性案例所取代的除外。由此可见指导性案例的权威性，其发挥着类似法律规范的约束力。

（2）检索到其他类案的，可以作为裁判的参考，以保证立法所认可的价值一以贯之地得到维护。

（3）检索到的类案存在法律适用标准不统一的，可以综合法院层级、裁判时间、是否经审判委员会讨论决定等因素，依照法律适用分歧解决机制予以解决。

五、类案检索方法

类案检索可以采用关键词检索、法条关联案件检索、案例关联检索等方法。

（一）关键词检索

此类检索的要点在于确定待决案件与检索目标案例之间的连接点，即“关键词”。关键词可以是案件事实的核心信息，也可以是案件涉及的重要法律关系、法律问题。[1] 大致可以划分为“规范性关键词”和“非规范性关键词”，“规范性关键词”是法律规范中界定、表述的概念、术语、事实等，确定“规范性关键词”是“大前提”识别的过程，需凭法律知识和司法经验判断出大概要适用的法律规范。非规范性关键词是法律规范之外的自然事实或者通俗用语中的一些概念和表述。[2]

（二）法条关联案件检索

法条有两种不同的理解：一是狭义的理解，特指法律文本中区别于

---

[1] 刘树德，孙海波．类案检索实用指南［M］．北京：北京大学出版社，2021.

[2] 杨先德，陈禹橦．类案检索运用场景与规则方法［N］．检察日报，2021-02-22.

编、章、节以及款、项、目的特殊的结构单元；二是广义的理解，指法律文本中有着具体权利义务内容的条、款、项、目等的法律规定，也称“法律条款”“法律条文”。裁判文书引用法条，主要是广义的理解。在检索待决案件的类案时，可分析待决案件涉及的核心法条，通过法条内容或法条序号检索，得出依据该法条作出的判决，进一步分析判断是否为类案。一般而言，不同法条对应的法律内容是相对固定的，但裁判文书法条引用尚不够规范，具体条、款、项的写作方式不一致等，这与相关制度不完善有着密切的联系。[1] 这就需要排除干扰，准确提取出文书对应的引用法条。

（三）案例关联检索

案例关联检索是对不熟悉的法律问题检索的有效方法，可以综合分析待决案件涉及的各种信息，同以指导性案例为龙头的我国案例体系中的众多案例相对比。指导性案例信息包括案件名称、关键词、裁判要点、相关法条、基本案情、裁判结果、裁判理由，我们也可将待决案件划分为这几个部分，可从这几个部分出发，检索可能构成类案的案例，为类案判断减少不确定性。例如，可尝试首先通过案由检索，可能发现存在指导性案例，如果判断构成类案则不必继续检索，如果不构成类案，再调整检索策略进行检索。[2]

六、类案检索报告制作

《指导意见》要求应当进行类案检索的案件，承办法官应当在合议庭评议、专业（主审）法官会议讨论及审理报告中对类案检索情况予以说明，或者制作专门的类案检索报告，并随案归档备查。类案检索报告应当包括检索主体、时间、平台、方法、结果，类案裁判要旨以及待决案件争议焦点等内容，并应当做到客观、准确、全面、简洁。

制作类案检索报告既是一定条件下对法官提出的要求，也是律师办案的有效手段。《最高人民法院统一法律适用工作实施办法》规定，最高人民法院建立统一法律适用平台及其数据库，以最高人民法院的裁判资源为数据依托，打造集法律、司法解释和案例检索、应用、研究于一体的平

---

[1] 刘风景．裁判文书引用法条的原理与技术［J］．中国应用法学，2022（4）．

[2] 刘树德，孙海波．类案检索实用指南［M］．北京：北京大学出版社，2021.

台，与现有的办案平台实现深度整合，确保安全可靠。平台上线后，可以为最高人民法院乃至全国法院法官办理案件提供精准、权威的类案检索系统，充分挖掘案例价值，通过智能分析和人工筛查相结合，快速出具类案检索报告，提高统一法律适用的信息化水平。随着类案检索机制的实施，各地法院陆续出台本地区适用的类案检索指导意见，各地律师协会也逐步开始指引律师制作类案检索报告。类案检索报告主要有文字式与图表式。

实务典型

援引在先生效判决的典型裁判文书[1]

（2015）京知民初字第559号北京知识产权法院民事判决书援引多个在先生效判决的法律适用意见，展示了知识产权领域“服务器标准”的发展脉络，主要有：

1. 北京市第一中级人民法院（2003）一中民初字第12189号华纳唱片有限公司诉北京世纪悦博科技有限公司侵犯著作权纠纷案民事判决书。

2. 北京市高级人民法院（2004）民终字第1303号北京纪悦博科技有限公司与华纳唱片限公司侵犯著作权案民事判决书。

3. 北京市海淀区人民法院（2007）海民初字第25153号广东梦通文化发展有限公司诉北京衡准技有限公司侵犯著作权案民事判决书。

4. 北京市高级人民法院（2007）高民初字第1201号浙江泛亚电子商务有限公司诉北京百度网讯科技有限公司侵犯著作权案民事判决书。

5. 最高人民法院（2009）民提字第17号北京慈文影制作有限公司与中国网络通信集团公司侵犯著作权纠纷案民事判决书。

6. 最高人民法院（2011）民申字第686号北京优朋普乐科技有限公司与肇庆市文化广电新闻出版局、肇庆市图书馆侵犯著作权纠纷案民事裁定书。

7. 最高人民法院（2009）民三终字第2号浙江泛亚电子商务有限公司与北京百度网讯科技有限公司、百度在线网络技术（北京）有限公司侵犯著作权纠纷案民事判决书。

[1] 齐晓丹，等. 类案检索方法指引［M］. 北京：法律出版社，2020：29.

第二节　类案检索数据库

2010 年 11 月 21 日，最高人民法院《关于人民法院在互联网公布裁判文书的规定》正式颁布实施，这是我国第一个规范全国法院互联网公布裁判文书的规定。为贯彻落实审判公开原则，规范人民法院在互联网公布裁判文书工作，促进司法公正，提升司法公信力，2013 年 7 月，《最高人民法院裁判文书上网公布暂行办法》正式实施，这是最高人民法院第一个专门规范自身裁判文书上网公布工作的制度性文件。依据该办法，除法律规定的特殊情形外，最高人民法院发生法律效力的判决书、裁定书、决定书一般均应在互联网公布。

2014 年 1 月 1 日，《最高人民法院关于人民法院在互联网公布裁判文书的规定》正式实施。该司法解释明确，最高人民法院在互联网设立中国裁判文书网，统一公布各级人民法院的生效裁判文书；中西部地区基层人民法院在互联网公布裁判文书的时间进度由高级人民法院决定，并报最高人民法院备案。

2016 年 10 月，《最高人民法院关于人民法院在互联网公布裁判文书的规定》经修订后颁布实施，进一步拓展了裁判文书公开的范围，明确了人民法院应当在互联网公布裁判文书的范围与不在互联网公布的裁判文书。该规定要求人民法院建立审判流程、裁判文书、执行信息三大公开平台。具体裁判文书类型公布范围如表 6－1 所示。

表 6－1　裁判文书类型公布范围

应当在互联网公布的裁判文书	裁判文书有下列情形之一的，不在互联网公布
刑事、民事、行政判决书；刑事、民事、行政、执行裁定书；刑事、民事、行政、执行驳回申诉通知书；国家赔偿决定书；支付令；强制医疗决定书或者驳回强制医疗申请的决定书；刑罚执行与变更决定书；对妨害诉讼行为、执行行为作出的拘留、罚款决定书，提前解除拘留决定书，因对不服拘留、罚款等制裁决定申请复议而作出的复议决定书；行政调解书、民事公益诉讼调解书；其他有中止、终结诉讼程序作用或者对当事人实体权益有影响、对当事人程序权益有重大影响的裁判文书等	涉及国家秘密的；未成年人犯罪的；以调解方式结案或者确认人民调解协议效力的，但为保护国家利益、社会公共利益、他人合法权益确有必要公开的除外；离婚诉讼或者涉及未成年子女抚养、监护的；人民法院认为不宜在互联网公布的其他情形

最高人民法院要求承办法官依托中国裁判文书网、审判案例数据库等进行类案检索，并对检索的真实性、准确性负责。中国裁判文书网是依托最高人民法院政务网站建立的二级网站，已成为全球最大的裁判文书网。其栏目包括刑事案件、民事案件、行政案件、赔偿案件、执行案件和其他案件等。以下对中国裁判文书网检索进行简要介绍。

一、中国裁判文书网（https：//wenshu. court. gov. cn）

（一）快捷检索

快捷检索包括案由、关键词、法院、当事人和律师检索，支持检索词联想推荐、拼音检索（包括全拼和简拼），自动保存检索记录。

在检索框中输入检索词，联想推荐案由、关键词、审理法院、审理人员、当事人、律师、律所、法律依据 8 个类型的信息。以“黑棍小人案”为例，在快捷检索框中输入“黑棍小人案”，自动识别为“全文检索”。以“张三”为例，自动识别为“当事人”“律师”（见图 6－1）。需要注意的是，虽然快捷检索界面默认左侧显示“高级检索”选项，但只有点开才能进行高级检索。在检索框输入默认为快捷检索并自动识别。

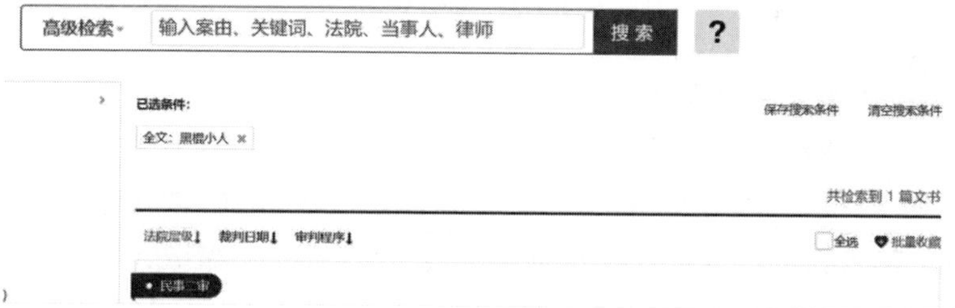

图 6－1　快捷检索

（二）高级检索

高级检索包含全文检索、案由、案号、案件名称、案件类型、法院名称、法院层级、审判程序、文书类型、裁判日期、案例等级、公开类型、审判人员、当事人、律所、律师、法律依据等检索项。其界面友好，可根据检索需求进行检索词的组配，高级检索是进行类案检索的有效途径，如输入全文“惩罚性赔偿”、案件名称“商标”检索词，可对关于商标惩罚性赔偿论证或适用的案件尝试检索，也可以单独选择案号、案由等某一项进行检索（见图6－2）。

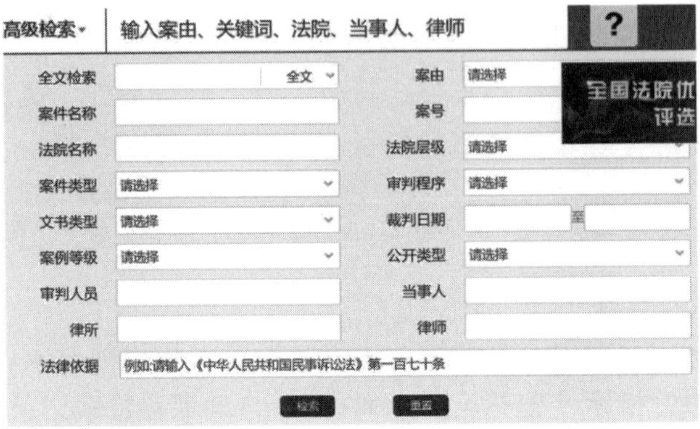

（a）

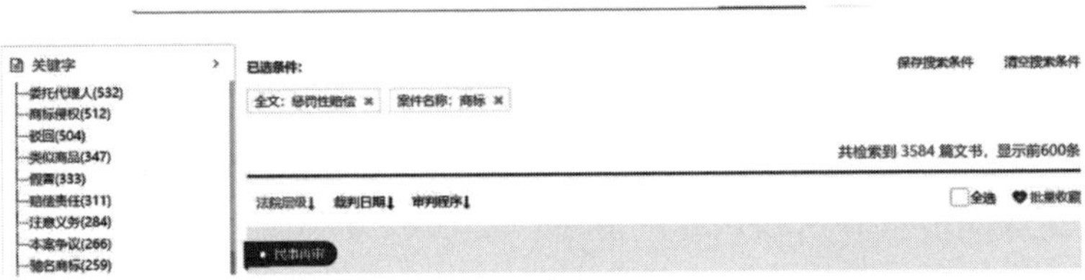

（b）

图6－2　高级检索

（三）检索结果列表页

检索结果列表页包含裁判文书、关联文书、分类引导树。如对检索结果不满意，可基于检索结果进行二次检索、支持对检索结果的无限次检索，也可输入新的检索条件在当前检索结果的基础上缩减，也可去除某些检索项限制在当前检索结果的基础上扩检。如图6－2（b）所示，在检索结果列表页左侧显示分类引导树，包括关键词、案由、法院层级、地域及法院、裁判年份、审判程序、文书类型等。

（四）检索结果全文页

检索结果全文页展示裁判文书的具体内容、目录、概要。目录包括首部、当事人、判决结果，选择点击将会自动定位到裁判文书的相应位置。点击概要图标显示裁判文书的基本信息和法律依据。在登录状态下，可收藏检索条件、将检索结果收藏至个人中心的查询模板与案例包，方便面向相同需求进行跟踪检索或对检索结果的利用。

二、法信（http：//www.faxin.cn）

“法信”平台是由最高人民法院立项、人民法院出版集团建设运营的国家级法律知识服务和案例大数据融合平台。

（一）简单检索

在法信平台首页可选择知识产权检索，包括专利、商标、软件著作权、作品著作权检索（见图6－3）。

图6－3　知识产权检索

（二）高级检索

专利高级检索包括表格检索、法律状态检索和许可信息检索。

商标高级检索可通过输入尼斯分类、类似群号、注册号、申请号、商标名称、申请人名称、代理人名称等信息进行检索，选择申请日、专用权期限开始日期、商标类型、指定颜色的范围进行限定检索。

软件著作权高级检索包括登记公告、转让登记公告、登记撤销、专用许可合同登记公告、变更或补充公告检索。

作品著作权高级检索包括登记号、作品名称、创作完成日期、首次发表日期等。

第三节　其他相关信息检索

在知识产权检索或类案检索中，我们不能忽视政府官方网站资源与相关团体组织网站资源的作用。一方面，这是获取相关法律法规、指导性案例等的重要途径，获取这些信息可辅助我们进行类案的处理与判断；另一方面，当事人、专有权利等信息检索在某些情形下也是必不可少的。本节也对前述章节未涉及知识产权实务等相关的内容进行简要补充。

一、中国政府网

中华人民共和国中央人民政府门户网站（以下简称“中国政府网”）由国务院办公厅主办，是国务院和国务院各部门，以及各省、自治区、直辖市人民政府在国际互联网上发布政府信息和提供在线服务的综合平台，权威发布国务院重大决策部署和重要政策文件，国务院领导同志重要会议、考察、出访活动等政务信息。[1] 中国政府网是公众与政府互动的重要渠道，对于促进政务公开、推进依法行政、接受公众监督、改进行政管理、全面履行政府职能具有重要意义。

在中国政府网可以获取《中华人民共和国国务院公报》（以下简称《国务院公报》）信息（见图 6－4）。《国务院公报》是 1955 年经国务院常务会议决定创办，由国务院办公厅编辑出版的面向国内外公开发行的政府出版物，刊载国务院公布的行政法规和决定、命令等文件；国务院批准的有关机构调整、行政区划变动和人事任免的决定；国务院各部门公布的重要规章和文件；国务院领导同志批准登载的其他重要文件。在国务院公报上刊登的行政法规和规章文本为标准文本。在国务院公报上刊登的各类公文与正式文件具有同等效力。[2]

二、最高人民法院网

最高人民法院网始建于 2000 年，是最高人民法院的政务网站，是司法公开的综合平台，是社会公众与国家最高审判机关互动的重要资源，承担着法治宣传、服务群众、接受监督等重要使命。

最高人民法院网立足服务审判工作，积极推进司法信息公开，促进法

[1] 中国政府网简介［EB/OL］.［2022－08－01］. http：//www.gov.cn/home/2016－05/11/content_5046257.htm.

[2] 中华人民共和国国务院公报［EB/OL］.［2022－08－01］. http：//www.gov.cn/gongbao/2022/issue_10046.htm.

院与公众互动交流。最高人民法院网在首页重要位置（见图 6－5），展示了审判流程、裁判文书和执行信息三大公开平台，可以查询“全国法院失信被执行人名单”“被执行人信息”等，还可以通过“网上申诉信访平台”进行申诉；最高人民法院的诉讼服务网，方便当事人咨询查询、预约立案、网上阅卷、联系法官；网页还有专门的“全国人大代表、全国政协委员联络沟通平台”，便于人大代表和政协委员提出意见和建议；“院长信箱”和“给大法官留言”便于与院长和法官互动交流。❶

图 6－4　国务院公报

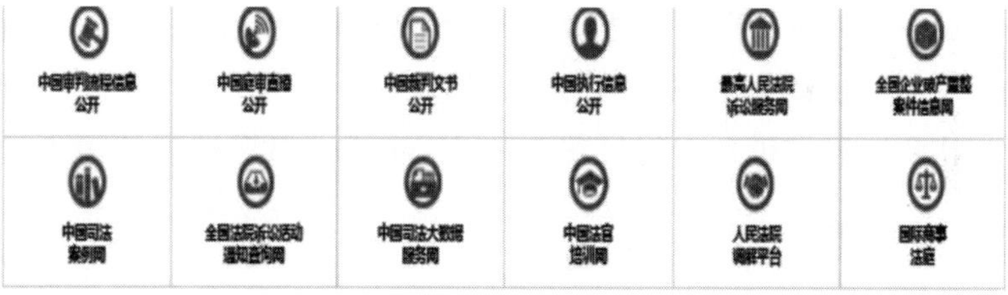

图 6－5　最高人民法院网

最高人民法院在“权威发布”栏目中设置开庭与庭审直播公告、诉讼文书样式、重大案件、司法解释、司法文件、司法数据大数据专题、标准化工作等模块。最高人民法院审判委员会讨论通过的指导性案例，印发各高级人民法院，并在《最高人民法院公报》《人民法院报》和最高人民法

❶ 最高人民法院．关于我们［EB/OL］．［2022－08－01］．https：//www.court.gov.cn/guanyu.html.

院网站公布。

《最高人民法院公报》是最高人民法院公开介绍我国审判工作和司法制度的官方文献，创刊于1985年，月刊，由最高人民法院办公厅主办，是最高人民法院对外公布司法解释、司法文件、裁判文书、典型案例及其他有关司法信息资料的法定刊物。其设置有文献、法律选登、司法解释、司法统计、司法文件、任免事项、裁判文书选登及案例等栏目。

《最高人民法院公报》在指导审判实践、宣传法院工作、促进司法公开、扩大与国外司法界的交流等方面发挥着重要作用。《最高人民法院公报》也可以在最高人民法院网站通过“标题”“全文”及“文号”或“栏目”及“期次”等字段分类查询。

三、中国庭审公开网

2016年9月27日，中国庭审公开网（http：//tingshen. court. gov. cn）正式开通，方便社会公众观看权威、可靠的庭审视频，最高人民法院所有公开开庭审理的案件在该网站进行互联网直播，各级法院公开的庭审视频自动汇聚到该平台。

中国庭审公开网以图示的方式，展示全国各级法院是否接入庭审直播及直播的状态，已成为全国影响力较大的政务类视频公开网站，有助于庭审公开工作规范有序进行，促进司法公开，有利于社会监督与司法公正。

四、中国法院网

中国法院网（https：//www. chinacourt. org）经最高人民法院批准成立，是国务院新闻办公室批准的综合性新闻网站，可自办视频播放业务，社会公众可通过该平台获取法律资讯、案件报道等信息，其首页中国庭审公开网、中国法制图片库、中国审判案例库、法律文库查询、中国法院网络电视台、中国法治之声、专利诉讼代理人名单等链接，是法律人的重要信息资源。

五、最高人民检察院

最高人民检察院网站（http：//www. spp. gov. cn）设有检察新闻、检察业务、检察院建设、12309中国检察网、中国检察听证网等栏目。

（一）12309中国检察网

12309中国检察网（见图6－6）由最高人民检察院统一研发，是四级检察机关应用的平台，实现了“一个窗口”“一个平台”“后台统一数据标准”等，用户可以在该网站法律法规库、指导性案例库获取相关资源。

图6－6　12309中国检察网

（二）中国检察听证网

中国检察听证网（https：//jctz.12309.gov.cn/）是最高人民检察院面向社会公众直播检察听证全过程的司法公开平台，2020年6月投入试运行，2021年6月正式上线，全国各级检察机关可接入并管理公开听证直播业务，有常规直播、邀请观摩及外脑专家远程参与直播等多种应用场景，具备听证视频直播、收录、点播分发等丰富功能，其投入运行起到了良好的释法说理与法制宣传的效果，有利于实现看得见的公平正义。

六、国家法律法规数据库

国家法律法规数据库（http：//flk.npc.gov.cn）由全国人大常委会办公厅维护。国家法律法规数据库目前提供中华人民共和国现行有效的宪法（含修正案）、法律、行政法规、地方性法规、自治条例和单行条例、经济特区法规、司法解释电子文本。国家法律法规数据库提供的电子文本与法律规定的标准文本不一致的，以标准文本为准。

首页窗口内容分为宪法、法律、行政法规、监察法规、司法解释和地方性法规六个部分，还开辟有新法速递专栏，可直接查看相对应的法律法规（见图6－7）。用户也可通过首页导航栏的法律分类来查看相关的法律法规。系统支持通过关键词简单检索与高级搜索。高级检索结果可以通过勾选弹框中的选项来进行精确的筛选（施行日期、公布日期、时效性、制定机关、法律效力阶位）。

图6－7　国家法律法规数据库

数据库中的所有法律法规提供了预览、打印、下载等功能，可获取公报原版或“WPS版本”法律法规，文字文本与图像文本信息不一致时，以图像文本信息为准。进入详情页可预览或下载指定法律法规，也可扫描二维码下载至手机客户端。

七、国家市场监督管理总局

国家市场监督管理总局（https：//www. samr. gov. cn/）在首页服务模块设置有中国市场监管行政处罚文书网、国家企业信用信息公示系统、全国12315平台、全国个体私营经济发展服务网、企业登记网上注册、全国特种设备公示信息查询、合同示范文本库、特种设备行政许可系统、经营者集中反垄断审查、国家标准全文公开系统、认证机构资质审批、直销信息报备、缺陷产品召回、特殊食品信息查询、特殊食品注册备案系统、认证认可信息公共服务平台入口链接。默认显示九项（见图6－8），点击右下角“更多定制”，可以展开显示其他服务链接。

图6－8 服务模块设置

（一）中国市场监管行政处罚文书网

2020年1月9日，中国市场监管行政处罚文书网（http：//cfws.samr.gov.cn）为社会公众提供市场监管行政处罚文书检索服务，同步开通“中国市场监管行政处罚文书网”App服务。中国市场监管行政处罚文书网的运行有利于各地市场监管部门统一行政处罚信息的公开主体、公开范围、公开内容、公开载体、公开流程等，便于行政处罚信息的管理和应用，便于社会公众行使监督权，方便法律工作者获取信息、学习相关内容。在检索框内输入当事人姓名、企业名称或统一社会信用代码等，即可检索到相关的行政处罚信息。

各级市场监管部门对其在文书网公开的行政处罚文书的真实性负责。当事人对相关行政处罚文书内容有异议，可向作出处罚机关申请更正或者撤回。

（二）国家企业信用信息公示系统

国家企业信用信息公示系统（https：//www.gsxt.gov.cn/index.html）公示的信息来自市场监督管理部门、其他政府部门及市场主体，提供全国企业、农民专业合作社、个体工商户等市场主体信用信息的填报、公示、查询和异议等功能。用户通过该系统选择登记机关所在地区，点击“企业公示信息填报”可填报市场主体、年度报告、即时信息、简易注销申请和其他信息。自然人必须实名注册后才能使用个人中心相关功能。输入名称或统一社会信用代码可查询市场主体信用信息，支持按名称的关键词模糊检索，一次最多显示100条记录。地方特色公告需要到各省子网站的其他公告中查看。

国家企业信用信息公示系统与中国市场监管行政处罚文书网公示内容与查询功能等区别如表6－2所示。

表6－2　国家企业信用信息公示系统与中国市场监管行政处罚文书网公示内容与查询功能区别对比

区别＼平台	国家企业信用信息公示系统	中国市场监管行政处罚文书网
公示内容不同	企业综合信用信息，包括各政府部门对企业的行政处罚决定书全文或摘要信息	市场监管部门对企业、农民专业合作社、个体工商户、自然人和其他组织的行政处罚决定书全文
查询功能不同	行政处罚信息记于企业名下，须以“企业名称”为关键词查询其行政处罚信息	针对行政处罚文书提供多维度检索查阅服务。社会公众可以通过当事人名称、统一社会信用代码、处罚种类、处罚依据、处罚机关、处罚时间、全文检索等多种关键词进行查询、收藏、打印、下载

（三）合同示范文本库

国家市场监督管理局推出全国合同示范文本库，制定了一系列权利义务对等、内容完整、条款齐备的合同示范文本。

登录“国家市场监督管理总局”官方网站，在首页的“服务”模块找到“合同示范文本库”点击进入。如图6－9所示，以“租赁”为关键词进行检索，检索结果页面显示发布机关、发布年份及发布编号等具体信息，示范文本页面右侧出现的“风险提示”红色标识，为使用者提供了更人性化的指引。

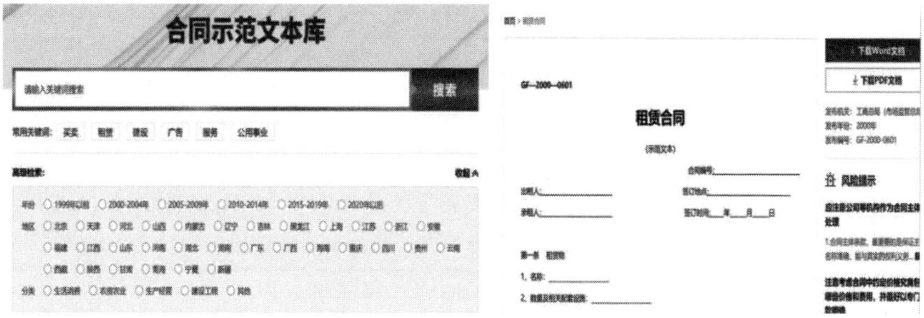

图 6-9 合同示范文本库

（四）国家标准全文公开系统

国家标准委“国家标准全文公开系统”于2017 年3 月16 日正式运行，社会公众可通过国家标准委官方网站“国家标准全文公开系统”或微信公众号“中国标准信息服务网”检索、阅读国家标准文本。

国家标准全文公开系统收录范围：

（1）公开了国家市场监督管理总局、国家标准委2017 年1 月1 日前已批准发布的所有强制性国家标准、推荐性国家标准（非采标）、指导性技术文件。

（2）对国家市场监督管理总局、国家标准委自2017 年1 月1 日后新发布的国家标准，将在《国家标准批准发布公告》发布后20 个工作日内公开标准文本，其中涉及采标的推荐性国家标准的公开，将在遵守国际版权政策前提下进行。

（3）未收录食品安全、环境保护、工程建设方面的国家标准。

国家标准全文公开系统提供了普通检索、高级检索与标准分类导航与分类关键词检索。按照标准类型分类提供国家标准的题录信息或全文在线阅读等功能（见表6-3）。

表 6-3 按照标准类型分类

标准类型	著录情况与阅读、下载权限
GB 强制性国家标准	收录现行有效强制性国家标准，其中非采标可在线阅读和下载，采标只可在线阅读

续表

标准类型	著录情况与阅读、下载权限
GB/T 推荐性国家标准	收录现行有效推荐性国家标准，其中非采标可在线阅读，采标只提供标准题录信息
GB/Z 指导性技术文件	该系统收录现行有效指导性技术文件 500 项。其中非采标 234 项可在线阅读，采标 266 项只提供标准题录信息

八、国家知识产权局

国家知识产权局网站（http：//www. cnipa. gov. cn/）是获取知识产权信息的重要途径。国家知识产权局的主要职责为负责拟订和组织实施国家知识产权战略；负责保护知识产权；拟订严格保护商标、专利、原产地地理标志、集成电路布图设计等知识产权制度并组织实施；负责促进知识产权运用；负责知识产权的审查注册登记和行政裁决；负责建立知识产权公共服务体系；负责统筹协调涉外知识产权事宜等。社会公众可以在其网站上获取相关信息。除前述章节中已经专门介绍的商标、专利信息的检索外，还可以从国家知识产权局网站上获取地理标志、集成电路布图设计等信息（见图6－10）。

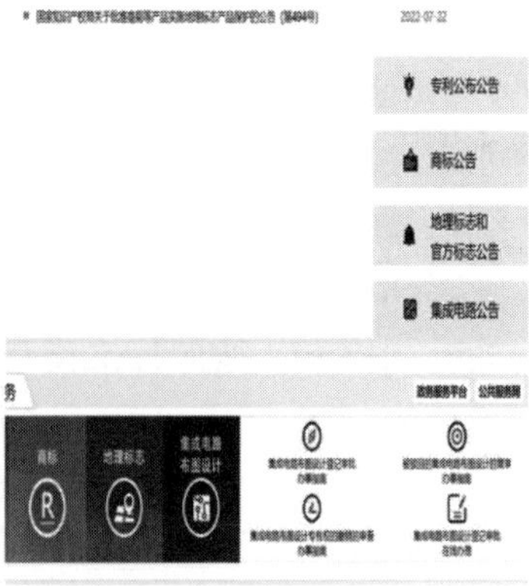

图 6－10　地理标志、集成电路布图设计信息入口

（一）集成电路布图设计

集成电路是指半导体集成电路，即以半导体材料为基片，将至少有一个是有源元件的两个以上元件和部分或者全部互连线路集成在基片之中或者基片之上，以执行某种电子功能的中间产品或者最终产品。集成电路布图设计（以下简称布图设计）是指集成电路中至少有一个是有源元件的两个以上元件和部分或者全部互联线路的三维配置，或者为制造集成电路而准备的上述三维配置。布图设计专有权的保护期为10年，自布图设计登记申请之日或者在世界任何地方首次投入商业利用之日起计算，以较前日期为准。但是，无论是否登记或者投入商业利用，布图设计自创作完成之日起15年后，不再受《集成电路布图设计保护条例》保护。

根据《集成电路布图设计保护条例》第8条，布图设计专有权经国务院知识产权行政部门登记产生。未经登记的布图设计不受该条例保护。国家知识产权行政部门负责受理布图设计申请与登记、公告工作。

用户可以在国家知识产权局官网获取集成电路布图设计信息。点击官网首页“集成电路布图设计公告”获取集成电路布图设计专有权事务公告、集成电路布图设计专有权主动放弃公告、错误更正公告与专有权终止公告，公告按由近及远的时间顺序显示。上述公告仅显示布图设计登记号、布图设计申请日、公告日期、公告号、布图设计名称、布图设计权利人、布图设计创作人、布图设计创作完成日等基本著录项目信息。

根据《集成电路布图设计保护条例实施细则》相关规定，国家知识产权局定期在国家知识产权局互联网站和《中国知识产权报》登载布图设计登记公报，公众也可通过查阅《中国知识产权报》获取相应信息。另外，布图设计登记公告后，公众可以请求查阅该布图设计登记簿或者请求国家知识产权局提供该登记簿的副本，可以登录国家知识产权局官方网站下载《集成电路布图设计专有权办理文件副本请求书》，填写后提交国家知识产权局专利局受理处。公众也可以请求查阅该布图设计的复制件或者图样的纸件。但电子版本的复制件或者图样，除侵权诉讼或者行政处理程序需要外，任何人不得查阅或者复制。公众如查阅布图设计的图纸，需提前一周电话预约，告知案卷申请号。个人查阅，需要出示身份证，并提供身份证复印件；企业查阅，需要提供介绍信（委托书），查阅人出示身份证，并

提供身份证复印件。❶

（二）地理标志

用户可在国家知识产权局首页选择地理标志检索与官方标志公告，查阅地理标志与官方标志相关信息。另外，可以选择服务进入政务服务进行地理标志检索，其中包括地理标志产品检索、专用标志使用企业检索、以集体商标或证明商标注册的地理标志检索等。以集体商标或证明商标注册的地理标志检索可进一步链接到商标检索中，在此不赘述，地理标志产品检索结果如图 6－11 所示。

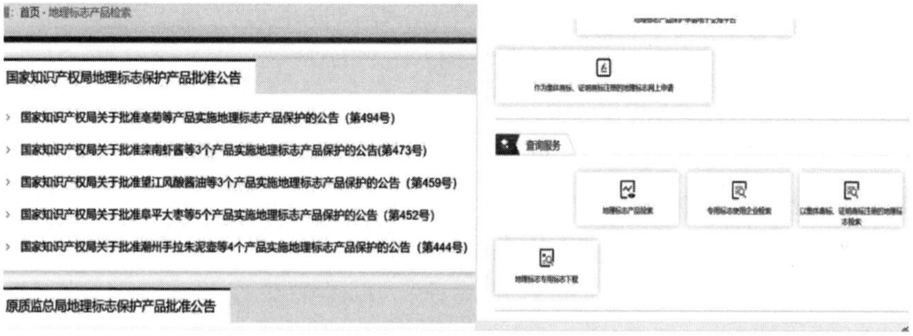

图 6－11　地理标志产品检索结果

九、其他知识产权信息检索

（一）其他地理标志信息源

除国家知识产权局的地理标志商标、地理标志保护产品检索，地理标志检索还涉及农产品地理标志的检索，三类数据可通过国家知识产权局与国家农业农村部的官网获取。另外，近年来各地开发的地理标志检索系统，也是获取地理标志数据的有效途径。

2022 年 5 月 10 日，全国地理标志检索系统 & 认证评估系统（http：//www.zg－gi.com/index）正式上线运行。该系统为地理标志保护产品、地理标志证明商标、农产品地理标志三大地标数据集成库和全国地

❶ 集成电路申请常见问题解答［EB/OL］．［2022－09－01］．http：//vlsi.cnipa.gov.cn/jichengdianlu/standard/1601.jsp.

标执行标准、用标企业集成数据库、全国地方史料与地标品质数据库，包含全国注册商标数据、地理标志用标企业等信息。系统以地图、文字、图片等表现形式展示我国地理标志保护产品、地理标志商标以及生产企业的基本信息。公众可以对地标产品、用标企业、执行标准、地标公告等进行检索。

（二）植物新品种

植物新品种作为知识产权的一个重要领域，是推进知识产权强国建设的重要组成部分。根据《植物新品种保护条例》相关规定，植物新品种是指经过人工培育的或者对发现的野生植物加以开发，具备新颖性、特异性、一致性和稳定性并有适当命名的植物品种。国务院农业、林业行政部门按照职责分工共同负责植物新品种权申请的受理和审查，对符合《植物新品种保护条例》规定的植物新品种授予植物新品种权。植物新品种保护工作由农业农村部与国家林业和草原局负责，用户可在农业农村部科技发展中心网站与国家林业与草原局科技发展中心获取植物新品种的信息。

1. 农业品种权

农业植物新品种包括粮食、棉花、油料、麻类、糖料、蔬菜（含西甜瓜）、烟草、桑树、茶树、果树（干果除外）、观赏植物（木本除外）、草类、绿肥、草本药材、食用菌、藻类和橡胶树等植物的新品种。农业农村部为农业植物新品种权的审批机关，依照《植物新品种保护条例》规定授予农业植物新品种权。农业农村部植物新品种保护办公室承担品种权申请的受理、审查等事务，负责植物新品种测试和繁殖材料保藏的组织工作，定期发布植物新品种保护公报，公告品种权有关内容。

用户可以登录农业农村部科技发展中心，选择“品种保护”入口，进一步点击品种公告“更多”进行品种权信息查询，包括品种权申请公告、品种权授权公告、品种权事务公告、综合信息、更正信息与公告查询模块，均按照由近及远的时间顺序显示。各类公告具体著录信息如表 6－4 所示。公告查询等模块详情如图 6－12 所示。

表 6－4　品种权信息著录项目

公告类型	著录信息
授权公告	品种名称、申请日申请号、授权日、品种权号、公告日、公告号、培育人、品种权人、品种权人地址、共同品种权人
申请公告	品种暂定名称、申请日、申请号、公告日、公告号、培育人、申请人、申请日前销售情况
事务公告	品种权申请的驳回、品种权申请的撤回、品种权申请的视为撤回、视为未提出、视为未要求优先权、著录项目变更、品种权的强制许可、品种名称更名、品种权的无效宣告、品种申请权或者品种权的转让、品种申请权或者品种权的中止、品种申请权或者品种权的冻结、品种权的视为放弃、品种权的终止、权利的恢复、品种权的质押、通信地址不详通知、其他有关事项

图 6－12　农业品种权检索

2. 林业品种权

植物品种保护名录由国家林业和草原局确定和公布。这里的植物新品种是指符合有关规定的林木、竹、木质藤木、木本观赏植物（包括木本花卉）、果树（干果部分）及木本油料、饮料、调料、木本药材等植物品种。国家林业和草原局依照《植物新品种保护条例》和《植物新品种保护条例实施细则》规定受理、审查植物新品种权的申请并授予植物新品种权。国家林业和草原局植物新品种保护办公室负责受理和审查植物新品种的品种权申请，组织与植物新品种保护有关的测试、保藏等业务。国家林业和草原局定期出版植物新品种保护公报，公告品种权申请、授予、转让、继承、终止等有关事项。植物新品种保护办公室设置品种权登记簿，登记品种权申请、授予、转让、继承、终止等有关事项。

用户可在国家林业和草原局科技发展中心（植物新品种保护办公室）的林草植物新品种保护网（http：//cnpvp. flashfox. tech/csgg/csgg_p2. html）进行林草植物新品种公告查询，林草植物新品种公告包括申请公告、事务公告、综合管理公告、提前终止公告和视为撤回公告，其著录项目内容如表6－5所示。

表6－5　林草植物新品种著录项目

公告类型	著录信息
申请公告	品种申请号、申请日、申请人、培育人、暂定名称、所属种属、代理机构名称、首次销售时间地点
授权公告	品种名称、所属属（种）、品种权号、申请号、申请日、培育人
事务公告	品种名称变更公告、实质审查驳回公告、申请人变更公告、品种权转让公告、培育人变更公告

3. 国际植物新品种保护联盟检索系统

国际植物新品种保护联盟（International Union For The Protection Of New Varieties Of Plants，UPOV），是政府间国际组织，总部设在瑞士日内瓦。《国际植物新品种保护公约》于1961年在巴黎通过，并于1972年、1978年和1991年进行了修订。UPOV的任务是根据《国际植物新品种保护公约》建立有效的植物新品种保护体系。根据公约规定，英语、法语、西班牙语和德语是UPOV官方指定语言。中国一直积极履行UPOV成员的义务，连续多年植物新品种申请量位居世界第一，2020年首次成为授权量最多的UPOV成员。2022年，中文正式成为UPOV工作语言。[1]

UPOV品种数据库可进行包括upov编号、品种名称、等级类别、申请日期与植物学名等的检索，支持AND、OR、NOT布尔逻辑运算符，支持多条件组配检索。

[1] 中文成为国际植物新品种保护联盟工作语言等14则［EB/OL］.（2022－06－10）［2022－08－10］. http：//lyj. zj. gov. cn/art/2022/6/10/art_1277851_59032672. html.

思考题

1. 结合所学内容，全面检索第四章商务印书馆“新华字典”系列案件的相关内容，包括商标、图书内容信息、版权信息、判决书及其被引情况、原告的证据等。

2. 如何将类案检索与商标检索、专利检索、版权相关检索结合起来应用？

3. 我国类案检索机制的发展过程。

4. 指导性案例的重要作用。

参考文献

一、著作类

［1］魏保志，周胜生．专利检索之道［M］．北京：知识产权出版社，2019.

［2］马天旗，郭大为．专利分析——检索、可视化与报告撰写［M］．北京：知识产权出版社，2019.

［3］张茂于，郑慧芬，雷春海．专利分析数据处理实务手册［M］．北京：知识产权出版社，2018.

［4］李招娣．专利信息检索与利用［M］．长春：吉林科学技术出版社，2018.

［5］吴瑾，胡永强，王宇．实用信息检索［M］．北京：高等教育出版社，2021.

［6］杨洪浦作．律师法律检索指南［M］．北京：中国法制出版社，2021.

［7］类似商品和服务区分表［S］．北京：知识产权出版社，2021.

［8］孙德强，张静平．科技信息检索教程［M］．北京：兵器工业出版社，2021.

［9］齐晓丹，等．类案检索方法指引［M］．北京：法律出版社，2020.

［10］刘树德，孙海波．类案检索实用指南．［M］．北京：北京大学出版社，2021.

二、电子文献

［11］国家知识产权局 - 五局介绍 - 中国国家知识产权局［EB/OL］．［2022 - 09 - 30］．https：//www. cnipa. gov. cn/.

［12］国家知识产权局 - 五局介绍 - 美国专利商标局［EB/OL］．［2022 - 09 - 30］．https：//www. cnipa. gov. cn/.

［13］国家知识产权局 - 五局介绍 - 欧洲专利局［EB/OL］．［2022 - 09 - 30］．https：//www. cnipa. gov. cn/.

［14］国家知识产权局 - 五局介绍 - 日本特许厅［EB/OL］．［2022 - 09 - 30］．https：//www. cnipa. gov. cn/.

［15］国家知识产权局 - 五局介绍 - 韩国特许厅［EB/OL］．［2022 - 09 - 30］．https：//www. cnipa. gov. cn/.

［16］国家知识产权战略网．商标权无效宣告制度对驰名商标的保护［EB/OL］．（2020 -

08 - 01) [2022 - 12 - 01]. http: //www. nipso. cn/.
[17] 第42073902号"诗词大会"商标异议案打击恶意抢注知名电视节目名称行为，保护合法在先权益. 国家知识产权局 [EB/OL]. (2022 - 07 - 01) [2022 - 12 - 01]. https: //sbj. cnipa. gov. cn/.
[18] (2016) 京第17393381号"佳丽芙 Jialifu"商标无效宣告案 [EB/OL]. (2021 - 07 - 20) [2022 - 12 - 01]. https: //sbj. cnipa. gov. cn/.
[19] 中国商标网. 第41971424号"冰墩熊 TemperamentBear 及图"商标驳回复审案 [EB/OL]. [2022 - 12 - 01]. https: //sbj. cnipa. gov. cn.
[20] 我国首例声音商标注册成功 [EB/OL]. (2016 - 07 - 14) [2022 - 12 - 01]. https: //news. cri. cn/.
[21] 读秀学术搜索 [EB/OL]. [2022 - 09 - 01]. https: //lib. tsinghua. edu. cn.
[22] 全国图书馆参考咨询联盟服务指南 [EB/OL]. [2022 - 02 - 01]. http: //www. ucdrs. net/.
[23] cnki 全球学术快报 2.0 使用手册. Cnki 总库设计与管理部 [EB/OL]. [2022 - 09 - 01]. http: //piccache. cnki. net/.
[24] 中国版权保护中心（中华版权代理中心）简介 [EB/OL]. [2021 - 03 - 01]. https: //www. ccopyright. com. cn/.
[25] 全国作品登记信息公示查询 [EB/OL]. [2021 - 03 - 01]. http: //qgzpdj. ccopyright. com. cn/.
[26] 姚杰，王旭泽，王潇，等. 河北省政府新闻办"河北省版权信息数据库平台上线"新闻发布会全程实录 [EB/OL]. (2018 - 04 - 26) [2021 - 05 - 20]. http: //heb. hebei. com. cn/.
[27] 曹铮. 河北省版权信息数据库平台正式上线. [EB OL]. (2018 - 04 - 26) [2022 - 07 - 01]. http: //hebei. hebnews. cn/.
[28] 中国版本图书馆（中央宣传部数据中心）[EB/OL]. [2022 - 09 - 01]. https: //pdc. capub. cn/.
[29] 常见问题解答 [EB/OL]. [2022 - 07 - 01]. https: //pdc. capub. cn/.
[30] 协会简介 [EB/OL]. [2022 - 07 - 01]. http: //www. prccopyright. org. cn/.
[31] 中国音乐著作权协会简介 [EB/OL]. [2022 - 07 - 01]. https: //www. mcsc. com. cn/.
[32] 集聚细流 成就八方——音著协上线"音乐著作权大集成服务系统（iSMC）[EB/OL]. (2021 - 08 - 20) [2022 - 07 - 01]. https: //www. mcsc. com. cn/.
[33] 中国音像著作权协会简介 [EB/OL]. [2022 - 07 - 01]. https: //www.

cavca. org/
［34］中国摄影著作权协会简介［EB/OL］．［2022－07－01］．http：//www. icsc1839. org. cn/
［35］中国摄影著作权协会－摄影公社［EB/OL］．［2022－07－01］．http：//www. icsc1839. org. cn/.
［36］中国电影著作权协会简介［EB/OL］．［2022－07－01］．http：//www. cfca－c. org/.
［37］黄庭颖．新版 Web of Science 平台功能介绍及应用［EB/OL］．［2022－09－22］．http：//lib. jiangnan. edu. cn/.
［38］ScienceDirect 全文数据库［DB/OL］．［2022－04－13］．https：//www. sciencedirect. com.
［39］刘婧．加强类案检索 统一法律适用 全面落实司法责任制——最高人民法院相关负责人就《关于统一法律适用加强类案检索的指导意见（试行）》答记者问［EB/OL］．（2020－07－27）［2022－08－01］．https：//www. court. gov. cn/.
［40］《最高人民法院关于完善统一法律适用标准工作机制的意见》新闻发布会［EB/OL］．（2020－09－23）［2022－08－01］．https：//www. chinacourt. org/.
［41］中国裁判文书网使用帮助［EB/OL］．［2022－08－01］．https：//wenshu. court. gov. cn/.
［42］关于法信［EB/OL］．［2022－09－01］．https：//www. faxin. cn/html/.
［43］最高人民法院首个针对专门审判领域的法律知识大数据平台“法信知识产权版”上线！［EB/OL］．（2019－04－26）［2022－09－01］．https：//www. jswmb. cn/.
［44］中国政府网简介［EB/OL］．［2022－08－01］．http：//www. gov. cn/.
［45］中华人民共和国国务院公报［EB/OL］．［2022－08－01］．http：//www. gov. cn/.
［46］最高人民法院．关于我们［EB/OL］．［2022－08－01］．https：//www. court. gov. cn/.
［47］央广网．中国庭审公开网开通 将倒逼提升庭审质量、效率和效果［EB/OL］．（2016－09－27）［2022－09－01］．https：//china. cnr. cn/.
［48］最高检：12309 检察服务中心网络平台正式开通运行［EB/OL］．（2018－02－28）［2022－09－01］．http：//gaxf. chinareports. org. cn.
［49］今天，中国检察听证网正式上线啦！最高人民检察院［EB/OL］．（2021－06－10）［2022－09－01］．https：//baijiahao. baidu. com/.
［50］国家法律法规数据库说明［EB/OL］．［2022－09－01］．https：//flk. npc. gov. cn/.
［51］中国市场监管行政处罚文书网开通运行背后的故事［EB/OL］．（2020－01－22）

[2022－09－01]. https://www.cqn.com.cn/.
[52] 网站使用帮助 [EB/OL]. [2022－09－01]. https://www.gsxt.gov.cn.
[53] 国家标准全文公开系统特别声明 [EB/OL]. [2022－09－07]. https://openstd.samr.gov.cn/.
[54] 国家知识产权局机构职能 [EB/OL]. [2022－08－07]. https://www.cnipa.gov.cn/.
[55] 集成电路申请常见问题解答 [EB/OL]. [2022－09－91]. http://vlsi.cnipa.gov.cn/.
[56] 人民网全国地理标志检索系统 & 认证评估系统上线 [EB/OL]. [2022－08－07]. http://yn.people.com.cn.
[57] 中文成为国际植物新品种保护联盟工作语言等 14 则 [EB/OL]. [2022－08－10]. http://lyj.zj.gov.cn/.

三、期刊类

[58] 高尚. 司法类案的判断标准及其运用 [J]. 法律科学（西北政法大学学报），2020，38（1）.
[59] 王迁.《著作权法》修改：关键条款的解读与分析（上）[J]. 知识产权，2021（1）.
[60] 孙海波. 类案检索在何种意义上有助于同案同判？[J]. 清华法学，2021，15（1）.
[61] 刘风景. 裁判文书引用法条的原理与技术 [J]. 中国应用法学，2022（4）.

四、报纸类

[62] 谷昌豪，高新峰. 类案检索如何发挥作用 [N]. 人民法院报，2019－01－17.
[63] 杨先德，陈禹橦. 类案检索运用场景与规则方法 [N]. 检察日报，2021－02－22.
[64] 吴元中. 类案检索与类案同判 [N]. 人民法院报，2021－06－18（006）.

五、裁判文书

[65]（2016）京 73 民初 277 号民事判决书.
[66]（2015）京知行初字第 2515 号行政判决书.
[67]（2017）京行终 4776 号行政判决书.
[68]（2017）京 73 行初 449 号行政判决书.

作者简介

赵娜：保定学院经济管理学院教师，副高级职称，兼职律师，主持参与国家、省部级等各级各类课题多项，发表论文数篇，研究方向为法学、知识产权与信息素养教育等。

陈兰杰：河北大学博士生导师，教授，主持国家社科基金项目多项，主持参与省部级课题10余项，出版专著2部、合著2部，发表CSSCI期刊论文13篇，被人大报刊复印资料全文转载6篇，研究方向为政府信息资源管理、信息资源共享等。

汪冬平：北京金诚同达律师事务所合伙人，曾任国家工商行政管理总局商标评审委员，北京知识产权保护中心快速维权工作专家，代表国际国内多家知名企业，处理了大量商标疑难复杂、有典型意义的案件，研究方向为知识产权等。

杨雅平：国家知识产权局专利局专利审查协作北京中心副研究员，建筑领域审查专家，研究方向为专利法、竞争情报等。

许建明：国家知识产权局商标局评审审查员，江西财经大学深圳研究院科技资产发展研究中心特聘研究员，中级知识产权师。承办的多个案件案例评析入选《中国工商行政管理年鉴》《商标评审典型案例评析》，研究方向为知识产权授权确权及资产化。

刘伟：国家图书馆副研究馆员，研究方向为图书情报。

曹成成：北京金诚同达律师事务所律师，曾任职于基层、中级法院，办理案件600余件，文章多发于知产力、网络实务圈、数据法盟等知名公众号，研究方向为知识产权等。

孙英伟：石家庄学院法学院院长，教授，兼职律师，主持参与各级各类课题十几项，主编、参编著作多部，发表论文20余篇。

周红：国家知识产权局专利检索咨询中心检索处副研究员，STN高级检索专家，研究方向为专利法、竞争情报等。